京剧谭门

一代宗师谭鑫培

【卷二】

陈本豪——著

人民出版社

序言
XU YAN

江夏籍作家陈本豪先生，历经十余年采集创作，《京剧谭门》第一卷，适逢"一代宗师谭鑫培诞辰 170 周年"之际荣誉出版，深表祝贺！

谭鑫培的祖父谭成奎，童年习武，后入公门，因破案神速，屡破积案要案，享有"快手神捕"的美誉。其父亲谭志道系汉戏名票，擅长老生和老旦表演艺术，年轻时就唱响武昌城及临近省市，曾与早期在汉的余三胜和多位汉剧名家同台演出。他宽广洪亮的嗓音可声传数里，享有"谭叫天"的雅号，最终成为戏剧界老旦第一人。

谭鑫培出生武昌八埠街，根系江夏流芳谭左湾，鲜嫩的足迹烙印了古老的江城土地。谭左湾，一块神奇的凤凰宝地；谭氏家族，经营一门独有的米业生意——打贩挑。写不完的民俗古风，道不尽的趣闻轶事……其据可考，其闻可信，其情可感。《京剧谭门》中字字有声处处动人，那些鲜活的往昔拾遗，填补了众多文本中北京谭家故土根系的空缺，实为难得。

1853年，为避战火与灾祸，六岁的谭鑫培随父离汉北上，一步步走上艰难而光辉的戏曲之路。他登台于天津，艺成于北平，成名于上海，唱响于皇宫，开创中国京剧的第一个门派，营造了"天下无派不谭"的千秋气象，为京剧成为国剧做出了不可磨灭的历史贡献！

谭鑫培自幼酷爱戏曲，在父亲的言传身教下，又先后拜师程长庚和余三胜，这种得天独厚的条件，在中国戏曲史上实属罕见。他采百家之长，文武昆乱不挡，将中国戏曲引上一条由唱到演的宽阔之路，实现了由听众到观众的华丽转身。谭鑫培融智慧和胆略于一身，敢于身先士卒锐意创新，一改高声大嗓的传统老生唱法，独辟韵味派先河，使戏曲演唱艺术得到破茧的蝶变。他不忘童稚记忆中的家乡情结，成功地将母语融入戏曲唱腔，使湖广音中州韵成为京剧艺术的典范。《秦琼卖马》中的一句经典唱词，风靡北平的街头巷尾，一时之间"国家兴亡谁管得，满城争说叫天儿"。

谭鑫培六下上海，使京派和海派戏曲艺术有机地融合，极大地推动了中国戏曲艺术的全面发展，获得了"伶界大王"的国民加冕。他勇于破冰，担当中国第一部无声电影的拍摄主角，创造了中国戏曲演员主演电影的历史。谭鑫培打破世俗偏见，接受法国人乐邦生的请求，灌注了七张半唱片，成为京剧戏曲教育的稀世宝典。他能戏数百出，是为关汉卿、汤显祖之后的一代戏曲宗师，经他创作与改编的谭派经典剧目，至今被戏剧界宗法为经典。梅兰芳曾说过"谭鑫培的名字代表了中国戏曲表演体系"，他对戏曲贡献卓越，足可誉为东方的莎士比亚。

谭鑫培自小受母亲信仰佛教的熏陶，他逢地访庙，进寺烧香，每年都去戒台寺静修，常与方丈彻夜交流，至情深处皆忘日月轮转。佛教与戏曲，一为苍生从善于修，一为万民寓教于乐，佛域伶界，禅意艺理，两归一统，既无上下之分，更无雅俗之别。他们深信伶人的卑贱地位不是历史的选择，终究会有翻身的一天。谭鑫培将深奥的佛学原理融入到高雅的艺术表演之中，使谭派京剧抵达出神入化之境，成为华夏文明的瑰宝。

谭鑫培善恶分明，艺德传家。他的演出所得丰厚，却不忘节俭持家，留德不留财，是谭家不变的古训。他爱戏爱才又爱家，是一位备受众生膜拜的戏曲艺术宗师。谭鑫培从不吝啬救灾义演，大笔捐赠慈善事业，每遇寺庙修缮甘愿倾囊相授。他虽风光于皇宫舞台之上，深得太后青睐，却不惧个人安危，暗助维新变革。他乐为黎元洪就任深情演出，却不愿上演袁世凯的《新安天会》。他率先登台为义贞女校试演新戏，却被军阀江朝宗武装逼演《洪洋洞》，乃至血溅高台，铸就了千古绝唱！

《京剧谭门》后续三卷，定于 2018 年底前相继出版，其内容分别介绍继谭志道和谭鑫培之后谭门历代，传承与发扬一门艺术的罕世传奇与生活点滴：铁肩担承、继往开来的谭小培，将谭派艺术推向崭新顶峰的须生泰斗谭富英，被国人传唱不衰的经典样板谭元寿，备受观众喜爱和拥戴的名家老生谭孝曾，肩负发展重任和未来希望的青年英才谭正岩……笔者力争在后三卷中，将以温暖生动的写生，务求带给所有关怀者全真的解读。

一位本土作家，深具家乡情结，满怀对国粹艺术的虔敬崇尚之心，走进历史，走进京剧，走进谭派，由衷地书写一部让无声的汉字散发出生命芳香的力作，让人兀感意外又实在意料之中。作者以智慧和良知，在正本清源中写人写事，既尊重历史事实，又充分展开文学描写，作品耐读耐品且回味悠长。因身在谭门，纵有万般感慨和赞叹，亦无须过从溢美，唯有诚荐高明的读者打开书页，濯足字里行间，沐浴大师光泽，重温艺术经典，获取无边的惊叹与快感，是为序。

谭元寿

2017 年 3 月

目录

目录

001/ 序言 . 谭元寿

1 汉上源流

003/ 谭门幸事
008/ 九朝之庆
014/ 米业与捕快
020/ 逆训中追梦
026/ 定向与发展
031/ 含泪别故土

2 天津岁月

039/ 北漂路上
045/ 风尘卖艺
052/ 抵达天津
059/ 入科深造
065/ 智闯侯府
071/ 粥班正气
077/ 进京前夜

3

挺进都城

085/　南城戏苑
091/　被踏离京
096/　夜奔激将法
102/　护院捉贼
108/　北京戏界的年前年后
114/　城乡之间

4

三庆前后

123/　拜师大老板
129/　《同光十三绝》
135/　倒仓跑帘外
141/　失符遇劫
148/　三胜意外收鑫培
155/　初演老生《战北原》
163/　长庚病托新班主

5

皇宫艺海

173/　第一次进宫
179/　五天德和大戏楼
185/　宴客李莲英
192/　夜宿总管府
200/　无常西太后
206/　戏场误卯
212/　伶界恩遇第一人

6

红墙内外

221/　南府精忠庙
226/　那相下跪
233/　中西文化观
238/　晚清的政局与戏曲
244/　京剧之外
250/　红豆馆主学戏
259/　大家之家

7

艺德佛心

269/ 戒台寺进香
275/ 谭梅合演《汾河湾》
282/ 设计前推杨小楼
288/ 善心德艺
294/ 又进戒台寺
304/ 兰芳眼中的谭大王

8

成名上海

313/ 神秘的女人
320/ 提前辞沪返京
326/ 两异戏园
333/ 与牛相同台
339/ 《盗魂铃》风波
345/ 第六次赴上海
351/ 七张半唱片

9

一派风流

361/ 使命与担当
367/ 锐意改革的典范
373/ 第一部无声电影
379/ 红花与绿叶
385/ 乡音犹在
391/ 琴声悠远
398/ 谭派的创建与发展

10

霜露无声

407/ 叔岩用心观谭戏
414/ 虔诚以进
420/ 春阳友会
426/ 精妙绝伦的刀法
432/ 谭余渊源
438/ 总统府禁戏

445/ 参考文献

汉上源流

Hanshang Yuanliu

谭门幸事

仲春时节，风清雨润，整个江城润湿在迷蒙的雨丝里。

临近八埠街头的谭家，夜半三更，漆黑如墨。突然！天地间一片霞光，谭宅内院里屋间传来接生婆响亮的报喜声。"生了！生了！是个儿子哎！"守伴在堂候妻待产的谭志道，忽从打盹中惊醒，耳旁传来声声令人振奋的婴儿啼哭。

清道光二十七年（1847 年），农历丁未三月初九，一个让中国戏曲史熠熠生辉的日子，京剧一代宗师——谭鑫培，降生在繁华的武昌城里。

江南三月，草木中兴，花香盈城，这是一个充满生机的季节。谭家打破了往日的清静，鞭炮声彻夜齐鸣！清晨，登门道贺的人群不绝如缕，欣喜晋升为爷爷的谭成奎，那双恭敬还礼的手一直高抬，无暇放下。

谭鑫培的父亲——谭志道，38 岁成家，在十九世纪中叶的华夏大地，实属罕见的晚婚。39 岁开枝散叶，诞下一棵中兴谭家香火的晚春独苗！莫大的惊喜无与伦比。一个新生命的降临，经历了太久的孕育与煎熬。生命传承，家国振兴，一切都在于人。有人就有希望，有人就有世界，有人就有未来……

孙子一出生，爷爷谭成奎就开始忙着谋划九朝之庆，特别是置办酒席的地点。他想移城回乡，在谭左湾老屋举行，以此热络乡里、光耀祖宗。他感恩那块养育了谭家世代儿孙的凤凰宝地，还有那风靡四里八乡的五栋连体走马转楼。宽敞的屋宇，足以容纳市绅乡民共贺喜事与共同庆祝；雕梁画栋的装饰，可给稀客们以豪华的观瞻和艺术享受。虽说不免有些劳师动众，但这样的稀罕，人生能得几回？值得！谭成奎在武昌城里算得上响当当的一号人物，但与回乡时每每被人仰止的那种荣耀相比，却不可同日而语，尤其是那份与乡亲们共享的谭门愿望与祝福令其心潮澎湃。于是，他坚定了回乡办酒的方案，并想好了说服内人和儿子接受的理由。

令谭成奎没想到的是，当他第一次试探着提出为孙子回乡办酒的打算时，儿子谭志道未假思索就爽口应承，这使他打算和盘托出的满腹理由一泄而空。他不由得瞪大双眼望着儿子，既有些惊讶又有一丝欣慰。他感受到父子间从未有过的契合，这才是我谭成奎的儿子嘛！谭家父子之间因为迥异的事业观与人生观，长期冲突的纠结，顷刻间化为乌有。

谭志道打心里清楚，从小就没少让父亲为他操心，无论为家、为业，他都不遂父亲所愿。虽说言语上他尽量控制，但内心的自我主张不改，依然我行我素。通常是父亲说父亲的，儿子做儿子的，谭成奎拿他这个独生子一点办法都没有。这回孙子出世，谭志道正想趁此温暖一下久经严寒的父子亲情，对于父亲九朝乡庆的提议，让他暗揣一分内心的窃喜。虽说父母已从谭左湾迁居武昌城内二十年之久，但自己除了唱戏回城之外，十之八九常居故里，在城里与父母相处的时间极少。他的戏班、他的戏友、儿时的玩伴，还有一分隐秘于婚前的甜蜜之爱，都在乡间故里。因此，父亲回乡给孙子办酒的想法与他不谋而合。

三月初九晚上，谭宅里屋，一阵呱呱的婴儿啼哭，使守候在外堂的谭家父子心花怒放。只听产婆扯着嗓子恭贺谭家喜得贵子时，谭志道不由自主地一跳老高，双手一拍，抬脚就朝里屋奔去，不觉被内扣的房门挡住，不好意思地回头冲着父亲傻笑。待产婆收拾与交代好一切出门时，谭成奎特封了一分厚赏，连声不迭地道谢，双手将产婆扶送出大门。

　　一声"喜得贵子"，无异于长江的万顷波涛，浇灌着谭成奎心中久旱的饥渴。我谭成奎什么都可以没有，但谭家不能没后啊！从政的谋高官，经商的图发财，种田的求收割，养儿的望得孙。我谭成奎努力奋斗于捕快行业，不就为了博取一个"快手神捕"的响亮名头吗？这回好了，儿子媳妇终为谭家争了一口气，填补了他心中最大的空白。看着孙子一张粉红的小脸，要多可爱有多可爱。尤其是那张与众不同的大嘴巴，越看越耐看，"男人口大吃四方"，他相信这条"千年古训"。几天来，他乐呵得像陀螺一样忙进又忙出。面对一声声道贺，他的嘴越张越大，眼睛越眯越小，眉毛越扬越高，浑身散发着年轻的活力，走起路来步步生风。他期待九朝之庆的到来，他事无巨细地思考与备办诸多事宜，他不允许有半点疏漏，必须将孙子的酒宴办得风光无限。

　　谭志道天天瞅着机会，抢在爷爷、奶奶、妈妈与前来道贺的客人怀抱的间隙里将儿子搂入怀中，哪怕是一分钟，也如拥抱一个春季般富有，当爹的感觉真好！他悄悄地掏出妻子当年在绣楼上抛下的那方罗帕，轻轻地触在儿子的鼻尖上，让那分恩爱不谢的芳香，泽润幼小的心田。回头一想，二三十岁时的青春时光只怕真误了。难怪在那些单身的日子里，总是遭遇父母爱怜中遮掩不尽的凄怨。儿子出世这分迟来的幸福，使他如蒙大赦。时下，他可理直气壮地告慰祖先：谭家传承有望了！

　　谭志道的夫人熊冰燕，低头看看儿子，抬头看看丈夫，幸福的冲击，使她淡漠了产后的身心疲惫与肉体疼痛，心灵的乐曲，像一段段谭志道于爱恋中的戏曲清唱令她陶醉。儿子是母亲的骨肉，更是母亲的寄托与希望。她想如产前一样多做点自己能做的事，却在婆婆的爱意阻拦中，享受着皇后般的待遇。家里所有的事情都由婆婆亲自打理，自己只需衣来伸手、饭来张口地接收，吃好、喝好、睡好，成了她生活的全部。不止地嘘寒问暖，不止地询问需求，使她在浓浓的宠爱中深感歉疚。

近几天，谭家人中最无法平静的要数奶奶陈月梅。虽说谭门家底不薄，夫妻间感情也较融洽，但身入谭家几十年，真正让她由衷地感到幸福与骄傲的仅有两次：一次是她为谭家生了个儿子，二是这次儿子终于为她添了个孙子。她不是一个奢求生活富足的女人，自认安分守己，谨记贤妻良母的祖训，只望为谭家的兴旺而奉献，虽说她生人不多，但毕竟给谭家留下了根。孙子的惊喜到来，让她在久盼的苦涩中备感甜美。从孙子出世的那一刻起，她就陪伴在产房，既要招呼好媳妇，更要招呼好孙子，一刻都不让她娘儿俩离开自己的视线，彻夜不眠地守护床前，唯有在白天确信媳妇具有饱满精神的状态下，才能安心地闭会眼睛。她担心媳妇无养育经验，又想让其产后尽快恢复；她担心孙子奶水不足，只想让其吃饱睡暖。媳妇月子里的洗涮、孙子的扑粉与穿衣……她一手承包，甚至不忍让媳妇动一根手指头。为了孙子，奶奶整天忙碌着、快乐着、享受着。

九朝之庆

　　孙子的九朝之庆一天比一天临近，谭成奎一边忙着雇请班子，一边想着必须提前两天将媳妇和孙子送回谭左湾安顿好，力求周全妥帖，如当天去来，唯恐匆忙，有失安稳。要多添几个人手，光靠妻子一人绝难担当，离乡二十年的谭家老宅，不比武昌家里熟悉顺当，妻子是家里的支柱，不能让她过度劳累。他为孙子的九朝之庆特地成立了一个团队，打杂的、待客的、下厨的、燃放鞭炮的、倒茶递烟的、摆设糖果的，每一个方面都不能疏忽。特别是迎客，要不失礼节地恭迎与安置，府衙官员、城里绅士、乡村父老、至爱亲朋、各界朋友、远来稀客，都得对等地引荐与接待。乡村里的规矩甚多又甚严，酒席间的座次安排、敬酒辞令的表达，那是一门深奥的学问，真还得事前专程去请教乡村的老学究。为此，谭成奎请了一位德高望重的家族长老专职指挥调度，这才让他一颗悬着的心得以放下。

乡村的喜宴特别讲究：一是日子。出生之庆必须为九朝之日（世代承袭，不可更改。何时订立的乡规？理论根据？恕笔者未予考证）。二是座次。舅父、长老、至亲、贵客均是各席中的首座，固有的位置，一丝不得紊乱。堂屋是为中央区（其他房间的等级亦按座次方位排定），如房屋坐北朝南，进门的右手东方即为第一桌，对等的那边为第二桌，东边的下方为第三桌，西边的下方为第四桌，桌上的席位也依此类推。一律的八仙桌，每方一条长木板凳，每凳分坐两人。谭成奎特此吩咐，每桌严格只坐八人，如来客超员，宁可加桌或重开一巡，但不得加座。三是生活。酒好、菜好、茶烟好，还得讲究酒具的质地，一定要让人喝出品味来。谭成奎托人联络到一家老酒厂，高价购得几大缸陈年老窖，酒香扑鼻，随风传送。酒杯为景德镇的青花瓷，色泽、烧制均为民间上乘。鞭炮一色的浏阳货，还得挑选名号。

谭成奎强调，酒宴一讲丰盛，二讲质量，三讲规矩。在那物质远未丰盛的年代，先讲吃饱，再讲吃好，量与质都重要。二十二个菜，外加两个汤，堪称谭氏家族中的顶级排场。乡村酒宴，什么菜都可以少，唯有四季大盘不能少，肉、鱼、丸子、粉条四大盘都为红烧，不得用油炸。客人落座，先倒酒，后上菜，倒酒设专人，摆菜讲顺序。第一盘上粉条，纯苕粉，加上些许红萝卜和蒜叶丝，红绿相间配色，摆放在一席的下手。第二盘为丸子，由糯米掺和豆腐制作，专用红烧肉的汁液烧炒，这是其他任何作料也调不出来的千年乡村味道，摆放在二席的上手。第三盘为红烧肉，火功必须到位，烧熟后再放进砂罐，用文火慢炖，直至边角圆润才起锅，落口轻嚼即化。红烧肉是主菜，必须放在一席的上手，如一席上的人不领头动筷，其他人绝不能擅动。第四盘则是红烧全鱼，文火两面换煎，皮不能破，色泽金黄，要保持肉嫩味鲜。这盘菜放在二席的下手，与红烧肉斜角相向，乡村规矩鱼肉不同边。乡村酒席上的菜，红烧上色从来不用酱油，一律用麻油和红糖烧制精酱，由大师父现场调制，既好看，又可口。千载的传承，永久的乡恋，村民对四季大盘的青睐，即使是物质极大丰富的今天依然不减那份眷恋。那天的全鱼，均挑选出自樊口的正宗武昌鱼，并特邀武昌酒楼的一位名师烧制。

唯有一件事，谭成奎放权让儿子操办。当天晚上那台戏，虽说是为热闹乡里的安排，但因为儿子谭志道不守家业而走上戏曲之路的内心不快，他依然不愿公开支持。再则，儿子精于此道，比他在行。如此安排，儿子乐意不说，他也落得一份清闲。

谭志道家的走马转楼，屋宇恢弘，门楼高大，在湾村里首屈一指，气派非常。一对硕大的红灯笼，高高地悬挂于大门两边，烫金的线条、绣金的鲤鱼跳龙门图案与双喜文字对称，富丽堂皇中透着热烈奔放和喜庆吉祥。大门、堂屋、厨房都贴上了醒目的楹联，为此谭成奎不惜登门诚请武昌城里名家撰文，亲赐墨宝。大门外的那副联子，两排行草自如天河流水，一波连着一波地起伏，上下一泓间隐见浪花飞溅，吸引着登门的雅士驻足品鉴，欣悦不已。有人禁不住出声朗诵开来"望近望远一马平川春风绣宇；重家重国两阶上第秋色华章"。横批为：麟趾生辉。谭鑫培，字金福，号英秀（乡村里男人大婚时，族人在贺号的匾额中需赐一词"台谱"即为号），小名望重。谭成奎聘请武昌城里的玄鹤真人推算并代为起名，按照生辰八字，他的孙子命里缺金，便起名鑫培，字金福。小名望重，迎合了谭家传宗接代的长久期盼与未来的希望。九朝之日的大门楹联，即以谭鑫培的小名"望重"二字藏头而成。

　　九朝那天的来客，出乎意料的多，城里的高官就来了好几位，名人异士不乏其人。身为捕快的谭成奎，与三教九流的人颇有渊源，诸多未发请帖的也来了。尤其是伶界中人，这是陈奶奶最不主张邀请的行列。但那些伶界同行与戏迷，虽说没有请帖，却在相互传递中冲着谭志道而来。来的都是客，除了坐席讲究之外，一律不问出处，热情招待，为人之本，更是谭门的持家之道。幸好计划中留有充足余地，最后还差两三桌，临时将五户内的本家人先腾出来，尔后再开设二巡。那天的场面很大，酒好、烟好、菜更好，谭成奎领着儿子满屋子敬酒，觥筹交错，热情洋溢。

　　酒足饭饱后，齐聚于堂屋里喝茶的乡亲们，热情起哄地说："谭叫天，你今天是不是该为大家吼一嗓子呢？"谭志道满面春风地回答："好！好！叫天在这里先谢谢各位了！该唱，该唱，这大喜的日子，要是不让我唱，真还叫人憋屈。""那就别拖沓，赶快唱两段，先让人过过瘾"，乡亲们一跟二、二跟三地催促着。志道接着说："这样吧，为了回报乡亲们长期以来对我的关心与厚爱，今天任由大家点，点什么，我就唱什么。"大家不由得拍手称快。在乡亲的热情鼓动下，不待晚上，汉戏便在堂屋里开腔了。谭志道即兴边唱边舞，妙趣横生。大家一边鼓掌助威，一边扯着喉咙大喊："再来一段！再来一段！"兴趣一来，热情中你唱我和，自让这个人人爱戏的湾村沸腾了。很多人不由分派地加入和声或对唱的行列，整个堂屋里就像炸开了锅的戏窝子一样。这种人人参与，贴身感受的气场，远比台下观摩来得更加真切与受用。

　　谭志道的戏原本唱得好，近年来常与汉戏名家同台演唱，况且他本是谭家湾戏班的班主，不仅功底深，嗓子亮，且精明睿智，人缘又好，在湾村的戏曲天地里，他自如太白金星般亮眼。虽说上流社会不给予戏子们地位，但在谭左湾人的心中，谭志道的地位几乎至高无上，谭志道就是乡亲们心中的谭门骄子。今天，欣逢志道得子回老屋办酒，乡亲们自不愿放过机会。大家兴致高昂，只要一人起头，大家便争相附和，汉剧、乡村小调应有尽有。无拘无束的表演，淋漓尽致的酣唱，好不热闹快活！所有的人均被这场乡间娱乐的浪潮淹没了。

晚上唱戏，舞台交付给了儿子，谭成奎乐得坐在屋里，望着孙子，笑对谭家满堂的喜悦，转悠了一整天的他，丝毫不觉疲乏。外面锣鼓喧天，大戏早已开场，尤其天公赐福，满天的繁星营造了一个美丽的夜空，如银的月光播洒人间喜庆。十几出喜庆剧外加折子戏，直唱到三更后才散场。谭成奎虽说没有看戏，但他一点也没闲着，陪着他的叔伯兄弟们谈天说地，偶尔还提起衙门中的得意案例。

第二天中午，谭家的堂屋里依然飘散着老窖的醇香，那些倾情相留的至爱亲朋，使席间的余热不减。第三天，谭成奎才带领着他的团队，浩浩荡荡地与老屋的乡亲们作别，回到武昌八埠街家中。

米业与捕快

　　清晨，谭家米号的徐掌柜起得很早，刚待开门，前来上班的小许说，长街上几家米铺，今天都挂出了歇业的牌子。时局动荡，米价跳跃不定，似乎又有一场囤积风波在涌动。徐掌柜听此消息，即转向里屋请示谭老板是否开门。谭成奎听到报告不为所动，他吩咐掌柜照常开门，要保持谭家的清誉，永不为黑商之道。再说，我们谭家的米源丰富，自是别家难比。徐掌柜一向钦佩谭老板的为人，知道他不是一个在商场中见风使舵的人，预计不会挂出歇业牌，只是出于对老板的尊重而履行常规性的请示而已。小许稍等片刻，看见从里屋出来的徐掌柜向他一挥手，高兴地吹了几声口哨，麻利地拆卸门板，照常开业，熟练地操作他撮米称秤的拿手专业。经他撮的米，客户所需的数量从不超出增斤减半的平衡（三十斤大米，只需用撮子轻轻地撮出或加进一点点，绝不会超出一两之差）。

黄鹤楼下的武昌，为武汉三镇之一，是一座老城，厚厚的城墙上，风霜雨雪刻画出岁月渐远的痕迹。从八埠街沿着司门口一路往北，十里长街尽显该镇的繁华。在司门口东行不远的粮道街上的"谭家米号"，为谭成奎所开，生意一向较好。谭成奎的老家，流芳岭九夫村谭左湾，周围十里八乡，土地肥沃，乡民勤劳，盛产稻谷，十年九丰。农闲歇业之余，不知从哪朝开始，村民们便做起了贩米的生意，一直延续至今。顺着粮道街东行大东门，再折转向南为一条通往流芳岭的马路，是谭左湾打贩挑们的必由之路。于是，谭家祖代便有了故乡位于"大东门外五里"的口传（过去的里程计算不比现在，那时的里程间距惯以村民的印象随意而定，一个人半天的脚程，大约为十里）。谭成奎当初开米号，一为儿子谭志道创下一分基业，二为不愁货源，三为乡亲们做个中转。身为捕快，人缘较好，货源充足，府衙特将谭家米行辟为军粮供应站，渠道拓宽，生意更有保障。虽说谭成奎从不亲自打理米号，但他管家请得好，经营有方，一直稳步向前发展。假如他能舍弃捕快，一心经营米业，谭家米号绝不只是时下光景。谭成奎不是个只会数钱的人，开米号，为的是补充捕快的收入不足，他从未做过富翁梦。谭成奎当捕快一向洁身自好，从不收受贿赂。他热衷捕快，智慧敬业，匡扶正义，为民除害，这是他的信仰与追求，立志在此，终生坚守，从不为利而动。

为了谭家的米业经营，谭成奎一直想劝儿子接手，但志道却痴迷于戏曲，且越来越疯狂。起初只是站在台下看，后来竟然登台演唱，且声名日盛，还渐渐地被戏迷们称为了"角"。眼看自己年纪越来越大，传承米业的心越来越迫切，可是儿子却离他的期望越走越远。空享"快手神捕"名号的他，破了不知多少他人破不了的案，抓住了很多难缠的高手，成了众人眼中"没有他破不了的案，没有他抓不到的人"的神手，却无法引导自己的儿子走上正业。他对儿子说：天下无商不活，无商不富，社会越发展，商业越兴旺，经商好比是天成的长江之道，永不枯竭。父亲知道你脑子管用，爱交朋友，人缘不错，只要心定于商，一定会比我做得更好，谭家米业的发扬光大，父亲对你寄予厚望。米业不同于他业，它是生活之根，民以食为天，不吃饭肯定不行。当初开米铺，我是经过深思熟虑的，既为家计生活，更为你和谭家的未来。为父不知跟你说过多少遍了，你就是听不进。唱戏有什么好，那些官绅与富人只为消遣和娱乐，社会却从不给予伶人地位。尤其是你妈，她为你当戏子，不知在烧香礼佛中求过多少年的神灵宽恕，希望你悬崖勒马，回心转意，你怎么就吃了秤砣铁了心呢？我真不知怎么就养了你这么一个不听话又不争气的儿子。面对儿子的一声不吭，谭成奎狠狠地一跺脚转身离去。谭志道虽说不听父亲劝告，却很少跟父亲顶嘴，既不顺从，也不争执，有时在父亲停顿片刻后，还不忘调侃地问：您家还有训斥么？没有，那我就走了啊。说走就真的走了，如喊他转头，最多给你一笑，脚步依然不减地前行。这种无声的抵抗，令谭成奎苦无破解之策。

谭成奎出生在谭左湾，家中世代为农，只因他小时体弱多病，父亲便托人以重金送他去学武，以增强体质。开始练习，谭成奎常常累得气喘吁吁，有时还脸色发白地瘫坐在地。好在他很听话，脑子较为灵光，一个动作从不要师父教两遍，是众徒弟中进步最快的一个。师父对他既疼又爱，在教他习武之余，还给他抓药调理身体，又给他开了小灶。眼看谭成奎的体质一日强似一日，脸上开始有了红润，动作也有了劲道，且对武术似有喜爱之意。谭成奎将师父传教的套式与动作反复地演练，常常于月夜下独自揣摩与比划，师父看在眼里，喜在心里，更加悉心栽培。经过几年的磨练，谭成奎长成了一个身强体壮的棒小伙子，且练就了一身好功夫。艺成后经师父推荐，进了衙门帮人办差。由于谭成奎敬业，又身手灵活，更善于动脑筋，在破获一桩多年的积案后，得到上司赏识与提拔，成了带领破案的班头。有了人，有了权，谭成奎更加一心扑在破案抓捕上。他痛恨那些不遵法纪的案犯，喜爱为民除害的事业，连破域内的要案，他深深地体会到抓获罪犯时的成就与快感，获得了官府重用和民众爱戴，"快手神捕"的荣誉便自然加身。他珍惜这份没有文凭的荣誉，离不开自己心爱的事业，无论妻子多少次劝他脱离这份危险的活计。但谭成奎却以儿子对待他一样的态度对待妻子，既不争辩，也不服从，有时还以笑脸，陈氏对丈夫也是无计可施。为了谭家，陈氏真是操碎了心，一个死心塌地在事业中冒险，一个不顾身份地混入伶界当戏子，尽管她常年拜佛烧香，粗说细念地将口中说出苋菜汁来，也于事无补，她不知谭家的安稳与希望在哪里。

那天晚上，妻子又为儿子唱戏的事埋怨谭成奎。"养儿不教父之过，就是你暗中纵容，从小不管，一步步地让他越陷越深。开始还只是隔三差五偷偷地去听听，后来竟一发不可收拾，干脆放下米挑不做，几天不归家，现在竟然还登台表演，堂而皇之地做起戏子来，真不知你谭家前世造了什么孽，今生遭此报应。"提起儿子唱戏的事，谭成奎也是一肚子委屈，平心而论，虽然他暗许儿子看点戏、爱点戏，却从来没支持过他去唱戏。为了反对儿子唱戏，他才开了粮道街上的米号。为了劝儿子继承谭家米业生意，他不知耗费了多少口舌，终究枉然。谭成奎理解妻子的一番苦心，自己一心扑在事业上，儿子回家的日子也越来越稀，偌大的一个谭家，均由妻子一人冷清地把守与操持，内心的感激使他什么抱怨都能受，也该受。

最令谭成奎夫妻俩操心与头痛的，还是儿子的婚事。自谭志道十八岁那年，就不断有人上门提亲，年复一年地劝说与盼望，一个姑娘又一个姑娘地相亲，不知耗费了多少心血，也不知多少次梦见中意的姑娘成了谭家的媳妇，有时真想沉在梦中不再醒来。妻子流泪，丈夫怄气，但儿子的心自如一匹脱缰的野马，志在原野，不恋家门，甘愿在戏台上的虚凰假凤中浪走青春。二十岁过去了，三十岁过去了，眼看四十将近，依然光棍一条。古话说"人到四十无后生"，再大的耐力也顶不住夫妻俩奔六的岁月忧虑。陈氏常常为此感到一阵阵的心绞痛，她担心自己等不及儿子成家的那一天。谭成奎知道安慰无益，依然还是温存相劝。"婚姻是一桩不解的谜，往往是越想解却越是解不开，一旦月老牵了红线，说成他就成了。志道并不傻，只是迟迟地不开悟，总有一天他会醒来。再说我们谭家世代贤良守道，你更是一副菩萨心肠，老天总不忍让谭家绝后吧？睡吧，操心也没用，等着吧，几十年不是也等习惯了吗？"陈氏对丈夫的话一句也听不进，面对现状却也无可奈何，只有擦擦眼泪吹熄了灯，毕竟还心存一分不愿等待的等待啊。

逆训中追梦

谭志道与父亲一样，在江夏流芳岭九夫村谭左湾出生，自小在乡村里长大。他聪明好动，眼快、手快、心也快，无论是山里上树捉雀，还是湖里捞鱼摸虾，他总排在同龄孩子的前头。尤其是在水田或田埂上的泥洞中抠蟮鱼，他是享誉前湾后海的能手，一人要抓获别人的三倍多。他从不服粗而兼具桀骜不驯的个性，在爱打抱不平中自有一股慑人的威严。他点子特别多，小伙伴们都封他为孩子王。他的玩伴多，人缘好，无论到哪里，孩子们总爱跟在他的身后。因父亲从事捕快事业，家传的武术来得真切实在，没有一点花架子，真正的童子功基础扎得很牢。他的轻功比父亲还好，十五六岁时，就可纵步屋檐之上。

九夫村里姓谭的湾村很多，唯有谭左湾最大，湾里人以种植水稻为主，农闲时便成群结队地挑米去武昌城里卖，俗称打贩挑。因常在城里进出，哪天获利较好，便抽点钱买票看戏。武昌城里的戏台较多，室内戏台与露天戏台都有，特别是露天戏台，多数为票友表演，票价不贵。那时的戏曲就像今天的电影电视，是人们接受文化教育和获取艺术享受的重要渠道，看多了，难免日久生迷，一旦走进去出不来便成了票友，光听和看不解渴，自我登台的表演欲渐渐在心中膨胀。有的三三两两地聚集清唱，自我娱乐，有的则索性组织乡班，在乡村的节假日里搭台表演，唱好了便有人请。乡村里的婚嫁寿喜，还有四时八节，便成了乡班的旺季。特别是一些传统故事，均被搬上戏曲舞台，人们便津津乐道在戏曲人物的演绎中去沉浸过往和品尝生活，抑或陶醉在音乐艺术的忘我之中，让痛苦和灾难远去，把欢乐和幸福留下。无论是懂戏或不懂戏的，都可分享戏场里的那般热烈，一睹演员风采。

谭志道身材魁梧，力量较大，人也勤快，从小就帮着妈妈做家务。父亲在城里的衙门当捕快，并非天天回家，尤其是力气活，他从不让妈妈做，他得有一个男人的担当。到了十三四岁前，他便开始与大人们一起打贩挑，将赚回来的钱亲手交给妈妈。看着自己的儿子一天天长大，转眼成了一个壮实而帅气的男子汉，何况又特别懂事，陈氏看在眼里喜在心中。又过了两年，十五岁的谭志道开始有了让母亲担忧的变化，他常与大人们一起溜进城里的戏园子里看戏，且次数愈加频繁，回到屋里还常常自己哼着戏中的曲调，手上有动作，脚上有步伐，脸上有表情，似乎在独自表演中琢磨与沉醉。母亲便开始劝告，他回答母亲不用担心，他绝不荒废农事，自己唱唱没有关系。随着岁月增长，谭志道的变化愈加凸显，对汉戏的喜爱之情渐趋浓厚，不仅看戏哼戏，母亲偶尔听人说儿子还与人上台配角做搭档。这下就让陈氏沉不住气了，便将此情告知丈夫，让他管管。正值谭成奎提升了班头，又涨了薪水，便计划将家搬进城里，托人给志道在城里找一份工作，脱离那群带他看戏的贩挑团伙，也许他就远离了。经丈夫如此一说，陈氏悬着的一颗心便暂时放了下来，忙着搬家进城的准备。

　　进城并不困难，租了三间房屋，购置了简单的家具，说搬就搬了，但儿子的心依然被牢牢地拴在戏中。父亲替他找了几份工作，他不是推说不好，就是去了几天就辞工回来，后来索性一家都不去了。无计可施的谭成奎，想方设法好不容易为他再谋得一份习学捕快的职业。没想到，几个月后，儿子却毅然决然地辞职不干了。家中的田地都被父亲出手变卖，无田耕种的他便做了一名专业贩挑，依然和老伙伴们一起进城回乡，并没有把武昌的家当成家，大多时候照常住在乡下的老屋里。谭成奎为了儿子，不得不筹钱开办了一家小小的米号，想将儿子拴在米业中，一为摆脱戏曲纠缠，二为儿子有份事业支撑。米号是开起来了，生意也渐入佳境，但谭志道就是不接手，谭成奎不得不雇请掌柜打理，自我兼做了老板。谭志道不习惯城里的生活，房屋窄小，空气沉闷，街道邻里很多素不相识，更不通往来，乡村里那种家族亲情消失，他感到索然寡味。更让人不爽的是，他不舍离开乡村的戏班，放不下那份对汉戏的痴迷。为此，他痛苦了好一阵子。于是，铁心走自己的路，唱自己的戏，靠自我的收入养活自己，不依赖家中的经济支持，开始了独立于家庭之外的生活。不常与父母见面的他，无声地承受着父母的训斥与诉说，一条心与汉戏结下不解之缘。

谭志道的身材好，扮相好，生角、旦角都能唱，亦擅长演九夫（汉剧中的老旦）一角。谭志道的边音特别响亮，开腔便声传数里之外，像家乡的叫天子一样。于是，博得了一个"谭叫天"的雅号。从此，请他搭班唱戏的人便越来越多，原来兼顾的打贩挑的业务被彻底地搁下了，净身下海成了一名专业戏曲演员，划出了谭志道人生与事业的分水岭。因名声上扬，业务增多，在乡村们的鼓励下，谭志道领头成立了以谭左湾人为基础的汉戏班子，自称"谭家班"，大家一致推选谭志道任班主。谭左湾周围住着不少民间艺人，成立谭家班的消息一经传开，大家争相前来报名，戏班里角色基本齐全，演唱整出戏也不用班外请人。因爱戏又受乡亲们抬爱，任了班主的谭志道利用自己的人际关系，主动在外接活，业务基本不缺。谭家班不仅在附近的村社演戏，还常跑码头，他们先唱响武昌和周边乡镇，后来辐射武汉地区。几年之间，触角竟延伸至汉口、汉阳、鄂城、孝感、荆州、襄阳，还时常远赴外省赶庙会或唱堂会。

　　那回应一位朋友邀约，谭志道前去鄂城洽谈戏曲业务，清晨，他雇车前往，傍晚时分到达。鄂城的一个财主，母亲的七旬大寿将至，他要为老娘搭台唱戏，以尽孝道也求风光。那个财主曾在武昌看过谭志道的戏，特别青睐他与汉剧名家同台出演的老旦艺术，于是，特托朋友相请。正月十八，正好演乡戏，晚饭后，谭志道随朋友一同去看戏，只要有戏，只要有时间，他逢场必赶。刚一到场就开锣了，他们尽力挤到靠前的位置。没想到的是，台上的老旦突然身子一歪委顿坐地，脸色煞白，汗珠直流，戏即停下，同行们忙着将那位老旦抬进了内台。班主即步台前拱手告罪，因演员身患急症，今天停演，三天之内一定无偿后补。台下自是一阵骚动，深感扫兴之极。正在这时，谭志道一拍朋友肩膀，向他点头示意说，救场如救火，待我上去看看。声未落人却已两个纵步飞上戏台，像一片树叶轻轻地飘落台檐之上，全场惊愕不已，如此情景，只在武侠小说里看过。突见一魁梧身材的壮汉，突然飞临戏台，班主难测祸福，一时张口难合。谭志道拱手对他笑笑说，这出戏我熟，不必停下，我帮你顶角，即示意班主继续开锣。见来人并无恶意，班主稍一迟疑，便安排演职人员各就各位。谭志道来不及化妆，伸手在台上摸一点土灰往脸上一抹，接着刚才的段子就往下演。台下的掌声一阵接着一阵响起，一为续了戏迷的未了余情，二为精湛的表演而感染。虽说临时套上那个老旦的戏装屈就了谭志道高大的身材，却给群情鼎沸的观众平添了几分滑稽与诙谐。

愉悦的时光直如流水，转眼鑫培已近三岁，活泼、逗人、爱问、爱学，整天黏着奶奶，给陈氏和谭家岁月带来了无边的欢乐与遐想，她把对丈夫从事捕快的哀怨和儿子痴迷戏曲的不快，统统淹没在时下的天伦之乐里，并将谭家的未来与希望，不设限地寄托在孙子身上。那天，谭成奎难得偷闲，引着孙子在家门口与几个孩子玩牵羊的游戏。不知什么时候，骤见一位白发老道立于身旁，一派仙风道骨，他笑容可掬地用右手捋着长须。道人直视着孩子们，然后用手招拢来鑫培，似乎是对谭成奎，又似乎是自言自语地点点头说，这孩子了不得，将来自必飞黄腾达。听了这话，谭成奎站起来给老道递烟，他轻轻地摆了摆手。谭成奎忙将老道请进屋中喝茶，用炽热的目光恭敬地向他探询。老道指着依偎在爷爷怀里的鑫培说：此子双目如珠，满含神睿，是为奇才。尤其是一张大嘴长得好，能吞能吐，一生的功名利禄全出在嘴上，注定遇梨而发。你要谋一块上等的花梨木，雕一只脚踏青山石，昂首蓝天而叫的羊属生肖符让他贴身携带，终生不可离身或遗失，可保一生平安兴旺。兴奋中的谭成奎，继续追问老道，让他更为仔细地指点孙子的前程岁月，以利镜照。老道却笑着摇摇手："佛有佛旨，道有道行，恕我今日言尽于此。"他依然不闪眼地注目谭鑫培，神秘地自言自语："不可说，不可说。"边说边起身告辞，谭成奎无力挽留，急转身从屋里拿出一个沉甸甸的银袋子塞给老者，他却坚持不受，转瞬间便飘然而去，脚步竟轻得不见一丝声响。

定向与发展

十九世纪之前，汉戏早已风行湖北。省内汉调班社林立，已经形成荆河、襄河、府河、汉河四大流派，人才济济，在世代相传中，不断进化而绵延不绝，玩剧的名票如雨后春笋般争荣竞秀。汉口水陆码头交汇，人烟稠密，会馆辉煌，争奇斗妍，歌舞通宵达旦。

在江夏流芳岭谭左湾周围，世代拥有诸多爱看戏又能唱戏的乡村演员，每逢过年或遇大事大喜，大多搭台唱戏。儿时的谭志道，就开始牵着大人的衣角去看戏，自从五岁那年父亲带他走进戏场一次之后，再也无法抑止，只要听说有戏就磨着大人，不去真还不行，就地打滚是他最拿手的招式。小小的年纪，一近戏台就目不转睛，全神贯注，每场必看至戏散人尽，从不打瞌睡。开始，他并不看得太懂，只把那些表演与唱腔，似如今天的儿童动画片般欣赏。随着年少前行的脚步，他逐渐在开悟中琢磨戏曲情节、人物、表演与唱腔韵味，每逢戏场回来，常常在家陶醉于独自模仿的习学之中。虽说，那时的谭成奎，压根还没有后来儿子走上戏曲道路不回头的预感，且常常为儿子天真稚气像模像样的模仿而鼓掌称赞，有时甚至是笑得前仰后合。谭志道真正对戏曲上瘾还是在青春季节，随着打贩挑的人群走进城里的戏院之后。那种规模排场、那种艺术档次、那些豪华的设备、那些高雅而富有的观众，一切都与乡戏有天壤之别。谭志道的向往之心好似一颗被浸润的种子，在春雨阳光下疯长，自我表演欲愈发强烈，他下决心抓住或制造登台的机会。老天从不辜负每一个有心人，他第一次登台，因临时顶替缺场的老旦而上演，竟然赢得观众意外的叫好，从此一发不可收。后来，竟不惜违背父母之训，叛逆在戏曲事业的狂热追求中。其实，汉戏规范的程式、精湛的表演、浩瀚的剧目、耀眼的明星，早成了他梦中的课目。这种潜在的吸引，引领着他不顾一切地闯入人生的既定之路。

随着谭志道戏曲艺术的成熟和声名鹊起，他在引领谭家班承接乡演之外，常常被邀进城与名角配戏，已经成为武汉戏坛不可多得的生角之一。有了戏班，有了事业，有了名头，身上的积蓄也逐渐丰厚。为了谭家班的发展，为了戏班有专业演出场所，大家建议谭志道在谭左湾盖一栋大楼，以免谭家班总在居无定所中漂泊。谭志道早已铁心于戏曲事业，更感到班社凝聚的需要，曾不止一次地萌发盖楼的打算，只是碍于经济不足而未能成行。现在经众人一呼，一股热劲直冲脑门，因自己的经济支撑不足，决心厚着脸去求父亲支持。那天，当谭志道向父亲请求经济支持在谭左湾盖楼的打算后，谭成奎略加思索便答应了，这真是出乎意料，谭志道大为兴奋。谭成奎想的是，如今的谭家，在生意资本需求之外，确有富余，自己早已声名既就，再无异常追求，晚年的思乡情结与日俱增，在谭左湾盖一栋新楼确是好事一桩，故乡之根不能忘啊。虽说儿子的戏曲之路给他带来了苦痛，但添家置业总是好事，自己早前几年就萌发过回乡盖楼的动机，现在经儿子提出，自己倒落得一身自在。经父子商议定案后，建楼工程迅速启动。谭志道精选了多幅汉剧图谱，其中有《打花鼓》《王大娘补缸》等十二出戏中人物和故事的生动画面，聘请专业匠人在家雕梁画栋，以彰显汉剧风格。一座五栋连体的走马转楼，历时一年零三个月完工。从此，谭家班便有了排练聚集之所，谭家也拥有了一栋足可光耀故里的祖业。后来在谭鑫培九朝回乡喜庆时，谭成奎更为自己当初支持儿子盖楼的举措而自鸣得意。

谭成奎在捕快事业中有个独有的习惯，凡抓到人，当天并不直接送交衙门，先关在自己家里预审，待交予堂中受审时，自己早已心中有底。他根据已经掌握的资料，再设定审问的套式，当场奏效十之八九。如此，一节约了庭审时间，二凸显了他审案的水平与质量，聪明地赢得了别人的高度评价。有一次，事为家族间的一次冲突。与谭志道有过几次同台演出的周施民，家人常受本镇恶霸的打压与欺凌，几代世仇无法化解，由于周施民和父亲这两代人丁单寡，常常被对手赶上门来殴打。这次冲突对方硬性指认是周施民母亲从中唆使，便邀了一帮人，冲进门就将他的母亲打得瘫痪在床。在外演戏的周施民赶回家，看见母亲躺在床上，气若游丝地哭诉，不由得怒从心头起，一声不响地操起木棍，趁黑摸进了对方儿子的屋里，蒙头一阵乱棍打下去，起初听见被打的人还像杀猪般吼叫，后来竟没有了动静。周施民慌忙逃出对方后门，一路的火把与追杀声像洪潮一样涌来，他绕道屋后树林而逃脱。对方报案后一周，谭成奎经过多方查访将周施民抓获，依然先关在自家屋里。因半下午带人回来，时间还早，谭成奎又因事外出，好等夜间归来审问。谭志道早知内情，趁父亲外出便悄悄地去找母亲，诉说周施民母亲被人打得奄奄一息，才不得已持棍报复，一时失手，才酿下此案。陈氏一贯不满丈夫担当抓人的捕快，常说谭成奎当捕快抓人缺德，生儿子才当了戏子，近四十岁还不成家，更不望传宗接代了。陈氏更不满丈夫将人带回家关押，有时还在审问中弄出惨噭的哭声，弄得家人不得安宁。这次，陈氏相信了儿子的说辞，她一想救人，二想给儿子一个人情，于是，母子俩便私下将周施民放了。谭志道给了周施民一把散碎银子，嘱他赶快逃命，绝不能再回家。得知周施民逃往天津的消息后，他们几年后即在天津重逢。谭成奎因功高名重，为周施民逃脱一事，仅挨了上级的批评就已了事。

自从谭志道母子那次放了周施民之后，谭成奎竟接受了妻子的劝告，再不将犯人带回关在家中预审。说来也巧，谭志道一直不动的婚姻也动了，孙子更是惊喜到来。陈氏不禁对丈夫说，怎么样，听我的不错吧，人在做，天在看。自从你不带犯人来家关押，家宅便清静了，儿子即婚，孙子即来，这就是积德善行。有因才有果，有种就有收。谭成奎不住地点头，以此满足妻子的功德之念。

含泪别故土

HANLEI BIEGUTU

　　正当谭志道的戏曲事业蒸蒸日上，儿子刚满三岁时，父母双亲不到一年相继去世，这给谭志道如没顶之灾的打击。父母生养儿子一场，却没享受到他一点清福，为了走上自己心爱的戏曲之路，不知伤了父母多少心。谭志道中年得子，全家自是喜不待言，从此外出卖艺更加勤勉，对各路戏曲的揣摩与学习更是自觉与认真，与父母的关系也逐渐解冻。有了孙子出世的安慰，父母也暂时放下了对谭志道戏曲之路的责难，一心沉醉在晚年的天伦之乐里。妻子熊冰燕留在家中，专心照看儿子鑫培。待鑫培稍大一些时，谭志道有时也在演戏之余携带妻儿逛逛公园，看看街景，给儿子买点名铺老店的糖果，一家人的确过了几年其乐融融的生活。

谭志道没想到的是，两三岁的鑫培似乎也爱戏，常常在咿呀学语中缠着父亲唱戏给他听，为此，他听到了母亲为此又和父亲吵过。谭成奎那天一时高兴也曾对妻子说，你看鑫培，几岁的孩子，都快成戏迷了，真像他爹，不仅喜欢听戏，而且还咿咿呀呀，有板有眼的，真让人哭笑不得。陈氏说，你还哭笑不得，我看你是在夸孙子唱戏，每回孙子哼哼，你就瞳孔发亮。这谭家的一老一少，都是被你惯坏的。谭成奎马上回应说，你是看我还急得不够是吧，成心给我加压。信天信地说，我什么时候支持过志道唱戏哎？你说。陈氏也不甘示弱，继续埋怨说，支持还用挂在嘴边哎，摸摸你的心就知道了。养不教，父之过，我看你谭家算是完了。为此，谭志道打内心里觉得愧对父母。现在不说鑫培的将来，但毕竟又给年迈的父母平添了一份忧愁。

父母真是命苦，刚刚有了孙子带来一份快乐，却寿缘不长，自己再无机会孝敬双亲，谭志道欲哭无泪。安顿父母后，一怕妻儿睹物思人，二怕寂寞中不利鑫培成长，索性将妻儿送到沙湖的外婆家寄养，外婆那边也甚乐意。谭志道经过与妻子的一番商议，铁心走自己的戏曲之路，便将米号转给徐掌柜。难为徐掌柜为谭家苦心经营这么多年，自己无力也无心经营，转给他更为妥帖，谭家米业在他的经营下，一定会发扬光大，给父亲的在天之灵也是一份安慰。徐掌柜为了谭家之情，虽然接手了米铺，却依然保持着老店名号，还常来沙湖看望老东家。谭志道竟将粮道街那边的老房子一并出手，再也不愿回到那块伤心之地。从此，谭志道便心无杂念地沉下心来唱戏，将对父母的思念抒发在戏曲表演中，更加深化了其艺术感染力。

1853年，太平天国起义的战火逐渐燃烧了大半个中国，使大清国的元气大伤，富贵殷实的长江中下游地区，一时间沦为人间地狱，昔日歌舞升平的江南诸城，处处冷月无声，一派萧瑟。时局动荡日益加剧，武昌城里的战火与炮声时常响起，民心不稳，百业凋零，戏曲业受到的影响越来越重。近年来，北上逃难谋生的艺人不绝如缕，"拳不往北打，戏不往南唱"的古训，便成了汉戏艺人北漂的理论支撑。

一个春末夏初的日子，谭家班应邀去黄石石灰窑演出，不想码头上一时逆风卷起，地方势力泰山压顶般地兴师问罪，请客、拆台都不行，高额的要价赔偿，只有人命才能抵押。在几轮交涉与求情无果之后，对方终于动粗。开始，谭志道还有意让对方逞点威风以便息事宁人。结果事与愿违，他们出手就下狠招，一连将谭家班的几个人击倒在地，甚至连女人都不放过，莫非今天真要死在这里了。事已至此，是祸躲不脱，是可忍，孰不可忍，只见谭志道双眼喷火，如熊狮般一声怒吼，迅速出拳反击。凭着他人高力猛，又兼具家传武功，他专挑对方领头的打。经过一阵猛烈的拳打脚踢，对方几条大汉均倒在血泊之中。眼看围观的人群越来越多，谭志道趁对方哭爹喊娘救兵未到，迅速扶起受伤的人员，嘱咐赶快趁天黑逃命，不能等候，跑一个是一个。谭家班的人顾不及带走戏班的行头细软，慌不择路地四散奔逃。回到武昌清点人数，幸好悉数回到了家里。不知对方是否已出人命，谭志道吩咐大家暂时分散隐藏，不得到他的允许，决不能露面，对方肯定会派人前来追索或寻仇。事已至此，谭志道决定离开武昌北上，抛开自己不说，他决不能累及妻儿。虽说拿定了主意，但恋恋不舍之情依然像火一样烙着他的心。这一走不知前途命运是何，更不知何日方能回转家乡。在出走之前，谭志道想去黄鹤楼上再看看武汉，还必须潜回谭左湾一趟，诸多的牵挂，无法轻松放下。

谭志道迎着夜风站在黄鹤楼后的山顶上，仰首天空，明月清辉洒下母亲般的宁静与爱抚。看黄鹤楼上南眺北望东风西雨的悠久履痕，两江汇流，三镇鼎力，龟蛇双锁，气势万千。听琴台知音的飘渺，数归元古佛的指引。每当端午节到来，赛龙舟、吃粽子，感念屈原的爱国情怀，沐浴楚文化的洗礼。每当唱起汉戏，澎湃着大江东流的生命气息。美丽的故乡，深情的故土啊，也许就要从此别过。但情势再急，他也得回谭左湾一趟，看看那里的乡亲、发小、同行、谭家班，还有那块养育了谭家世代的凤凰地。他忘不了杨小柳，那是他一生珍藏于心的眷恋，无边的暖，无私的爱，那段艰难孤苦岁月中的点点温存。因年轻气盛，那年在外路遇不平，义伸援手，误人重伤，只得躲回谭左湾老屋。正午睡间，突逢对方找到湾村门口，是隔壁的杨嫂，不顾寡妇之嫌，硬将他藏在自己的屋里，这才得已平安避过一场临门的灾难，谭志道竟躲在她家一周未出。他有些于情不过，不愿白受别人不畏牵连的恩惠，便半夜起床帮嫂子挑水劈柴，却被杨小柳一手拦住，双手相握之间，突遭一阵电流触身，那夜，他不知所措地与小柳同床共枕。虽说婚后与她再无缠绵之夜，但婚前共度那段寂寞的岁月，想忘也忘不了。谭志道曾将杨小柳一事无隐瞒地告诉过妻子。那天，听丈夫临行前想回谭左湾一趟的打算，妻子极力支持。故乡之情，谁能轻易割舍呢？她理解丈夫对家乡的深情眷恋，更支持丈夫去看看杨小柳，从此一别，也许终生啊。她不仅是救过你谭志道，而是救了你谭家啊！当时，如不是她不避嫌地将你藏在屋中，假如被人抓走，说不定就是九死一生，能不能有你今天，没有人敢断定。是人都不能忘恩，人生在世，有时恩比情大。对于妻子的深明大义，谭志道感激不已，紧紧地抓住妻子的双手，泪水在眼眶里打转。他夜半起身，一路往谭左湾急赶，在月色未西之时敲开了杨小柳的门。志道对她讲明了即将北行之意，特冒险前来告别，只为那段两心相映的情感。因对方寻仇在即，他不能久留，随即从怀里掏出一包碎银，硬塞进小柳的手里，以谢往日恩惠与温存。小柳哪里肯收，相互推搡，硬汉谭志道砰的一声双膝跪地，止不住热泪盈眶。杨小柳早已泣不成声，至此两手再次相握，满腹的话语不知从何诉说……谭志道一狠心抽出双手，头也不回地踏着晨风快步远去。等谭志道一转身，杨小柳的泪水刷的一下像江河泛滥般倾泻。她痴痴地站在启明星的光辉下，心中却无比地寒冷与黑暗。她深爱着谭志道，但从来没有半点奢求，知道他俩有缘无分，只是抹不去曾经相互恩爱的日子，担心他此行的安危与冷暖。走吧，走吧，该来的来，该去的去，但愿吉人天相，保你一生幸福平安！她一直无声地站在那里，直至被早起的老人唤醒，这才回到那间孤独的小屋。

天津岁月

Tianjin Suiyue

北漂路上

　　1840 年（道光二十年）鸦片战争爆发，中国逐步沦为半封建半殖民地社会，腐朽的清王朝对农民的剥削压迫较前更加严重，广大农民纷纷揭竿而起，走上了"官逼民反"的道路。1851 年（咸丰元年），以洪秀全为首的太平天国起义，爆发于广西金田。太平军从广西出发，一路向北挺进，官兵难以抵挡。他们经过湖南，进入湖北，武昌城迅即变成了刀兵冲杀的战场。

　　公元 1853 年（咸丰三年）冬天，从武汉往北，在湖北与河南两省接界的古驿道上，几辆独轮车吱吱呀呀地艰难行进，一路深深的车辙，印下离家越来越远的眷恋。这是一个流亡北逃的小戏班，班主谭志道。一因家乡变成了太平军和官军激战拉锯的战场，处处烽烟，民无宁日。二因戏班在外演出受殴，为自保被迫反击而致群伤，时下正遭官府追捕，不得不离乡背井，企求远赴北方找回一隅安宁。大家只顾一路马不停蹄地日夜兼程，连吃饭睡觉都得减半时间，必须摆脱后方的官兵。眼看就要翻越鸡公山进入河南地界，天色将暗，他们却拼尽余力，在相互鼓励中脚程不止，只有逃出湖北，才能获得暂时的安全。当晚，他们安歇于信阳的一家小店，简单地一人一碗面，只要填饱肚子就行。出门逃难，哪能与在家相比，大家都无怨言，一切听从谭班主安排。

离乡逃难，谭志道自认能承受一切艰难苦痛，只是苦了妻儿。鑫培虽说懂事听话，但毕竟才六岁啊！想到此处，铁打的汉子也不免眼噙热泪，他摸了摸一会儿就呼呼入睡的儿子说，儿啊，是父亲无能，让你受苦了。妻子知道谭志道是个从不流泪的人，看丈夫如此感伤，不觉悲从中来，只是强忍不愿给夫君滴血的心再添伤口。她伸出柔嫩的手替丈夫擦去泪水，并强装笑脸说，苦难是暂时的，只要活下来，就会找到幸福。周施民不是多次让你去天津吗，汉调在那里据说还很吃香！其实，谭志道北上的动议早在十多年前，余三胜当时就劝他一道去闯天津，他却放不下父母而下不了决心。谭家班多次去罗田演出，因此与余三胜相识。也许是缘分，两人一见如故，从此再没间断交往。在武昌城里，谭志道多次与余三胜同台合作，十分默契，演出效果出乎意料地好。现在想起来，真是感慨万千。余三胜比谭志道年长六岁，现在却早已唱红北京，成了响当当的戏曲名角。如果当初随他一同北往，戏曲之路的发展肯定远胜于现在。但人各有志，一时不能共行，他也不为此后悔。不过这次去天津，那是余三胜曾经的根据地，总能找到一些联系。实在不行就直闯北京找余三胜，他绝不会不伸援手。想到此，他心中不由得平生几分底气。

谭志道摸了摸妻子的小脚问，起泡了吗？没有，妻子答得依然是那般熟悉的温柔。谭志道用左手将妻子揽入怀中，想用宽阔的肩膀让她靠靠，用右手轻轻地在妻子的背上拍打，劝她好好休息，明天还要继续赶路。妻子默默地接受丈夫的温存慰藉，乖巧地从疲惫中进入梦乡。

谭志道用嘴唇轻吻妻子的额头，掏出那块鸳鸯手帕，一段无从预料的姻缘，真有点像戏中的情景一样，假如自己将来可编写剧本，一定将它写进剧情里，让人千古传唱。谭志道年轻时，一心痴迷唱戏，不知婉拒了多少姑娘的订婚之约，也不知为此遭受了爹娘多少责骂。那时的他，心中只有戏，婚姻的念头像孙悟空被压五行山下一样，逃不出被锁的囚笼。那天，他前往沙湖戏场唱戏，因路途不远，且时间尚早，便小步前行。突见前路一小姐，似无心地将一块洁白的绣花手绢落在地上。谭志道忙顺手捡起紧步追上前说，小姐，你的香帕掉了。听见身后有人呼唤，那位姑娘忙回头，绯红着脸接过香帕，并回赠谭志道嫣然一笑。不知为什么，那一笑竟如聊斋里的女主角一样魔力顿生，使这个似乎不解风情的男人，浑身的骨头全酥了，他不由得打了一个激灵，心血直往上涌，竟痴痴然地站在那里半刻。待醒过神来他自觉好笑，谭志道啊谭志道，你今天怎么哪？帮人捡方手帕，别人还以一笑，太平常了，值得如此走神吗？别自我多情了啊！

正当谭志道抬脚前行没出百步，头上似乎轻飘飘地落下什么，用手摸下一看，这不又是一方手帕吗？与刚才送还那姑娘的那块确有几分相似。他便不自觉地抬头，恰见刚才那位小姐在上方的窗台上又对自己一笑，这才轻轻地关上窗户。谭志道想，今天真是出奇了，一次、两次，不该那么巧合吧？原来，那位姑娘就是沙湖边的熊家闺女，因她家紧挨沙湖的露天戏台，谭志道经常来此登台演戏，她就在自家楼上推开绣楼后窗，差不多以平视的角度全程观摩。她喜欢谭志道的表演，一颗芳心早许，只是苦无时机。今天掉手帕遇志道相捡，纯属天意，但后来的飘帕下楼则属有意为之了。那天夜里，谭志道第一次失眠了，满脑子里飞扬着那位姑娘的笑脸。第二天早晨，他照常买了一碗江夏的名吃合菜面，却怎么也吃不出往日的味道。中午，朋友相约去汉口，特地要了一碗金口的生炸元子，依然尝不出那种熟悉的香甜感觉。几天来他食不甘味，有意遍吃了江夏名点，依旧索然无味。这下，谭志道真的心乱了，他意识到自己的心已被那位姑娘的笑给勾住了。

一连几天，谭志道低头进门，默默无语，对父母的询问，只作简言回答，抑或摇头或点头表示，一进屋就将自己关在房间里，再也不出来。他的父母察觉不对，一贯开朗的儿子，怎么陡然变得如此沉闷呢？是患了病？还是惹了祸，似乎都不像。儿子虽说在唱戏一途上违背父母之命，除此之外，一直孝顺，更没有淡漠或粗声言语过。还是女人敏感，陈氏忙附耳对丈夫说，莫不是情窦初开吧？谭成奎听了妻子如此一说，心想但愿如此。如是，母亲掌灯上楼，好言将儿子的房门叩开，近坐在儿子床前。志道啊，你究竟怎么啦，有什么事不能对爹娘说说吗？你成天这样郁郁寡欢，又不吃不喝，莫要吓唬为娘的啊！经不住母亲的穷追善问，谭志道终于道出了实情。听了儿子一番真情告白，母亲用手轻点他的额头说，傻儿子，这是好事，早该对娘说的。陈氏快步下楼，一脸春风地对着丈夫，谭成奎用不着问，就知道了答案。于是，第二天就托名媒前往熊家提亲。虽说熊家是武昌城里有名的大户，但谁人不知"快手神捕"的名号呢？提亲的媒人又是此中高手，自是一路顺风顺水。吉日发帖，择日完婚，排场盛大，让谭家足足风光了一回。

谭志道 38 岁结婚，他珍惜这段传奇的姻缘，深爱自己的妻子。虽说晚婚，儿子却早早来到人间，给谭家带来了莫大的欣慰，他为此感谢妻子。原想尽力给他们以安稳的生活，不想国家蒙难，内乱纷起，生灵涂炭，对此，谭志道也无可奈何，只能携妻带子北上逃难。严冬时分，寒风刺骨，四野萧索。路上到处都是逃难的灾民，往日的歌舞升平不再。北逃的路艰难漫长，真不知何时才是尽头。谭志道想，只要一息尚存，我必须护佑妻儿，一心唱自己的戏，决不能颓废，我谭志道堂堂七尺男儿，决不是孬种。喷泉为什么会极致绽放，因为它压力巨大；瀑布为什么美丽壮观，因为它勇往直前；水为什么能滴穿岩石，因为它坚持不懈……看着已经熟睡的妻子，他感到一丝安慰。爱是生命的能源，责是生活的动力，谭志道决不会被压力所击倒。睡吧，睡吧，明天的太阳照样升起，相信你的丈夫，一定会给你们母子带来幸福。为了明天的路程与生计，谭志道也迷迷糊糊地睡着了。

风尘卖艺

　　抵达河南境内，谭志道稍许感到脱离追捕的安全，无须再疲于奔命地赶路。为了生计，为了不让囊中羞涩，他计划今天就领着戏班开场子。下午，到达一个镇上，谭志道搁下行李，选了一处宽敞的地方，首先敲锣，招揽人气。约莫半个时辰，看看聚拢来了百十号人，谭志道走上前拱手叫场："各位父老，各位方家，各位南来北往的朋友，卑人谭志道，带领妻儿北上逃荒，今路过贵镇，因盘缠紧缺，特借贵方宝地献献丑，有钱的抬个钱缘，无钱的抬个人缘，我衷心感

谢。如有不到之处，请各位海涵！首先让小儿给大家来一段杂耍，以
热闹热闹场面。"无论何时何地，小孩的人气且比大人旺，一般演出
都会博得彩头。于是，谭志道还是选定让小鑫培先开场。因鑫培的武
功属家传，底子扎得好，人又聪明，腾挪翻转特别灵光，与同龄孩子
相比，动作显得又高又飘。尤其他身材娇小，更多了一层惊奇。

　　鑫培穿着一身红黄兼色的短身扎靠，在寒冷的冬天里让人顿生
怜惜。他按照父亲所教，出场也双手合十向观众打过招呼后，只见他
几步小跑便腾地而起，接着三个空翻的连接，一下子就赢得了掌声。
接下来是飞脚叉，尤其是一圈手不沾地的旋子转翻，让观众赞不绝
口。此时，已有观众开始向场中撒钱。鑫培第一次在外地出场，听到
如此热烈的掌声，顿感浑身是劲，不由得童心高涨，在父亲安排的路
数之外，他自行加演了一套拳法。小小的身材，竟打得路路生风，令
谭志道又喜欢又心痛。一场下来，鑫培的一张小脸红扑扑的，头上微
见汗气，在观众的掌声中，母亲赶紧给他披上了棉衣。

　　儿子下来后，谭志道亲身出场，他拱手道："为了感谢大家捧场，
下面我唱一段汉戏《甘露寺》，愿大家喜欢。"谭志道在武昌城是知名
的生角，虽说河南时兴豫剧，但与湖北地界相连，文化交汇，并不显
陌生。所以，汉戏在河南还属人缘近地，他相信会激起观众的热情。
谭叫天的声音本来天生高亢，一开腔就先声夺人，紧抓观众的心。因
刚才儿子开场特顺，今天又是北漂路上的第一场，谭志道自我鼓足内
气，一路唱下来，如江河流淌，不带一点滞涩，干净利落敞亮，无论

吐词唱腔，外行都会听出味来。正当观众兴奋之时，谭志道突然唱出一个高难度的拖腔，像余音绕梁不绝，如雷的掌声满场而起。热情的河南观众争相向场中投钱，谭志道再次作揖致谢，锣鼓声像急风暴雨般地助威。第一天出场收获颇丰，令大家感到振奋，谭志道也信心倍增。晚上，大家都还喝了几杯小酒，洗一洗几天来的风尘。

因早离湖北境地，远去了追击之危，谭志道他们再不用起早贪黑地赶路。几场演出也较为顺利，起码免除了饥饿忧虑。于是，他们一路前行，一路拉场子演出，离天津渐行渐近。因谭志道生角与老旦样样精通，池如后的小生唱得也是有声有色，每场演出虽说是乡镇土台，自不亚于城里的效果。池如后，谭家班里的一名主角。他为承继舅姓，特来谭左湾做了上门女婿。他和谭志道一样，特别钟爱戏曲。在谭家班组织之前，他就和谭志道一起打贩挑，当票友。在谭家班成立之时，他是第一个主张和鼎力支持的人。

不知不觉间那天已走出河南省境，又是一片新鲜的土地。人说养儿不出外，便不知世界有多大（武汉音类似读"台"）。特别是鑫培，小小少年出门远行，虽说苦了一些，却也增加了许多在家无法得到的见识，且得到些许磨练，对他未来的人生，未必就不是一件好事。谭志道问儿子苦不苦，鑫培摆摆头说，不苦。谭志道又问儿子累不累，鑫培伸手将小小的胸脯拍得鼓响，带着几分调皮的口气说，你看我多结实，男子汉还怕累吗？鑫培的话，令谭志道愧疚中收获几分酸楚的安慰，也打内心里为儿子的坚强而欣喜，谭家有望啊！内心深处的感触，让谭志道的眼睛湿漉漉的。同行一路除妻儿之外，还有几个跟来的谭家班同行，特别是半路上进班的那个戏友，他十分活跃，天天忙里忙外，大家都没把他当做后来者，在艰难的北漂路上，他们还能伴随着笑声面对红尘。谭志道为他们而高兴，愈发感到自己带班的压力，因为全队人都将希望寄托在他身上。虽说几天来较为顺畅，但他依然处处小心，时时警惕，不允许任何地方因自己的原因出一点纰漏。

那天，天色阴沉，因担心路上淋雨，便未早行，如有人在半途遭病就麻烦了。人在途中，一切都生手生脚，没有任何依靠，唯有自我照料。半午时间，看看天空的云层稍微散开一点，即启程前行。他们不宿乡村，只要路过像样的街镇便停下用餐或暂住，一为生活方便，二为便于拉开场子，镇上的人毕竟多些。这不比在家乡，平日有人包场请唱乡戏，那是讲好的价钱。现在开场子，说雅一点是表演，说粗一点就是乞卖，一场下来，给多给少，全凭人家心情。不给你也无话可说，因为没有人请你，幸好还未遇有人找麻烦。码头闹事并不稀奇，各色人等都可借用各种理由找茬，路过的人凡事只能往和处求，强龙不压地头蛇嘛。实在让不开，最好也是大事化小就皆大欢喜了。

因早晨天气延误，出门稍迟，午后还未到达前面市镇。北风呼啸，饥肠辘辘，鑫培毕竟是小孩，消化较快，他忍不住问父亲歇脚处还有多远。谭志道说，就在前面不远，坚持一会就到了。鑫培轻声地答了一个好字继续前行。谭志道说，望重，你要是走不动了，就跟母亲坐车去吧。鑫培对父亲说，不，我能走。一过几省，鑫培坐车很少，总是走在父亲身旁，一路走，一路不断地提问，一颗童心充满了好奇和对知识的渴求，谭志道尽其所能地给他满意的解答。但无论何事何物，鑫培从不用父亲重说二遍，有时还能引申。惊人的记忆，睿智的思辨，谭志道越来越觉得孩子精明，人生前程有望。刚刚转过一座山坡，鑫培看见前面集镇上的袅袅炊烟，一下跳起来对父亲喊着："你看，前面有镇子了，有饭吃了啊。"一边说着，一边忘却饥饿地向前奔跑。一到镇口，谭志道指着路牌高声对儿子说"甫仁镇"。镇子较大，店铺很多，镇中心的场子也很宽大。因早已过了晌午，用过中餐，谭志道计划下午稍歇片刻，晚前好演一场，以便添点盘缠。

锣鼓一响，观众汇聚，谭志道依然拱手四周，按礼各方叫应。江湖道上，有规有矩，一点不能逾越。虽说他们不属专业走江湖的戏班，但长路漫漫的旅行，边走边演，已与江湖卖艺无别，还得遵从"入乡随俗"的传统。谭志道每到一处，都先询问几位老人，了解当地的民风民俗，低级错误绝不能犯。叫完场子，热闹喜庆的《天官赐福》开场，接下来便是唱武生的段子。惯演武生的段德高，在如此江湖场中的作用胜于专业的戏曲舞台上，他的功底真还不错，尤其是一双无影脚，翻身跳起时连连踢出，直看得人眼花缭乱，观众也不吝啬掌声，开场效果不错，撒钱的出手较早。而小鑫培的杂耍表演，拳、剑、刀、枪样样皆通。尤其是小孩翻跟斗，人小身轻，高难的动作，加上充满童真与童气，将全场推向了高潮。看着土台上不断掷来的铜钱，谭志道异常高兴。正当准备正戏开场时，突然挤进来一胖一瘦两个人，双手交叉抱于胸前，眼睛朝天瞟着，根本不朝人看，冷气森森地说："是谁在这叫场子哎？"谭志道笑着拱手上前应答："大爷，是卑人。"

"你知道这是谁的场子吗？"

"恕卑人有眼不识泰山。"

"不识泰山，你就敢下场子，胆子不小啊！"

"小人一行北上，路过贵地，借您老的场子，讨点生计，万望恕罪。"

"恕罪，说得倒轻巧，你怎么恕啊？"

"请老爷吩咐。"

正当谭志道与其交涉间，熊冰燕拿着托盘忙着在地上拾钱，低头间右手掌不觉猛被一只大脚踩在地上，还用劲一挪。疼痛中的熊冰燕不由得尖叫一声，骤见地上血迹斑斑。她本能地挥动茶盘狠狠地朝那只脚砸去，对方却飞起另一只脚朝熊冰燕的心窝踢来。只见熊冰燕朝后倒下的身子飞出两米多远，顿时爬不起来。因事发突然，谭志道来不及阻止。只见段德高和谭鑫培两人飞身上前，段德高示意鑫培将娘扶起，他却以彼之道还施彼身地向那个出手的瘦子飞起一脚，对方迅即避开而对打起来。看来真还是个练家子，今天的点子怕是太扎实了。鑫培刚刚将母亲扶起，看段叔一两招里难以将人制伏，便起身加入战团。古话说，一人难敌四手。有了鑫培帮忙，段德高三下五除二地便将对手打翻在地。鑫培为了给娘报仇，一转身骑在那瘦子身上，拳头像雨点一样落在那家伙头上，顿时打得他鼻青脸肿，哭爹喊娘。旁边一好心人忙对谭志道耳语，还不赶快跑，他家主人就是本地的霸王，等那家伙一帮人赶到，你们就跑不掉了。

谭志道知道闯祸不小，招呼大家丢下所有行囊，分散逃跑，在天津近前的镇上会合。谭鑫培和妻儿，一口气跑出三十里路才敢歇下来。看看妻子的手肿得老高，胸口还火辣辣地疼痛（熊冰燕这胸口受伤，终生未愈，时常在阴雨天里发作，后来也因此病而早早地离开人世，此是后话）。

因大家分散奔跑，现在还聚在一起的不过六七人而已，真不知是否有人落入对方之手，抑或急中岔道，来日难以聚合。因细软全丢，谭志道只能掏出随身仅有的银两，除了填饱肚子外，随意添了几样简单的行头。码头上的事，真是一风不顺百风起。自从那天出事之后，谭志道们一路只能演些折子戏，再无角撑起大的场面。虽说沿途也曾遭遇过几场小的冲突，幸好没有酿出人命案子。

抵达天津

经过几个月的艰难跋涉，遭遇好几场演艺冲突，那天，终于抵达天津地界。被当地人告知此地已属天津时，谭志道不由得双泪纵横。历尽江湖风险，他的脸上过早地加深了皱纹。虽说他在天津举目无亲，也不从有预备的地方落脚谋生，但该地毕竟是他们前行的目标啊！为等候逃散的戏友，谭志道不能急于走进天津城。他选在北上天津城的必由之路上的一个小镇，挑选一家较有影响的"如家酒店"住下，最少也要等几天。他诚请店家帮忙，让镇上的人留心湖北过来的戏友，一有消息，就领来该店会合，店家满心应承，并请谭志道放心，凡该镇上的消息，没有一件瞒得过他的。

说来也巧，第二天，谭志道有幸碰到一个在此演出的戏班。经过交流，得知他们就是原来余三胜曾在天津带过的戏班。虽说余三胜早已唱红北京，但他一直没有间断与天津的往来，更没有忘记曾经带过的戏班。因谭志道属余老班主旧识，他们自是十分热情，并给谭志道留下联络方法与地址，待进天津后，随时欢迎交流。余三胜自幼在家乡唱地方戏，因遇恶少痛打鸳鸯，愤而离乡，只身远赴汉口学戏，以其精湛的"九腔下八板"而名扬三镇。后来执意北上闯入京城，乃至成为徽班班主。在徽汉合流中广泛吸收昆曲等其他剧种元素，创立京剧反二黄唱腔，一举唱红北京，成为老生三鼎甲之一。

不过三天，分散的戏友除了池如后一人外，大家悉数到来。谭志道看到大家安全无恙，心中才感到些许宽慰。得知池如后返程而归，心中无限伤感。在武昌因演出打斗而北上，又因路遇恶霸而灾祸顿起，池如后心中深感戏曲之路艰难，不知哪天才是个头。心灰意冷中的他思家心切，便独自回头返归故里，再苦再难也可和家人在一起。池如后回到家乡后，一改往日活跃的性格，成天闷闷不乐，无论谁问起他们路上如何，戏班怎样。他总是对人摇摇头，从不对人言说其中一二。乡亲看他满怀痛苦的样子，从此，再不向他询问。

虽说池如后离班返汉，给谭志道带来一时抚不平的伤痛，但到达天津，毕竟是一件行船靠岸的期盼。也许，他再也不用去跟那些地痞流氓周旋或缠斗，除了路遇余三胜的戏班外，还有他的戏友周施民嘛。先得在天津找个地方安顿下来，因余三胜的戏班完成半月的演出后才能回归天津，还是先找到周施民再图谋划。几年的营生，凭周施民的机灵，一定有些人缘与门道，不然，他也不会建议我来天津。一看进了大城市，谭鑫培可乐开了，他又找到了武昌城的感觉，想起父亲常常去街上老店给他买糖果的事，嘴里不觉沁出甜汁来。

进入天津地界，谭志道有了一分远离风险之感，但生活着落还一无定处，几天来也未能获得周施民的消息。不管怎样，开门就得花钱，生活还得继续，大家都抬眼望着他这个领头人。经过一番思虑，谭志道决定暂时将寻找周施民的念头放下，在举目无亲的情况下，依然雨行旧路地在街头开设临时卖艺场，先解决一日三餐再说，至于日后怎么办？有待从长计议。如实在不行，停留十天半月，继续北上京都找余三胜去。一草一木自有生长之地，他相信天无绝人之路，何况他们还有一技之长呢。谭志道从来就不是个优柔寡断的人，为人处事一向干净利落，说干就干，从进入天津的第四天起，他又带领自己的团队走上了街头演艺。

几天的天津街头演出，出人意料地火热，观众较多，掌声较响，收入远比半途上丰厚。时见出手大方的人，每天的收入颇为理想，生存危机顿解，大家脸上少见的春光重现了。

在天津的街头演艺中，谭志道领略了天津人对戏曲的那份特有的爱好与热忱，认识到这里确是一块丰厚的戏曲土壤，看来周施民没有说错。令谭志道更没想到的是，在演出场边遇到了很多湖北兵士，他们看到来自久别的家乡人，听到了久违的汉调之音，那份潜藏于内心深处的情感怦然而发，掌声比谁都响，发自肺腑的叫好声不绝如缕。原来李鸿章镇守天津和皖鄂交界时，在他的淮军里就有不少湖北人。有了湖北老乡的捧场，谭志道们演唱的楚调皮黄更拥有了观众。戏一散场，湖北兵士都涌向台后，争相与谭志道们相见，一探家乡近况。那时的大清帝国，正处急剧衰败之初，"康乾盛世"早已远去，满清皇朝国运衰颓。1851 年，咸丰刚刚登上帝位，广西桂平县金田村便爆发了中国近代史上规模最大的农民起义，洪秀全领导建立了太平天国。1853 年（咸丰三年）1 月 12 日，太平军占领武昌，湖北巡抚以坚壁清野，使太平军不能藏身为由，对武昌城郊的部分民房下令焚烧拆毁，使山清水秀的武昌城郊，顷刻间化为一片焦土。有一士兵家住武昌积玉桥，与谭志道居住的粮道街近在咫尺。在相互交流中得知武昌城早非往日繁华，整天炮火不断，积玉桥几遭炮弹轰炸，连江边的堤防也被炸缺几个口子。对于家乡遭遇的不幸，他们在不无感伤中望天长叹，祈望战火早日平息，以还家乡一片安宁。

领受了天津人的戏曲爱好，瞅准了湖北士兵这群观众，谭志道立定了扎根天津的计划。经过几天的街头演出，消息早已遍传城里，也得益湖北老乡的串联，使周施民获得了谭志道已来天津之信，并查清住处，急赶前来相会。还没进门，周施民就耐不住高声叫喊起来，谭志道，谭叫天！一阵响亮而熟悉的叫声，使谭志道顿感血脉偾张，他听出了是周施民，抬脚就往外跑。一对久别重逢的老友，百感交集中两个大男人相拥而泣，止不住泪流，诉不尽的乡愁。他们相互端起酒杯击案而歌，似唱、似哭、似笑，让人无法分清。他们一直喝到半夜才停下来。片刻的沉静后，话题转入了明天咋办的筹划中。周施民说，他现在搭的粥班正好缺乏人手，尤其需要唱老旦的角。周施民知道谭志道的生角演得好，但戏班里却不缺主角儿，为了生存与立足，只能暂时屈就唱唱老旦。只要立稳了脚跟，将来总有唱生角的机会。古话说得好，"货好不愁买家"。谭志道深知周施民的一番好意，也不再计较什么，人在屋檐下，谁可不低头呢？再说初来乍到，这儿不比武昌啊！班主对周施民一向不薄，且为人特好，周与班主走得较近，几年来，他一直身在该班，从没换班的打算。于是，两人一拍手，按既定方针行事。

自从昨晚见到了周施民，谭志道感到第二天的太阳特别和暖，蓝天白云格外清新，生活之望在心头骤然加热，苍天有眼啊！第二天傍晚时分，周施民往返赶了几十里路，送来了班主邀请谭志道入班的消息，全队人都为此而振奋不已，明天我们就可入班罗！志道吩咐重新置酒，今晚大家痛饮一场，以饱满的精神迎接明天入班的到来。大家争相向周施民敬酒，他也乐意接受，不知不觉间已有几分醉意，志道用手示意大家不再向其敬酒，但酒劲直冲心头，周施民还是醉了。他靠在谭志道身上，还不停地吆喝着向人回酒。谭志道嘱人端来一碗陈醋让周喝下，不大一会儿他就吐了。谭志道轻轻地将他扶到铺上，盖上被褥，坐在旁边似答非答地与他对着酒话。周施民哭了，他不知母亲的近况，不知家人因他逃出后所受灾难是何，还说了永远不忘志道母子的私放之恩，直至半夜才响起均匀的鼾声。

在周施民的引荐下，谭志道们得以顺利搭班唱戏。他演老旦，也临时补缺演演老生，临时还客串一些别的行当。他有着多年跑码头的经历，演出经验丰富，为人和善，很快就与戏班同仁共度时艰。为了生计，谭志道也常随戏到淮军兵营里为那些家乡士兵演唱汉调皮黄。后来也顺利地取得了与余三胜老戏班的联络，那边时常邀他们临时参演。谭志道凭着自己的智慧和多年的演戏经历，一边演戏一边向京津和川陕等地的艺人求教，活学活用，现学现卖，很快便适应了天津观众的口味。他既在城内演，也跑码头，还跑帘外。南到大城、青县，北至香河、宝坻，东达塘沽、大沽，西抵廊坊、固安、霸州，哪里需要，他就往哪儿。尤其是小鑫培，他聪明伶俐，喜欢演戏，对戏曲有着超常的悟性，自小就随父亲练功学戏，家传亲授，一切都扎实。自从到了天津，他便经历了从一个杂耍孩童到正式登台的艺术转身。首先是武术串场，尔后跟着跑龙套，继而出演小小武生，他学得快，演得活，很快便成了人见人爱的小童星。由于谭志道的老旦戏天津唱红和谭鑫培看得见的出息，经人撮合，戏班中刀马旦侯廉的妹妹侯玉儿与谭鑫培正式订下了少年亲。

处于咸丰、同治年间的十九世纪中叶，天津市的人口已逾五十万，地处京都之近，南北通汇，水陆兼营，成了北方第一大商埠重镇。天津的人口来自四面八方，三教九流、五行八作均有，爱听戏的人很多。当时流行于天津的剧种也很丰富，有徽调、汉调、梆子腔、乱弹、弦索，还有昆曲、吹腔、罗罗腔、柳枝腔、锯缸调、鲜花调，以及其他民间小曲。其演唱曲调与南方大同小异，只是演奏乐器与锣鼓经有所不同。经过几年的历练，谭鑫培逐渐成熟，谭志道见儿子果然对演戏着迷，有心让鑫培走演戏这条路。可是天津不比家乡，自己流落在外，人地生疏，势单力薄，几年的颠沛流离，虽然在梨园里落了个"谭叫天"之名，内心深觉根基难稳！再者天津鱼龙混杂，在开口饭这行里能人辈出，大角如云，他时刻警醒自己要奋起直追，仍常常感到力不从心。小鑫培单丝独线，要想在虎踞龙盘的京津一带闯出点名堂登上高台，谈何容易？鑫培若想唱好戏，将来成就大角，就不能像自己当年学戏那样随方就圆，必须进科班规矩学艺，全面深造。科班确是个出人才的地方，可是进入科班学艺却如牢狱般受罪，鑫培年小体弱，他能挨过那份苦吗？近几天，小鑫培察色观颜，从父母的片语交流中明白了父亲的思虑，他便主动对父亲说："爸！让我去学戏吧，什么苦我都能吃。"

入科深造

　　看着懂事的儿子，面对他入科深造的主动请求，谭志道的心里自是喜忧参半，喜的是儿子对戏曲的热爱和学艺决心，忧的是他瘦弱的身体能否经受几年的科班煎熬。为此，他曾打听过好几个有名的科班。其实，科班就像现在的戏校，是有钱人开办的专门培养戏曲艺人的场所或者说机构，聘请各行师父来教戏，班规很严，教得很好，但学戏的那份苦如同蹲大狱一样。鑫培虽然聪明伶俐，却生得瘦弱，几年科班，他能挺得住吗？"我不怕，我能吃苦！"小鑫培瞪着一双无畏的大眼睛说。为了儿子的前途和心愿，几经内心的争斗，也成功地说服了妻子，谭志道艰难地作出了将鑫培送入科班的决定。1857 年（咸丰七年）重阳节那天，谭志道带着仅有的积蓄和刚满十岁的鑫培，来到了位于北京东郊两百里外的金奎社班。

金奎社班设在一幢四合院内，正房住着班主和老师，房檐下竖着一长排刀枪把子，东西两厢房为学徒的住室，一溜儿的大火炕。两边耳房为杂物间和厨房。院子里垒着土台，几棵大槐树枝繁叶茂。谭志道带着鑫培走进去时，有的学徒正在吊嗓，胡琴声清脆悦耳。有的学徒在练功，跌扑翻滚，煞是热闹。班主和老师端详着谭鑫培，他们对谭志道略有耳闻，向他询问了一些情况。鑫培穿着母亲新做的白底蓝条粗布裤褂，足登千层软底新布鞋，目光晶莹闪亮，显得精神而灵气。班主对谭志道说："这孩子精瘦利落，是个唱武丑和武生的料"。其实，谭志道内心里就想让儿子学老生。唱了几十年的戏，他知道每一个剧种里，武丑和武生永远不能演主角，更不能挑大梁。皮黄自余三胜起，梨园行里地位最高、名气最大的还是老生。如张二奎、程长庚等名震京师的角，都是戏班里独挑大梁的老生。

"班主，您看他能不能学老生呢？"谭志道看着班主和老师的脸色，很谨慎地问。班主和老师沉吟片刻，交换了一下眼色回说："先学着吧，是什么料，就成什么才！您也知道，戏班里什么行当都教的。"见班主如是说，谭志道不好再坚持。科班里教戏虽说论行当，但每个学徒无论生、旦、净、丑都得学，都得懂，以后能成就什么，就看鑫培的造化了。班主拿出关书，当着谭志道和小鑫培的面念了一遍，言明五年为期，生活由师父负担，收入归戏班所有，打死勿论等条款。咸丰七年九月九日，谭志道当场在关书上画押。

无论学什么行当，都有开蒙功。武行的开蒙功多是从扳腿、下腰、拿顶、翻筋斗、拧旋子、走吊毛、摔抢背等动作开始，这些统称毯子功。名曰毯子功，其实地上根本就没有毯子，只能在黄土地上练，即使是练其他特殊功夫的需要，也只是临时在地上铺上一层柴火或者麦草、高粱叶、干草等，为防摔坏身子。还有桌子功、椅子功，下高、过高、上高、云里前扑、云里翻等，都得练习，否则，将来上了舞台，就不能当个好艺人。为了训练腿部肌肉力量，使关节灵活，韧带柔软，能向前、向后、向旁打开，具有迅速踢起和跨蹦能力，完成一些跳跃性技巧动作，首先是耗腿和压腿。尽管在家跟着父亲练过一些基本功，可刚开始那阵，小鑫培还是觉得吊起的腿好像被撕裂了一样，疼得他龇牙咧嘴，涕泪横流，但他强忍着，一步一步扎扎实实地练习。慢慢地，他吊腿能熬两炷香，腿脚也渐渐变得灵活有劲了。

几岁起就跟着父亲跑戏班的鑫培，看父亲常常羡慕那些艺人高超的功夫和精湛的演技，感叹自己以前没有机会习学，似乎懂得了父亲说的"成人不自在，自在不成人"的道理。师父说了，练功是练小不练老，现在不吃苦练功，将来上台怎么能演好戏？怎么能成为米喜子、余三胜那样的名角呢？练过腿功再练腰功，练顶功。拿大顶尤其难受，头朝下，脚朝上，用头或双肩支撑整个身体重量。练这种功不仅两臂酸软，头晕眼花，而且觉得全身的血液都涌到了头顶，五脏六腑似乎都移了位，直至恶心想吐。有一次，谭鑫培头一天练功受了风寒，头脑昏沉，四肢无力，又不敢对师父讲，只好硬挺着。他像平时一样早早起床，练完一套基本功后，又练顶功，谁知不到一袋烟的工夫他就支持不住了，双手颤抖，眼冒金星，耳朵里轰轰乱响，浑身大汗淋漓。他想歇下来，可是看着一旁无动于衷的师父，他强忍着没有吭声，最后终于挺不住了，直至晕倒在地。小小年纪竟有如此毅力，将来一定是个狠角，一向以严厉著称的师父看在眼里，暗暗点头，从此以后，即便鑫培偶尔出点小错，师父也不再出手打他。

一年后，谭鑫培开始练四面筋斗，接着练"手上的"活，即各种拳法、空手对打，然后练习把子，"刀枪剑戟、斧钺钩叉、镗棍槊棒、鞭锏锤抓、拐子流星"等十八般武器。鑫培悟性极高，加上勤学苦练，即使因母亲生病回家看望，他也冒着天寒地冻，自觉坚持练习。他学得又快又好，各路把子耍起来又灵活又准确，远远超出同科的学徒。师父满意地说：你可以学戏了。科班的学习方法即为"口传心授"。那时的科班根本没有文本，更不设文化课，学生基本都是一些未入学堂的孩子，所有的戏均由老师口传，学生全靠记忆来熟悉唱词和身段表演程式，并将整体情节默记于心。谭鑫培的开蒙戏是《探庄》《夜奔》《蜈蚣岭》《打虎》等。金奎社招收了几十名童伶，武行中鑫培拜师最晚，却进步最快，他不仅在武功上高出同学，唱腔学起来也十分顺畅，深得师父喜爱。在科班里挨师父打骂自是家常便饭，有时候师父气极了竟打得学徒皮开肉绽，鑫培却很少受到师父的重责。他懂事，小小年纪却对戏曲拥有一股发自内心的酷爱，学戏专心致志，练功勤奋刻苦，又有灵气，常常能在学习中触类旁通。学了一些本行的戏，师父又教他文戏和其他如生、旦、净、丑等行当的戏，从《三娘教子》到《宝莲灯》《四郎探母》《击鼓骂曹》等一一教过。他的嗓音清脆嘹亮，高亢入云，像父亲一样仿佛云中的叫天子，虽不如父亲那样宏大，却更多出几分柔美。

几年后，谭鑫培的技艺令师兄弟们刮目相看，他下腰能一连几个时辰；拿大顶能耗几炷香；他的武功出类拔萃，筋斗旋子又轻又飘，从不砸台，而且姿态优美；他的飞叉脚、单提、蹲提令人叫绝；单手翻则手挣脚，脚挣手，连续翻转几十个，快得叫人眼花缭乱。由于学习出色，师父没有要求他按照关书的规定学满五年，而是在四年头上就让他出师了。他个头长高了，身子骨结实了，几年的艰苦学习，使他磨练出坚韧不拔的意志。他两眼炯炯有神，透着年轻人特有的英气和机敏。出师那天，谭志道特地请了一桌酒，虽说并不太丰盛，心意却漫溢于酒席之间。谭志道端起酒杯先敬班主："谢谢班主几年来对犬子的栽培，我谨以一杯薄酒聊表敬意！"话音一落便仰脖一饮而尽。懂事的谭鑫培走到班主面前，且躬身下拜，并逐一地向各位师父叩头"谢谢师父"！双眸中竟然闪动着难抑的泪花。班主伸手替他擦了擦说，好孩子，去吧，师父相信你。班主转而竖起拇指对谭志道称赞说："令郎天资聪颖，又勤勉好学，日后定成大器，前途不可限量！"1862 年（同治元年）春天，谭鑫培告别师父，随父亲走出了金奎社的大门。

走出金奎社，走在初春柔软的小路上，呼吸着清新的空气，谭鑫培如同新生的小树浑身生机勃发，春天的大地好像一个崭新的舞台在他眼前打开。在科班里，他随师父们到很多戏台上演过戏，远远地，一幅瑰丽的景象像清新的空气一样渗透他的内心，直入脑海，他期待着那铿锵的锣鼓和悠扬的音韵，期待着那铺着柔软地毯的锦绣舞台。踌躇满志的谭鑫培哪里知道，在他的戏曲路上，未来的曲折不可预料，也许阳光真在风雨后。是否荆棘重重，抑或如泰山压顶的困苦有待他去克服，无数未知等待着他去探索。但他相信，只要拥有恒心，没有一条走不通的路，困难总是让人克服的。如是一想，他感到心胸无比开阔，前途似锦地在脑海里展开，迈着轻巧的脚步，满怀信心地奔向戏曲人生的征程。

智闯侯府

　　谭鑫培出科前就曾计划去北京发展，那里的舞台比天津大，市场较宽，却因与侯家的婚事出岔，不得已又一时留在了天津。其实，谭志道那天来接鑫培出科，侯家的婚事早在动荡之中，只是不愿跟儿子言明，以免给刚出科的鑫培带来不快与打击。鑫培回家后，母亲自是欢天喜地，看看儿子的脸，摸摸儿子的手，像看宝贝一样地欣赏着自己的杰作。结束了几年的科班学习，即将登上舞台，为生活奋斗，为艺术努力，挣得一分收入，也好为父母分忧，本是一件令人开心的好事，也是鑫培踏上艺术人生之路的尝试。但鑫培却从父母忧郁的脸上，隐约感到了一丝愁云暗结，自知父母一定有事瞒着自己，便开口追问："儿子现在已满十五岁，科班也毕业了，再不是黄口小伢，有什么事，两位老人家不该再瞒着我。不管什么事，请说出来，我们共同来解决。"谭志道知道纸包不住火，再说侯家的婚事，他已几经周折而无力挽回，即使怕儿子伤心也瞒不了多少时日，只好如实对鑫培道出了侯家试图毁婚一事。

侯廉与谭志道属同行，也曾多次同台演出。谭侯两家订婚之初就有言在先，一待鑫培出科就完婚。因征得师父同意，眼看鑫培出科在即，谭志道便到侯家联络婚嫁之事。侯廉先是以各种理由推诿，后来不曾料想竟直接地对谭志道说，他的父母和妹妹都对该桩婚事不满，早有退婚之意，并承诺退还当初的聘礼。无论谭志道怎么说，对方的态度似乎十分坚决，没有丝毫回转余地。听完父亲的诉说，谭鑫培感到无比震怒。懂事的谭鑫培却装着笑脸对父母说："退婚有多大的事哎，男子汉大丈夫，何患无妻，不急不急，退就退嘛，你们难道还担心儿子今生娶不到媳妇不成。"其实，谭志道并非为儿子终生是否能娶到媳妇而忧虑，主要是咽不下一口气，说好的事，订好的亲，说退就退，这也太儿戏了吧。再说我们谭家也是端端正正的人家，就这样退婚自伤谭家尊严，面子有损哪。再说，谭志道也见过侯玉儿那丫头，真还对那个未过门的儿媳妇有几分好感。长相端庄，说话得体，身材匀称，早在心中就把他当作十拿九稳的儿媳妇了，一下子叫他从心里抹去，真还不是那么容易。谭鑫培装着无事一样，在厨房里忙进忙出地帮父母做晚饭。谭志道也只能暂时将事放下，不愿硬去触碰儿子的伤痛之处，先吃了夜饭再说。儿子今天刚出科，理该热热闹闹的，天大的事也得放在明天再议。

晚上微风吹拂，几颗不明不暗的星星在天上懒散地眨着眼睛。谭鑫培借了些许盘缠，带上一把短刀，轻悄悄地走出门外，不想弄出声响惊动父母。谭鑫培实在咽不下一口气，当初定亲，并非我谭家硬托人上门说婚，而是你侯家有意在先，谭家再派人上门提亲，一说即合，正式下了帖子，我谭家也是请过酒的。如今看我科班刚出，前途未定，谭家近年全靠父亲一人撑持养家，确实家底不厚，想找一个有钱有势的人家攀亲，好富家邦。现在，你说退就退，那你把我谭家当什么了，难道我谭鑫培就配不上你家侯玉儿吗？婚事不成我并不强求，但于理不合，必须要说清楚，不然，我谭家不就成了任你摆弄的傻子了吗？谭鑫培一路走来一路想，且越想越气，竟然脚下快步如飞。从谭家到侯家足足百里路程，第二天早晨，谭鑫培便赶到了侯家附近。他在街上草草地用过早餐，向路人问明了侯家的去处，便不事声张地直往侯家走近。

到达侯家门前，谭鑫培规规矩矩地递上请人写好的帖子，请侯家派人接谈。侯家人一看是谭鑫培的帖子，便有意支吾，说是侯家父母走亲戚未归，今天恐怕回不来了，竟避而不见。谭鑫培早已想好了辙子，无论文武他都心中有备。于是，谭鑫培从腰间拔出明晃晃的单刀，故意以刀面对着阳光映照，四散的刀光耀眼夺目，没有家人敢拦。他且加重脚步，竟然笔直闯进了侯家堂屋。一进堂屋，谭鑫培就嚷嚷开了："我知道你们在家，不必躲着我，躲也躲不掉，我今天既然来了，不弄个水落石出，绝不会出门而返。"刚一说完，他见侯家已有人从内室走出，便手起刀落地向堂屋的茶几掷去。那柄钢刀扑的一声插在了红棕色的茶几上，刀身竟颤颤巍巍的两边抖动。刚跨出房门的侯廉哪见过这般阵式，不由得声音有些发抖，忙说："是鑫培啊，快坐，快坐，刚才是家人误传，因我们昨晚半夜归来，他不知晓，所以误报。有话好说，有话好说。"正说话间，侯廉的父亲也从内房走出。

谭鑫培无意坐下，依然双手叉腰站着，一副不可侵犯的模样对侯廉说："今天，我谭鑫培进侯府理论，确系一时被逼。不是我谭家不守礼，而是你侯家失约在先。这门亲事，起初并非我谭家主动托人提亲，你侯家又收下了聘礼，如今无故提出悔婚，道理何在？今天，如果你们能给出个十足的理由，我马上出门走人，如果说不出个一二三来，我肯定不会善罢甘休。"还是侯廉开了口说："当初定亲不假，我们也是真心相许，问题主要出在舍妹身上，她横竖不乐意这门婚事，假如硬逼她嫁，一来你们难以获得幸福，二来说不定会弄什么风波而悔之不及。"谭鑫培竟爽朗地回应说："既然如此，那就将舍妹叫出，当面一问不就结了。我想父母之命，媒妁之言，舍妹应该懂得理数。她从没与我见过面，自问我还没有社会污点或不苟行为，她凭什么不乐意呢？可想而知，还是有人从中作梗。"侯廉依然打着妹妹的旗号支吾，谭鑫培却坚持要面见未婚妻问个明白。正在双方相持不下时，突闻堂屋后的帘子一响，竟然走出一个年轻的女子来。

侯廉的妹妹侯玉儿，听见前堂的吵闹声，便悄悄地移步堂后窥探。近来也风闻谭家几次上门议亲未果，父母也曾给她提起过与谭家解除婚约再定亲的事。当听到哥哥总拿自己当幌子说事时，便突然闯进堂屋。只见她微红着脸，羞涩地低着头，但态度坚决地说："父母和哥哥都在场，不要拿我说事，嫁给谭家既是父母当初的许诺，又有媒人登门，名正言顺，我从没说过不嫁谭家的话。在我终身大事上，恕我冒犯，我主意已定，好马不配二鞍，烈女不嫁二夫，我生是谭家的媳妇，死是谭家的鬼！"

"看你这不要脸的死丫头，随意闯堂，竟大言不惭地论婚，真是气死我了。"父亲示意侯廉将妹妹拉走，但侯玉儿不为所动，竟然移步至谭鑫培身边对他说："背信毁婚，与我无关，我宁愿今天就跟你走。"侯父气得直跺脚说："我没有你这个女儿，从此与你一刀两断，你赶快跟着谭家人走吧。"

事已至此，侯廉也无计可施，呆呆地站在那里。听见堂屋里的吵声，侯廉的母亲也赶了出来，她指着女儿说："你这个疯丫头啊，硬是气死我了，还不快快回到屋里，还站在这里丢人现眼哪。"侯廉的妹妹依然顶嘴说："我这都是被你们逼的。"时下，事情已是一目了然，谭鑫培也达到了目的，他见好就收地说："你们不用吵，也不用怕，我今天不是来打架的，只要把问题弄明白就行。你们放心，人，我今天也不会带走。"鑫培转而对侯玉儿心存感激地说："妹妹你大胆地等着，也许，你父母会回心转意成就我们。如过几天没有结果，我还会再来的。"于是，他拔下桌上的钢刀，双手一拱告辞，转身出门而去。

谭志道夫妇第二天起床，突然不见了儿子，心中一时着慌，到处打听下落，生怕他出事。正当心急如焚之时，擦黑时分骤见儿子归来，一颗悬着的心这才落定。经过交谈，得知原委，谭氏夫妇既感惊讶，又感欣慰，不免还是责怪儿子太过鲁莽，事前应该与父母商量商量。谭鑫培却说："如果事前我对你们说出实情，那我还去得成吗？"谭志道夫妻相对而笑，觉得儿子真的长大有志了。不出三天，侯家果然派人过来传话，让谭家择日完婚。为了儿子的婚事，谭志道不惜借款，想将婚事尽量办得风光一些。侯家也因事前理亏，有心补偿，悉数增加陪嫁，两家都作了充分准备。但好事不尽如人意，恰逢咸丰帝驾崩，朝廷一纸禁令下发，国丧期间停止一切喜庆活动，不准动乐，也不准抬花轿。于是，谭侯两家只能一律从简，不敢用红色，竟以一顶浅蓝色的布轿将新娘抬进门，在没有鼓乐，也没有鞭炮声中操办了谭鑫培的婚事。

粥班正气

　　红尘如酒，浮生若梦。两头闲中间忙，基本是旧时中国各行各业的时间走向，尤其是农村与小城镇，更是如此。在年头岁尾的农闲时节里，很多野台戏班和乡间戏班，便放下平日的忙活，进入走村串寨四处演出的日子，在田间劳作之外，于且行且歌的逍遥中登上舞台。放开身手练练，敞开喉咙唱唱，一娱人，二娱己，三创收，不失为生活中的一份自我浪漫。那时的天津人，将跑帘外的业余戏班统称为粥班，谭志道在天津长年演艺于粥班之中，以外出演艺为主，城中演艺倒较少。天津与北京确有不同之处，城里的班社不如北京的宏大与正规，均以粥班占领了大部分戏曲市场。粥班的演艺路线较长，乡脚较宽，长年奔跑于码头之中，一站接一站地串联。跑码头是旧时艺人共通的路径，它同步于中国民间戏曲的历史古老而漫长。演完这村便到他寨，只要时间合适，没有哪个戏班会轻易地推掉哪怕是一场并不太大的演出。就在这一个"跑"字当中，跋山涉水的卖艺求生，书写了艺人们披星戴月的劳碌与艰难，也闪耀着中国戏曲艺术诸多的光辉与灿烂。

谭鑫培出科之后，本计划去京城发展，恰遇侯家婚变，被姻缘牵扯而暂时留居天津。谭家几代单传，又因志道结婚过晚，膝下唯有鑫培一人，人丁兴旺，香火接续，便成了谭家几代人的翘首之盼。虽说鑫培时下才有十五岁，但志道已是岁往奔六之人，在那个年代，早已进入老年时期，愿鑫培早日完婚，早早添孙，成了他最大的心愿。虽说侯家在婚姻上曾有过悔婚行为，但侯玉儿却在鑫培智闯侯府中态度坚决，铁定鑫培为自己未来的夫婿，不惜与父母冲突，而站在了谭家一边。对此，鑫培无限感激，新婚燕尔确也一时难舍难分。再则，婚后的男人便是一家之主，凡事都得要以家为重，远不比婚前单身的自由。一时进京确实准备不足，只好暂在天津搭班，随父亲跑跑帘外，走走戏曲码头，营生之路再容后议。京剧从最早的徽班开始，跑码头就成了传统，码头就是艺人手中的饭碗，岁月风尘总在不经意间覆盖着艺人们一串又一串的脚印。道光年间，汉戏艺人跑京城大码头的不在少数，也有那么几个艺业中博取响亮声名的，比如湖北的米应先"米喜子"，曾经也受过程长庚的往拜。在京剧形成之后，京剧艺人便着重跑商业发达的天津、上海、武汉这些被行内人称为大码头的城市，去寻求丰硕的收成。

跑码头对谭鑫培而言并不陌生，在他还没有正式登台演角之前，在武汉出城北往天津的路上，小小的他就过早地体验与品尝了码头生活的滋味。那段风尘岁月，无意中却成了谭鑫培戏曲人生的超前预演。天津是京剧艺人的重要码头之一，谭鑫培家居天津，妻子又怀有身孕，于天津跑码头，是他当时不得已也是最为适合的选择。京剧艺人跑码头，几乎等同于民间艺人行走江湖，肩扛养家糊口的重担，身怀各自的技艺，不停地走，不停地演。走过一山又一山，翻越一岭又一岭，种种戏约班规也在约定俗成中逐渐形成。早期的艺人跑码头，均以乡间居多。在简陋的条件下确保演出成功，台前幕后的分工合作十分重要，绝不能各行其是，只能各司其职，心一散不仅演出无望，艺人们也就面临散班的厄运。经过科班的练习，谭鑫培逐渐成为一个能唱多曲，又身兼多种角色的戏曲演员。聪明睿智，精练强干，武功出色，音质特好，年轻灵活，且身手不凡，集诸多优点于一身的谭鑫培，迅速成为戏班中出名的角色，在演出安排中，几乎是场场不离他，被班主视为台柱子。

有一次，粥班承接了一单去地处天津东面的马兰峪镇演出的任务。按照班社的吩咐，谭鑫培早早随队出发，一路向马兰峪镇直奔。

马兰峪镇属今河北省遵化辖区，镇域面积约 51 平方公里，建筑形式多为典型的北方四合院风格，是一个满民占多数的多民族聚集的地区，其历史悠久，属京东名镇。马兰峪镇拥有铜梁铁柱的清朝惠陵，有一座三百余年香火不断的二郎庙，还有许多名品小吃颇受人青睐。其中，最有名气的要数被慈禧喜爱和亲自命名的"烙炸"。当谭鑫培的戏班开锣之后，有一些旗兵亦前来看戏。其中有一旗兵见一年轻美女混在看戏人群中，该兵用心接近其身边，趁大家拥挤时，竟然伸手调戏，被该女大声呼喊而现。年轻气盛的谭鑫培见此情形，即赶近前正色制止，反被旗兵辱骂："一个臭戏子，莫要多管闲事。"谭鑫培依然伸手扯开那个旗兵插入姑娘腋下的咸猪手，旗兵反而出手回击鑫培的脸部，虽说被鑫培避开，但不禁怒火中烧。他一步跨上前，猛抽那个旗兵两大耳光，只打得他眼冒金星，鼻子喷血。见此情景，旗兵们便一拥而上，将谭鑫培团团围在中间。谭鑫培不由得义愤填膺，血气上冲，凭着年轻力健，身手快捷有力，着着狠招，在一阵闪转腾挪上推下踢中，将那些旗兵打得狼狈逃窜，自己这才突出重围。因鑫培确系武功好手，那些旗兵只凭着人多势众，眼看真不是对手，只得识时务地暂时躲开。几天后，旗兵们竟反诬谭鑫培与被救民女"吊膀子"，带队前来粥班捉人。班主见阵势太大，一人难敌众兵，劝谭鑫培藏于草台棚顶之上静卧不动，借口说鑫培为班社中临时顶替之角，早已返回天津，这才躲过兵灾一劫。

据传，谭鑫培在搭粥班时期，有一天，他带着一班伶人到天津外郊的某县去演戏，行进途中因天色已晚，连夜赶路一是不便，二是难以当天抵达，不得已夜宿关帝庙。当地有人告知他们说，这座关帝庙中历来闹鬼，即使是周围再大胆的百姓，也没有一个人敢夜间进庙。众伶人听了此说，不由得浑身汗毛直竖，甚至有的人双腿开始颤抖，谭鑫培却不以为然。他吩咐一个演大净的角色假扮关云长，正襟危坐以观究竟。恰到半夜时分，忽然一阵阴风吹来，竟有一个披头散发、满脸流血的"女鬼"扑通一声跪在装扮的关云长面前。那个净角竟吓得魂飞魄散地往后一倒，众伶人赶紧把被子紧紧地蒙着头，屏住呼吸，不敢发出丝毫声响，整座庙堂死一样的静寂。只有谭鑫培盘膝而坐，一手搭在被他扶起的那个净角的肩头，给他以胆量与温暖，一边大胆地与"女鬼"交流。只听那"女鬼"哭诉说："我的丈夫和嫂嫂通奸，先杀了哥哥，然后又将我害死，还把我的尸首抛在这庙里。因我娘家贫寒，又人单力薄，无能力替我申冤。我的一缕孤魂只得一直在这里漂荡，不能转世投胎，今天路遇大官人，便大胆显身，有心相托替我申冤……"那"女鬼"说完这些话，就向谭鑫培叩了三个响头，顷刻不见了踪影。见过刚才那一幕，谭鑫培心中直替那"女鬼"鸣不平，真想替她报仇雪恨，却苦无能力，一个唱戏的怎能搬得动大堂呢？

第二天，恰遇那县的官署召他们去演戏。人说鬼使神差，看来真灵验，机会说来就来了，这自不能放过，谭鑫培即就将这件事现编成了一出短戏，就地在官署中上演。县官看了戏，被真情感动。结果一经查问，弄清了案由，抓获了元凶问审而下狱，誓为女鬼冤案昭雪。正当县官在堂宣判的时候，突然间闯进一个中年妇人来。只见她一身黑衣，一阵风似的跑到谭鑫培面前，双膝跪下谢恩，她说我就是那个曾在庙中向你诉冤的"女鬼"。因当时被害而未咽气，苏醒后为躲避凶手追杀，不得已扮鬼于庙中，等待机缘呼救。那天恰遇恩公借宿庙中，于是大胆现身求救。不想今日冤案得申，特来向恩公致谢！谭鑫培忙将"女鬼"扶起说，要谢你该去谢县官老爷，我哪有能力让你沉冤昭雪呢！只见"女鬼"面朝县官大人呼天抢拜，千恩万谢中不禁饮泣。县官忙派人将"女鬼"扶起说："为民申冤作主，是为官的本分。从今天起，你可以放心地回家，一切有本官为你做主，凡作案的一干人等必须就地正法。说到此，真还得感谢谭先生，如果不是他的戏台演出，这桩冤案的凶手真还不知哪天才能正法，朗朗乾坤不知何日能保百姓太平。"满场响起雷鸣般的掌声！

进京前夜

　　谭鑫培进京并非偶然之举，可谓谭家父子多年向往的实现，也是他们艺术前进之路的必然目标。当初在天津落脚，主要迫于生计，对于初次北上而举目无亲的谭志道而言，天津的周施民是他唯一的路标，而驻防天津的那群湖北兵士对汉调演出的排场，确为谭志道逃难北上的漂泊旅途带来了一缕生活曙光。落脚天津，成了他当时无可选择的正确之举。路遇余三胜老戏班，属未曾预料的意外收获。其实，在谭志道的心中早就种下了北京之行的种子，他无数次在梦中挺进北京城邦，唱红京都舞台，像湖北的一帮艺人一样在北京戏曲界叱咤风云。特别是米喜子，他几乎成了北京戏曲界泰斗式人物。尤其是余三胜，现在已是戏曲界"老生三鼎甲"之一，那是他的戏友加同乡啊。不说有这些偶像和关系，凭着自己坚实的演出基础和独到的表演艺术，他相信有朝一日恰遇人生和演艺生涯的春风吹来，自己必毅然携手儿子，迈出进京的步伐。在坚定地将儿子送入科班之后，谭志道必须独自承担家庭的重任，且为儿子日后出科打下坚实的基础。他只能稳居天津，不能作半点移动的冒险，一切要等儿子出科和成家后，再作选择，将进京的渴望暂时深藏心底。谭鑫培十五岁出科，十六岁在天津跑帘外，一为新婚的家庭，二为出科后的登台历练。经过一年多的帘外演出，在崭露头角中博得了天津观众的喜爱与同行的赞许，他收获信心，也坚定了戏曲人生的奋斗价值。自从儿子降生以后，父亲的职责日渐加重，对经济的需求日益增量。加上对舞台的拓展和艺术精进的渴望，古老的京城无疑比天津更有发展空间，谭鑫培心中对京城的向往日益加深。

谭鑫培出科不久，谭志道又一次萌发进京的想法，但一股潜在的沉稳之念，还是让他冷静了下来。儿子毕竟刚刚出科，在戏曲界还是一个无名小辈，即使具有再大的可塑性，也得历经岁月与人生的锤炼。如盲目进京，在京师何以立足？这一老一小，如一时艺途不顺，脆弱的经济基础，经受不住哪怕是一丁点风浪，总不能把宝都押在余三胜身上吧。谭鑫培虽然聪明灵活，可还缺乏历练，年轻人心高气傲，还有一份桀骜不驯的性格，这样上京师，难免会碰钉子或吃苦头。先带他跑跑帘外，多上些野台子，在维持生计之外，借机磨练。好钢是炼出来的，好糖是熬出来的。古话说：世事洞明皆学问，人情练达即文章，鑫培也不能例外。多一些阅历，在世态人生的冷热交替中去感悟与收获，渐渐成熟，唯有心中有数，遇事清明，将来再到京师那样藏龙卧虎的地方去，也多一份经验积累，少一份危机。经过出科一年多的舞台历练，谭鑫培在艺术上的进步出乎意料的神速，既能精妙地学习他人的深奥演绎，又时有大胆地自我创造，在天津演艺圈中可算得上一个小精灵，谭志道深为儿子的表演天赋而鼓舞。在几次无心的交流中，鑫培也道出了进京的渴望，每每注目父亲，探询决定的期许，谭志道对此早已了然于胸。经过一番深思熟虑之后，为了心中的理想，为了儿子的艺术前途，谭志道渐渐打定了进京的决心，即使有所考虑不到的周折，他相信凭着父子俩时下的功夫，混口饭吃应该不愁。再说人生哪有平坦路，都不是闯出来的吗？不经风雨，哪见彩虹呢？

那天演出回到家中，谭志道特意让妻子多炒几个菜，他主动邀儿子陪他喝两盅。三杯酒下肚后，一股豪气直往上涌，他郑重地对鑫培说："儿子，你想不想进北京？"鑫培未假任何思索地作答："想！"语气是那样的斩钉截铁，鑫培认真地阅读着父亲的脸，企图从中找出真切的答案。他知道父亲一向沉稳，历来都为儿子和家庭着想，除了艺术上的大胆革新之外，生活上，父亲是个极其传统的人，从不随意涉险。自己曾几次当面提出进京的请求，都在父亲无声的回复中寂灭。鑫培不便强求，也不敢强求，他想父亲必定有他的难处和思考。面对今日似乎有些不解之意的儿子，谭志道猛然喝下一杯酒说："当年我带着你们从武汉北上，原本就是奔着京城去的，因一时联络不畅，天津才成了第一站。可是历经这么多年，我们四处奔波，却一直没有去京城，你知道为什么吗？"鑫培望着父亲没有作答，他知道父亲有话要说，索性让他自己填空好了。谭志道接着说："那是因为你还年少，我们又拖家带口，自从遭遇地方恶霸当胸一脚之后，你母亲一直身体不好，我不怕闯荡，也不怕风险与失败，但我不能不顾及你们母子俩啊。再说当时到达天津，确实也累了，便在那群湖北士兵的捧场和周叔叔的支持下，落脚天津，这成了我们谭家修生养息的无策之策。也算父亲无能，毕竟有些畏怯，京城的戏饭不好吃啊！现在你长大了，能力也见长了，更有了家室和孩子，我快老了，人生季节渐渐秋冬。为了你的前途，为了谭家的将来，我们必须从长计议，走大路，进京城。那边的气候比天津大，只有进京，才能触摸中国戏曲最高层的蓝天。"谭志道想到这些年的种种辛酸，不觉一时悲怆，眼睛湿润了。鑫培理解父亲，忙站起来，将一杯酒高高举过头顶跪身敬父，以示对父亲为家操劳和对自己疼爱的孝敬。两个男人，一饮而尽。似乎不用言语，一切都在酒中。谭志道似有几分醉意地说："现在你长大了，也学了不少好玩意儿，应该去京师闯一闯，正如湖北的一句老话'两个裁缝打架——试一铬铁'，像咱们湖北戏剧界的前辈那样闯出点名堂来，为父相信你。"

　　父亲下面的话已有几分模糊，但鑫培听得真切，"只是你还年轻，涉世不深，世态炎凉，梨园界更为复杂，我不能不有所担心……"不等父亲的话说完，鑫培接过话头："您老不用担心！小时候我就跟着您到处跑，虽说我见识比不上前辈们，但我比一般人经历风雨更早，我能应付。再说，咱们迟早都得去闯京师，迟去不如早去。"谭志道不知不觉地打起了呼噜，鑫培轻轻地半搀半背地将父亲送进卧室，帮母亲打来一盆热水，便悄悄地退出门外。

　　那天晚上，谭鑫培几乎一夜没睡，他将父子决定进京的事一一对夫人侯玉儿述说，并言明初涉京城，暂时不便携家带小，让她和儿子随母亲暂住天津。一要孝顺好母亲，二要带好儿子，三要懂得照顾自己，自己不在身边，谭家的事一切都得让妻子独自承担。谭鑫培摸摸熟睡中的儿子，心中涌动着无限的爱意，期望儿子健康成长，更期望通过努力，为儿子创造出优越的环境。侯玉儿顺从地依偎在丈夫的怀里，她什么都没说，知道事业是男人的第二生命，为了前程，家庭不能成为丈夫的羁绊。她只是在依依不舍中饱含深深的祝福与抹不去的牵挂。侯玉儿一直在临别的思绪中看着窗外的曙光照进屋里。她想让丈夫好好地睡一会，蓄积脚力，好快步进京，以饱满的精神迎接京城的新生活。

挺进都城

Tingjin Ducheng

南城戏苑

　　北京，一座矗立中国北部的千年古城，几朝皇都，高大而浑厚的城墙，一派庄严肃穆，由宽阔的大街像枝丫一样伸展出的胡同尽头，潜流着一种古朴典雅的幽光。初到北京的谭鑫培，似乎穿越了历史与当代的衔接处，步步走向华夏文明的深处。北京，位列中国四大戏窝之首。自从徽班进京，凭借乾隆皇帝祝寿的机缘，将一门古老的戏曲艺术推向了舞台顶峰。京城的台柱子，意味着一旗通天之杆，唯有唱响京城的高台，方遂戏曲艺人的平生之愿。于是，进京登台便成了无数戏曲艺人梦寐以求的目标。年轻的谭鑫培，怀着满腔的生活热情和对戏曲的钟爱，义无反顾地奔向这座心仪已久的圣殿，去创造未来人生的辉煌。

北京在唐朝名为幽州，历史沿革中的名字很多：冀州、蓟、燕、上谷、广阳、涿郡、范阳、燕京、析津、中都、大都、北平……都曾是它的名字。新中国成立以后，正式定名为北京。当时的京剧艺人，基本居住于正阳门以南的广大地区。可以说北京南城地区孕育了京剧事业，孕育了京剧人才，孕育了京剧观众！素有"梨园之乡"美誉的北京南城地区，对京剧而言，是一块真正的圣地！

从明朝嘉靖年起，北京就有了内城与外城之分。正阳门、宣武门、崇文门及城墙南边，均被称之为外城。特别是清代，娱乐设施基本建于外城。内城居民，旗籍居多，统治者唯恐旗民沉溺于娱乐中而精神涣散，内城除了皇家和王府内的私人戏台，一概不准建造大众戏园。清代中叶之前，几乎没有旗人当票友，全面禁止八旗子弟和梨园行来往。直到清代中期，人们依然将唱戏视为贱业，社会歧视普遍存在。在封建专制社会的观念里，娼优并列，戏曲艺人无法摆脱嗜戏薄伶的社会卑贱地位。从徽班进京到新中国成立前，即便是名动京师的要角，也只能与青楼歌妓为邻，偏居于北京正阳门以外的八大胡同一带。新中国成立以前，这儿是北京著名的红灯区。旧时，末等妓院通常被人称为"下处"，而伶人们的居所，则被称为"大下处"。戏班里面的基层演员，基本都寄宿在八大胡同一带，与妓女同地相处。

顺治五年八月十九日（1648年10月5日），清朝统治者以顺治皇帝的名义，颁布了一道强制居住在内城的汉族官民尽迁南城的谕旨。时间规定一年，不得延误。从此，内城便成了满人的天下。满族统治者的这些举措，对京城广大汉族人民，无疑是一场沉重的灾难。

当内城迁出的梨园行的演职员们携家带眷，勉强安顿在涵盖宣武门以南的南城地区后，随着时间流逝，他们同原住在这里的梨园行的同人们，由相识到相知，并逐渐形成与清代相始终的"唱戏不离韩家潭"的新居住圈。从"京腔十三绝"到魏长生等人唱红北京，从徽班进京到"同光十三绝"，无不如此。

自清代至今，我们可以列出一连串三代以上居住在宣南的梨园世家或京剧世家，如：谭门七代（"四海一人谭鑫培"）；迟门七代（"京腔十三绝"中的迟宝财）；萧门五代（皮黄大丑、京剧教育家萧长华）；余门三代（余三胜、余紫云、余叔岩）；梅门三代（梅巧玲、梅兰芳等）；朱门五代（昆曲名旦朱霞芬、京剧名丑朱斌仙）；孙门四代（孙心兰、孙怡云）；茹门四代（大武生茹莱卿、名小生茹富兰）；阎门四代（名武旦"九阵风"阎岚秋、阎世善）；杨门三代（名旦杨朵仙、著名琴师杨宝忠、后"四大须生"之一杨宝森）。其他如连续两代名著于世的京剧名家：程长庚与程章圃、张二奎与张万年、杨月楼与杨小楼、陆玉凤与陆华云等父子相承的梨园名宿则不胜枚举。

明代的"燕京"开国时称"北平"，永乐年间才成为都城，并改名"北京"。嘉靖三十二年，于九城之南前三门（正阳门、宣武门、崇文门）之外筑"重城"。重城的修筑，使原本四方形的北京城，即成了一个"凸"字形。重城就是明代的"外城"，也叫"南城"。清朝继辽、金、元、明朝以后，亦定鼎于北京，不仅城垣建置，即九门的名字一仍其旧。

当时的北京城周围四十里，城墙高三丈五尺五寸。九门即：南面为正阳，南面左边为崇文、南面右边为宣武，北面东边为安定，北面西边为德胜，东面北边为东直，东面南边为朝阳，西面北边为西直，西面南边为阜城。外城包括京城南面，转东西角楼，城墙长二十八公里，高两丈，名叫外城。永定门外则分为：永定、左安、右安、广渠、广安、东便、西便七门，均以方位划分。

1664 年，吴三桂引清兵入关，六万八旗兵马长驱直入，占领了京城。清政府出于"管理"和"提防"的考虑，特设内城和外城（南城），将满人和汉人分开而居（即使是汉籍大臣也得迁出内城）。

那时的内城居住的都是统治者，外城居住的即为被奴役者。善于商业构想与经营的汉人，在不太长的时间内就完善了南城的建设，使之成为京城的商业和娱乐中心，集聚娱乐、休闲、听戏、打茶围、走票、看杂耍……于一体。这种情况一直持续到 20 世纪二三十年代，而清代戏曲繁荣鼎盛，恰恰形成于这一时期。

1863 年，谭鑫培刚满十六岁，父子俩带着对演艺事业拓展之念来到北京，租居在前门外的百顺胡同。一落脚，他们便按址找到了余三胜，余谭老朋友相见，自是热情如炽，自有说不完的话和叙不完的旧，只能简短而就。谭志道不说，余三胜也知道他们的来意。再说他们父子初到北京，我余某人怎能不为其操劳呢？虽说余三胜是第一次见鑫培，也许是老朋友之子，也许是鄂地之缘，心中无限喜爱。余三胜毫不隐瞒地对谭志道说："你们来京城，必须从长计议，要有一个远大的目标与计划。就目前京城的演艺圈而言，三庆班当为魁首，鑫培这孩子我特别喜欢，一看就是个具有远大前程的孩子。虽说我们是第一次见面，但从天津传来的消息中，我并不陌生。假如拜在我门下，还不如拜在程长庚门下更为合适。但三庆班并不那么好进，只能瞅准时机。我想先帮你们找一个名声并不太大的戏班先稳住再说，一旦时机成熟，再从中跳出来较为容易。如果搭了我的戏班，终生就再也进不了三庆了，这于鑫培的前途不利。再说，志道也是一个多面手，尤其是你的老旦表演，可说北京无人可比，三庆班的程长庚对老旦一角早已是求才若渴。假以时日，只要时机成熟，你进三庆，我预计比鑫培更容易。"经过反复商议，谭志道解除了开始对余三胜是否托辞或推诿的疑惑，确信他衷心为了谭家爷儿俩好，便依余三胜之意而行。

经过余三胜的暗中周旋，由一位朋友出面引荐，谭家父子双双搭进了广和成戏班。当时，谭家父子进京，并非戏曲佳期，一方面，皇宫里正在不断地辞退"外学"民籍艺人；另一方面，各地不少艺人闻风进京搭班，京师各个戏班几乎都处于人满为患的状态。由于初到京师，谭家父子还名不见经传，虽然搭了班，在戏班里暂时只能分派到一些不起眼的小角色试演。谭志道依然演不了生角，只能屈就老旦表演。鑫培只不过演一些旗锣伞报（舞台上扛旗、打伞、敲锣、报信的配角，谓之旗锣伞报）、家院等零碎角色。由于角色小，戏份（演戏的报酬）很低。谭家父子对此深为理解，无论你是什么样的角色，功底如何，是骡是马总得拉出来遛遛，必须给人一个了解的过程。为此，父子俩早已做好了充分的心里准备，一切都能坦然面对。对任何角色都必须认真地去完成与演绎，只要拥有一分发光的机会绝不放过。首先要将小角色演好，唯有演得与众不同，才能获取信任的筹码。由于谭家父子做好了逐步深入的打算，面对低就和压制既没有怨气，也没有包袱，但求放开手脚在演绎中展示自己。由于奋力拼搏、尽情发挥，开始才几场，就博得了班主与同行的好评。戏班的人私下里暗中交流说，看来这父子俩是有备而来啊！

被踏离京

　　进京闯天下，是谭志道的初心，也是他发自心底的一份愿望，因为时机和条件并不成熟，以致在天津一待就是数年，但磨刀不误砍柴工吧。即使这次进京，谭志道依然是抱着赌一把的心态，是为六分成思四分冒险的决定。也许是老天磨练，也许是时不凑巧。谭志道父子俩进京，恰遇皇宫辞退"外学"民籍艺人，虽说形势不利，但他们也是有备而来，天津行前就做好了对各种不利因素的评估。所以，既来之则安之，父子俩沉下心来从小角色做起，无论被派什么角色，他们都能认真地演好每一场。父子俩鼓足一身的劲来闯京城，不就是为了徐图发展吗？那年逃离武昌北上，沿途卖艺，在各地流氓恶棍的刀口上讨生活，吃了那么多苦，受了那么多惊吓，现在早已是大风吹过。再说，还有留在天津的妻儿，不仅等着他们赚钱养活，更盼望将其接来京城的日子早点到来，父子俩总不能就这样两手空空地溜回天津吧。再说，谁能包脚布改洋伞，一步登天呢？万丈高楼不也平地起吗？谭鑫培父子相信自己，也鼓励自己，更相信余三胜的计划，一定要在京城闯出一片天地，为了明天，更为了谭家，他们只能努力奋斗，切切不能泄气。谭鑫培不向命运低头，依然不舍不弃地奋斗在他爱戏如命的舞台上。"冬天来了，春天还会远吗？"他喜欢这句诗，他凭着自己的才智和科班的功底，相信总有出头的那一天。

经过谭鑫培的努力，偶尔露出的武术功底让人看到确非平常的花拳绣腿之类。都在舞台上走，没有人不识货，只怕你没有本钱。人说"行家一出手，就知有没有"。由此，慢慢被戏班派演一些武生戏，他把少年的功夫都使出来，开始博得了掌声，戏班中的地位和戏份且有所增加。尤其是谭志道，他的老旦一登台就有了轰响，他比儿子被人接受和认可得更快。于是，父子俩的信心在一点一点地增长，希望也像黎明前的黑暗一样，朝阳即将升起。正当谭鑫培在一步一步向希望的目标走近的时候，令人没想到的是，由于戏班里的人出点子，那一次，由何桂山扮演《钟馗嫁妹》，班主却派谭鑫培出演钟馗脚下被踏的小鬼！这使谭鑫培实在接受不了，一种被侮辱感油然而生，心中的不平像怒火一样燃烧。那场戏他还是演了，但谭鑫培的心中却止不住地往外淌血，浑身感到戏场上吹来的冷风刺骨。看来北京是再也待不下去了，一个"走"字在他的脑海中迅速占据了上风。于是，谭鑫培毅然决然地从班社走了，甚至没有征求父亲的意见。天地如此宽阔，难道还缺我谭鑫培的一片立足之地吗？他狠狠心，背着包袱离开了他既熟悉又陌生的古老皇城，决定再次加入江湖卖艺的粥班，去"跑野台子"，在跑帘外中去疗伤。他不由自主地回过头来瞭了一眼京城，似有几分不甘，但骨子里那股不灭的志气却告诉他：京城，你等着，待我心伤痊愈，一定还会回来的。谭鑫培眼内噙着泪，受一股"男儿有泪不轻弹"的骨气支撑，硬生生地将泪水逼了回去。这种悲怆中孕育的力量，如地底的岩浆一样，只为等待爆发的那一天到来。

京东马兰峪镇，一块谭鑫培的生命有缘之地，再次踏上这块土地，如重逢久别的故友，满眼的亲切，满手的柔和，尤其是那种浑身的温润感，这是他自从离开江南之后，在北方难以收获的惠遇。在谭鑫培的一生中，可说曾有三次跑京东马兰峪镇的经历。第一次是在天津初跑帘外，第二次即被钟馗所踏而义愤出走，第三次是在三庆突遇倒仓时。无论是事前计划，还是临时出走，马兰峪似乎都在向他发出深情的呼唤。不管心情怎样沉重，只要一踏上马兰峪的土地，他的一颗心就得到一种莫名其妙的内在安抚，就像儿时依偎在母亲的怀里一样，一切是那样的温暖与安妥，力量与灵感像山泉一样汩汩而生……

站在马兰峪外的旷野上敞开胸襟，真情地与乾坤对接。阵风吹来绵延不断的节奏，潜在而紧密地敲敲打打，似鼓、似锣又似琴，一种难以抑制的来自于心灵的呼唤与亲昵，和生发于灵魂深处的拥抱与欢娱，使谭鑫培情不自禁地喷发不尽的音乐灵感，陶醉于艺术熏染中，豁然冲开往日的迷雾，萌发天籁般的创新萌动。所有的痛苦与悲愤不抹而愈，像激流冲刷中的河道，几经弯曲的奔突而复归平静。

京东马兰峪，一座古老而美丽的小镇，悠久的历史文化，淳朴的民风民俗，传统的风味小吃，一切都在与众不同中彰显本色，一切都如梦中的老家，使谭鑫培备感温馨与受用。曙光中的朝霞，映衬着紫色的晨雾，美极了的生命原色情调，让人似如在母亲的胎盘中享受无边的孕育，洁净了世间所有的风尘。生活中诸多的坎坷和不如意，均被顷刻间迷幻的色彩所填充，生活是如此地美好，前程是如此地极具诗意。身在此情此景中的谭鑫培，似如上帝派遣的天使般接受大地的宠爱，还有什么值得计较，还有什么不能实现的呢？大地终不薄我啊！他信心满满地大步前行，走吧，走吧，脚下的路永远没有尽头，人生的希望总在不断播种中收获。谭鑫培不禁陷入对往日的沉思中。

那一年，他曾随父亲到房山卖艺，夜宿镇头一家名叫"客来顺"的老店，却不巧遭遇两个小偷夜半撬门而入。那天，谭鑫培在床上辗转难眠，三更时分正欲小憩片刻，明天还要赶路。刚刚强迫自己闭上眼睛，忽听房檐上有些轻微的动静，接着还有两声学得并不入神的猫叫。根据经验，谭鑫培知道有贼来偷，他便装睡而静观其变，在"守株待兔"中等待盗贼降临的那一刻。当小偷熟练地挑开门栓，一只脚刚踏进门来的一瞬间，他一个箭步跳下床，伸手抓向小偷。没曾想小偷真还有些警觉，身材往下一蹲，整个身子往旁边一挪，竟然躲过了来人一抓。这一下，谭鑫培倒来了劲，心说，你还想跟你家小爷玩套路，不给你一点手段看看，真还不知道马王爷原来生有三只眼。只见谭鑫培身子往门边一侧，首先挡住小偷的去路，即用左脚一伸，右腿后滑，右手往下一插，封住对手就地滚翻的后作。对方果然上当，随即往上一跳，想避开谭鑫培的一招水底渔叉。谭鑫培早就等在那里的左手，一下便摁住了对方的肩头，猛力地往下压，致使小偷直不起身来。谭鑫培一手抓住他的衣领提起，像老鹰抓小鸡一样将其举得高高的，使小偷的两脚不能沾地，像小孩一样，无规则地在空中乱踢乱蹬。由此可见，该小偷基本没有武术功底，只是惯常偷鸡摸狗的油手小贼，身子倒还有几分滑溜。被谭鑫培提在半空中的小偷，不住地哀求饶命。也许是真的被吓着了，他的眼泪鼻涕一时都下来了。见对方不是练家子，谭鑫培不再手上加力，也放松了警惕，略一松手，小偷落地就拼命地往门外狂奔。谭鑫培早就算好，即时飞起一脚，正中还没跑远的小偷屁股之上，竟将他从门里踢出门外丈远之外。只见小偷就地一滚便爬起，一声不吭地忍痛而逃。谭鑫培足踢盗贼的事，深得店家老板感激，一时被房山人广为流传。

夜奔激将法

　　京剧艺人跑码头，几乎等同于民间艺人行走江湖，一切都靠在卖艺中挣得养家糊口的酬劳。乡村粥班属通常所说的野台子，没有固定的演出地点，更没有定时场次，地点、时间、戏目、酬劳更无标价，一切均按雇主需要安排和面谈。为了生意经营，有时地点很不搭便，在同一天里，甚至一个东南，一个西北，但戏还不能不接，更不能误场。如果推却了一个场次，也许从此就丢失了那块领地。再说，野台班子的人，大多数都期望挣钱养家，再辛苦也得干。那时不比今天的交通，荒野、路窄又无车，全靠一双脚程。惟一所图的只有两点：一是图现，戏一终场，钱就到手了。二是处在学戏之中或功夫不太到家的伶人，起码求得暂时登台的机会，不像城里那些正规的班舍，门槛自会高一些。所以，粥班长期存在，也不缺演员，缺的只是名角。

于谭鑫培而言，原在天津搭乡班时，赶场是经常的事，有时一天要赶几个场子。那天，当演完甲村的戏，必须尽快赶往乙村演明天上午的下一场，虽然路途遥远，但那边的戏已定，万万延误不得。按时开场，既是班社的经营，更是班社的信誉，除开雇主不说，还有那些期盼的观众与戏迷，不能更改，也来不及更改。谭鑫培在粥班里，无疑是顶尖的高手，于是，他便自然成了戏班的领队，他负责带领一众同人匆匆赶路。每当赶路的时候，时间总过得比脚步快。正当半路之时，眼看天色已晚，同行们个个都头冒热汗，双脚疲乏无力，速度不觉越来越慢。鑫培在心中不住地算计着，前面还有一半的路程，如照这样的速度前行，恐怕真要误时了，怎么办？他在心中一连画上几个问号，焦急之时突然心生一计。于是，他对大家说："我知道大家都走不动了，前面的村子里就有旅店，我们干脆在此歇一晚上，明天起早一点再加快步伐，应该还来得及。"这个地方谭鑫培真的很熟，原在天津粥班时，他曾两次来过该地演出。见领头的如是说，大家心里都巴不得，便齐声附和。

听说前面有店宿，大家不觉一时脚下有了力，不一会就赶到了前面的小村庄里，走过几家，却不见旅店。谭鑫培知道这家的主人是位单身少妇，便指着那家的门说："这家就是旅店，还有一位漂亮的少妇店主，我与她早前相识，今夜就宿她家吧。"众人见说皆喜，争相上前叩门，恰见一少妇手执蜡烛开门，询问何事敲门。谭鑫培忙抢着回答："今夜，我们想在你家借借宿。"那少妇回说："真是对不起，我家没有男人，实在不便留客。"说罢即有回身关门之意。谭鑫培却大声说："正因为你家里没有男人，我们这才借方便嘛！"少妇闻听此言不禁勃然大怒，顿时向邻里高声大呼："强盗来了，大家快来抓强盗啊！"那女人的声音很亮，情急之时又声嘶力竭，乡村人家相邻较近，只要高声一呼，村头村尾一气相通。村民们都知道她家没有男人，听见呼喊便操起棍棒闻风而来，且一路呼喊。众人惊愕之下，一时不知所措。谭鑫培忙说："灾祸来了，还不快跑！"言罢，带头飞奔而去。村民们随后追赶数里之外，大家越跑越快，途中没有一人肯停下。

看看天色破晓，后面的喊声逐渐远去，众人方才松下一口气来，这时，大家不觉已是精疲力竭。谭鑫培却显得似有几分兴奋，他面对大家神秘地一笑说："你们还说不说脚下没劲啊？"听了谭鑫培的话，大家如梦方醒，原来我们都被他耍了一回。不过聪明人马上回过神来，谭鑫培可谓用心良苦，确是为了大家好啊！眼看乙村已近在眼前，免去了误场之忧，只得摇头笑指谭鑫培，说他真不是个好家伙！当戏班走进乙村时，只见戏台早已搭好，锣鼓声已起。因他们如期登台，戏也唱得好，雇主很满意。得知大伙为了赶路，被谭鑫培戏耍得个个落荒而逃，对方不禁笑得前仰后合，大手一挥，竟将那天的戏酬上翻了几层。大家高高兴兴地捧着丰厚的收益，笑对谭鑫培说："你这个鬼精灵害得我们好苦啊，被一伙乡民追赶，那种喊杀声真让人胆战心惊！现在回头一想，值得！值得！"

大凡乡村地方，由家族势力与长老执掌，由他们号召与发起，自己出钱出粮，招收一班伶人，制办一些行头和戏箱，招募一批闲散伶人，委派一个颇有活动能力又被大家信任的人领班，去周围十里八乡或小市镇的野台子上去唱戏，这种戏班就叫"粥班"。这种戏班一般都在农闲时组成，他们大多唱地方戏，在娱乐乡民的同时，如生意好，还能有些收益。粥班里也常有专业的演员参与，乡村里也常有名票诞生，有些粥班偶尔还将戏唱进了大城市。乾隆时期，在进京的徽班里，就有些曾经在粥班里唱红的角色。村里的一些大湾村均有能力组班，小湾村时常也由多个村庄联合组织。在农业经济社会里，这是一种很成功也很受民众欢迎的艺术组织。唱戏毕竟比玩龙灯、玩狮子、扎故事、唱花鼓都来得更有场面和规律，且有持久性。乡村里的人，大多爱看戏，喜欢那些古典传说，喜欢那些才子佳人，更喜欢那些惩恶扬善的故事。有的图享受，有的寻求寄托，有的借戏抒情或泄愤，万千观众各有自己的价值取向。所以，不能小看粥班，那是一片肥沃的土地，根深叶茂，也是中国戏曲的摇篮。谭鑫培自从进了粥班之后，似有独木不成林的乏力之感，好角太少，难以形成理想的气候，红花也需绿叶陪衬，他必须去找帮手。于是，他去北京召集了一些和他命运相近的伶人，共同加入粥班，壮大队伍，增强实力。谭鑫培行前还用了十几天的时间，专心向普阿四老先生（内廷供奉，有名的文场）学了四十多个唢呐牌子。他有所思想，有所准备，有所作为，永远不单为演戏而演戏。所以，凡是他所搭的粥班，时常都会放出一种异彩，深受观众欢迎，他的戏码收入也比在广和成班当配角时丰裕得多，尤其是可在群鸡之中而独起鹤舞。虽说舞台小了一点，档次低了一些，但他早前憋在心中的一口闷气却呼得顺畅。

跑乡班非常艰苦，但谭鑫培始终没有丝毫畏怯，一边演戏，一边坚持基本功锻炼。这时正值谭鑫培的倒仓期，且已婚后有了子女，肩上的担子颇重。生活是人生的现实，事业是人生的理想，任哪一头都不能放下。谭鑫培是个责任心很强，又心怀远大目标的人，他只能脚踏实地一步一步往前走。虽说当时所得甚微，勉强能维持家庭生计，但他依然咬牙坚持，相信自己会闯过难关。那年，他自三庆班出走之后，便和柏如意、何桂山等到京东搭了吴四阎王的戏班，在马兰峪镇周围一带演出。每于演出之暇，他便向柏如意求教，艺术上不断长进。谭鑫培也曾向杨隆寿学过武功和工架台步，还向黄月山（后来成为京剧武生老三派之一）学过武生戏。当时的谭鑫培擅长武技，而内功筑得较牢，人年轻，手脚又灵巧，刀枪棍棒纯熟，武生表演颇有看点，较受观众喜爱。那时在粥班里，谭鑫培常演的武生戏有《大神州》《白水滩》《三岔口》《攻潼关》《金钱豹》和《黄鹤楼》等。虽说

粥班档次不高，舞台不大，收入不多，但于谭鑫培而言，却于舞台演
出之时，结识了些许名角，习学了许多绝技，于他日后的戏曲之路大
有裨益。也许，这就是天意。

护院捉贼

　　谭鑫培离开天津进京之后，先后两次离开京师舞台跑粥班。尤其是倒仓还没有恢复的时候，他选择了一件看似与演戏无关的事，到通州徐员外家当了一名护院。通州是京东重镇，又是京杭大运河的起点和水陆码头，商铺林立，富豪巨贾颇多，徐员外就是其中之一。所谓树大招风，徐家曾经多次被盗，为安全计，需要雇佣看家护院之人。以前，他曾不止一次请人护院，不是难尽职守，便是手头和脚底都欠功夫，遇盗贼上门，最多是吆喝呼喊，以嗓门尽职而已，更不谈捉盗拿赃了。直至，有些盗贼去而复返，视护院如无。人说，不怕盗偷，只怕贼惦记着。像徐员外这样的地方富户，防贼护家自是一件不能疏忽之事。那次，徐家张贴告示，公开招人护院，实想录用一个手快脚快，头脑灵活，最好身具一定功夫的人，这才剔除了往常经人介绍的雇人方式。通过现场考核和演示，先过初试关，使东家心中有数。看了徐员外所贴告示，恰遇谭鑫培出走京东之时，他偶然起意，不如暂去应聘护院，休整一段时间，也好静下心来，思索一下戏曲唱腔和表演艺术。于是，按告示所指直接找上门去。门人速进内禀告，徐员外即刻迎出门外。徐员外，年纪五十上下，身材中等，慈和的笑容里透着谦恭。在相互拱手之后，徐员外礼节性地将来人迎进屋里，下人端来茶水，徐员外细心地询问谭鑫培何处人氏，家住何地，为何前来应聘家院一职。这是起码的常识性了解，也无对人不恭之嫌。谭鑫培便将自己的情况如实地向徐员外报告，道出了自己唱戏的身份，并着重介绍了倒仓影响登台的缘由。听说来人是来自京城的伶人，徐员外已自萌发几分喜爱之情，因为他像很多人一样，日常也爱听点戏。更因为谭鑫培是武生演员出身，身具功夫那是自然之事。只是为了招聘程序，还是想请谭鑫培当面演示几招，人说眼见是实，耳听是虚，现场看看比较踏实。精明的门人早察员外之意，随即插话向员外请示："大人，是否请谭师父赐教几招，也使小的们开开眼界。"徐员外哈哈一笑说："如谭师父不计较，能在院中来上几招当然更好。"话毕，转脸向谭，似有征询之意。

在徐员外的请告之下，谭鑫培点头回笑，随即起身离座，一紧腰带，拱手向徐员外示意，然后双手收于腹前，右手心贴于左手背之上，轻轻地吐纳中将双手徐徐自胸口向下平压至小腹之间。只见他右肩微微一抖，双手掌迅速立起，右手在上，左手在下，如太极推手般向前送出。紧接着脚步一挪，手势一变，快速的姿势变换中，整个人似如一团陀螺般打转，只听呼呼的微风荡漾和骨节的脆响声，根本来不及看清招式，真快。一套拳式下来，直看得徐员外心花怒放鼓掌而呼，心想这次护院真的请对了。于是，徐员外亲自走进场中，将谭鑫培重新请回桌边待茶，诚邀其留下，谭鑫培也欣然接受邀请。自从谭鑫培进门之后，除了晚间值守，上午睡觉之外，每天下午，徐员外如无要事，一般都陪着谭鑫培喝茶、哼戏、聊天，自感融洽之至。虽说谭鑫培是他请来的护院，却待他如上宾，无一点怠慢之处。

这年小年夜，徐家大摆宴席，男女老少合家欢宴，热热闹闹，徐员外心情舒畅，小饮几杯，家里人个个开怀畅饮，不觉都带了几分醉意，宴席完毕，家人大多沉沉睡去。唯有徐员外没有入睡，他独自坐在里屋窗前，静享这黑夜之静。不知是冥冥中召示，还是徐员外心怀家业而无眠，也许是往年腊月二十三曾经发生盗贼的经历，让他有所顾忌而陪伴值守。

所谓"月黑风高夜，杀人放火天"。时近年关，正是盗贼的忙活季节，徐家的对头说不定就瞅着这样的时机前来肇事。谭鑫培更加提高了警惕，他穿好夜行服，腰挎六合刀，想了想，又背上一张紧背花雕弩，扎上一袋飞蝗石。凭着对徐家的熟悉，谭鑫培在暗夜中对前庭后院严密监视。尽管是小年夜，他却滴酒未沾，精神抖擞。半夜时分，一个同样身穿夜行服的不速之客潜入徐家。谭鑫培躲在廊柱后，虽说看不清来人面目，但他睁大眼睛，瞅着他的动向。看他几个连接的弹跳，竟然落地无声，看来轻功底子尚好。他踏着蛇形路线往前移动，看来真是个练家子，随时预防有人投器攻击。

谭鑫培暗想，今天这个点子估计有些扎手，真还不能小视，切勿大意失荆州，阴沟里翻船啊！徐员外常日待他不薄，再说与人看家护院，确保安全与捉贼是其本职所在。今天第一次面临实战，如不能成功将盗贼抓获，抑或失手受伤落败，那才是丢人丢到家了。凭着谭鑫培的自觉，以自己的一身家传武学根基，应该不会输于对手。提高警惕是肯定的，但首先要有必胜的信心，还得在察看中估摸对方的路数和根底，做到知己知彼方能有制敌的胜算。谭鑫培继而又想，虽说来人的轻功较好，这是盗贼行业中人惯有的技艺，为的是进得轻巧，在无声或微声中不易被人察觉，但轻功好与硬功是否扎实，不一定有必然联系。再说，一般毛贼武功均处于三流境界，顶尖高手均属江洋大盗之类，那种盗贼一般不为小财而行，除非是巨额财富抑或奇珍异宝，否则绝不会出手。徐员外虽说身为京东富豪，但还够不上江洋大盗动手的目标。如是推算，谭鑫培最终将今夜来贼划入了江洋大盗之外的毛贼之类，谨慎谋划中满具制胜把握。

说时迟，那时快，只见黑衣人几个纵步直奔徐家库房，目标明确，如不是平日熟悉徐家之人，便是踩点后掌握内情。等他回望确定身后无人跟踪时，便伸手从腰间摸出一把万能钥匙，对准门锁准备动手。恰在他专心动手之时，谭鑫培一个秋叶随风式落在盗贼身后，伸手直及盗贼肩头。盗贼还真灵敏，尽管谭鑫培出手轻巧，但脑后的一丝微风袭颈，使他自觉地快速回头，骤见身后的黑影临身，匆忙中脖颈一缩，身子往下一蹬，游蛇般轻巧快捷地避开了谭鑫培的一招伸手捉雀。谭鑫培紧接着一个扫堂腿过去，正朝他的下盘打去。好一个毛贼，只见他一个纵身往上，整个人凌空前扑八尺之外，进而手不沾地一个前翻，稳稳地落地。谭鑫培一个箭步紧跟其后尾随而至，又一拳直击其背部。盗贼见势不妙，心想今天的点子扎手，再无半点平日里取巧周旋挑逗之意，赶快逃离是为上上之策。他猛力斜身向前像离弦之箭，三步便到了院落中间。谭鑫培心中暗呼，好快的身子。不由得激起内在的豪情，一声大喝"我看你往哪里逃"，话一出口，一个腾空高翻之下直落在盗贼身前。虽说夜黑难辨面相，但从粗重的呼吸中可知盗贼已吓得浑身汗毛直竖。蹭蹭蹭，在反身三步助跑中，盗贼凭着上好的轻功飞身上跃落于院落檐口之上。坐在屋窗后的徐员外，早被谭鑫培与盗贼的缠斗吸引。这时见盗贼已远离谭鑫培，高居屋檐之上，他不禁惊呼一声："啊，跑了！""想跑，没那么容易，谁要你今天撞在谭爷手中，看招！"只听一阵呼啸里，盗贼一声"哎呀！"便从屋檐上跌落下来。盗贼被谭鑫培的一粒飞蝗石击中了右脚踝，顿时肿起一个紫色大包。假如不是捉盗，而是杀敌，那粒飞蝗石如击中后脑，说不定就是一个血洞，恐怕性命堪忧。眼看盗贼落地哀嚎打滚，徐员外及家人都跑来院中，将盗贼团团围住。谭鑫培上前一步，伸手便将盗贼提起说，员外大人，外面夜凉，我看还是到内屋审问吧。说话间，一手将盗贼提进屋中往地上一掷，任由员外处置。

谭鑫培夜抓盗贼的事一下子便风传开来，一传十，十传百，且越传越神，被人传为京中大侠了。竟有人说，谭鑫培原为一名大内侍卫，因派系不和而辞职外走。一时间，各种各样的说法不胫而走。人们都说徐员外高薪聘请了一名大内高手做护院，从此，周围再无盗贼敢起擅闯徐家之心，原来隔三差五失落物事的现象不再出现。徐员外对谭鑫培更是亲密无间，不仅常在品茶间隙请他哼唱几句戏曲养神，更磨着要将儿子拜于谭鑫培门下修习武术，此是后话。

护院余暇，谭鑫培每天调养练声，想尽快恢复嗓子。偷闲便向武术名家请教，习学刀枪棍棒、轻功和夜行术，一天也没将戏曲搁下。

北京戏界的年前年后

时间过得真快，转眼春节将至，谭鑫培急忙交割京东这边的事务，准备尽快启程回京。今年是母亲和妻儿从天津迁来北京的第一年，应该给他们一个团圆与热闹。尤其母亲近年身体欠佳，要命的胸口痛发作的频率愈来愈密，症状越来越重，有时甚至痛得起不了床，真不知她老人家是否还能康复。想起母亲的病痛，自己又不能侍奉膝前，谭鑫培不禁潸然泪下。无论如何，春节得好好陪陪母亲，为她熬熬药、捶捶背，为她端茶送水，尽点人子之孝，以求一份心安。自己常年在外打拼，为业也为家，但于母亲而言，他确实孝敬太少，幸好老人家还能在孙儿的哭笑中找到一点天伦之乐。虽然高龄的父亲也身在北京，但为了生活，他不忍也不能谢绝舞台，常常一场戏下来也觉疲惫难支，照顾母亲颇感力不从心。妻子也不容易，上有老下有小的都得靠她支撑着。谭鑫培越想越觉得自己无能，为什么就不能独力扛起一个家呢？

春节是中国传统文化中最隆重的节日，无论官家民家，即使是叫花子也有三天年的说法。戏界尤为如此，他们不仅自己要过年，还得不忘年前年后给民众带来一些舞台的欢乐与祝福。谭鑫培近两年不在京城里，但每逢年前回来，都主动参加父亲所在戏班的"义务戏"演出。梨园行在每年的年根底下，都要唱一台"义务戏"（后来又叫做"窝窝头会义务戏"），这台戏的收入，除了舞台的零碎开销之外，全部周济戏班中底层贫苦同行（旗锣伞报、院子过道、宫女丫鬟、龙套文武场、后台勤杂等）回家过年，名伶们只尽义务不拿报酬——义务戏在预热年前文化氛围的功能上，周济同行的义举即涵盖其中。

谭鑫培无论是成名前或成名后，均积极参加每年的"义务戏"演出，尤其是成名后更没有一年间隔，他在戏台上特别卖力，一求回报观众一年来的抬爱与排场，二求赢得更丰厚的收入，以周济戏班底层人员，让他们的年过得稍稍丰盛一点。比如1916年，谭鑫培有生之年参加的最后的一场"义务戏"，70高龄的他依然唱了大轴。那场"义务戏"在第一舞台演出，全场11出戏，戏表依次排列如下：

开场：董俊峰《铡美案》

第一：李顺亭《镇潭州》

第二：许荫棠《胭脂虎》

第三：九阵风《泗州城》

第四：时慧宝《朱砂痣》

第五：俞振亭《溪皇庄》

第六：龚云甫《沙桥饯别》

第七：陈德林、王瑶卿、路三宝、姚佩秋、贾洪林《六本雁门关》

第八：刘鸿声、谢宝云《雪杯圆》

压轴：杨小楼、王蕙芳《战宛城》

大轴：谭鑫培《洪羊洞》

"义务戏"卖点均为名演员，通常都是硬戏码（过硬的剧目），绝不应付式地走过场。大凡精明的观众，从不漏过该场演出。所以，每年的"义务戏"从无虚座，叫好声不绝。一为祝福伶人，二为祝福自己，三为祝福国民，但愿国运昌隆，万民安乐。不管国家政权是否能保国泰民安，但民众却永葆心中的祈愿。

"义务戏"均由梨园公会组织发起，每年腊月底例办一次，几乎延续了戏曲的整个历史。

梨园行在每年年前还有一个重要的习俗——"封箱"。"封箱"特指戏班年终息演前的仪式。每年农历腊月二十三，每个戏班都开展例行的封箱典礼。先是"跳灵官"（驱邪），跳完之后，再给祖师爷行烧香叩头之礼（感谢他老人家一年的恩赐，戏界中有一句常话叫"祖师爷赏饭吃"），然后将戏衣、道具统统清点装箱，贴上"封箱大吉"的红色封条，表示年前不再开箱演戏，伶人们全都放假回家过年。戏班"封箱"的习俗，据说来源于仿效官场"封印"。一年到头，必须有所归整，在总结中悟觉，以图明年的新起新发。

春节过后，大家回到戏班，郑重地启封开箱，换上"开锣大吉"的新帖子，算是正式开台。开台之后的第一次演出会加演"跳灵官"（驱邪、净台）和"跳加官"（祝愿观众加官晋爵）。

每年的元日，北京戏院里照例是早晨九点开锣，下午三点散戏。开场先跳"灵官""加官"，跟着就是"天官赐福""卸甲封王"这一类的吉祥戏。新年里各戏馆演的全是大团圆的喜剧，避免死、杀、伤、刑的出现。比如说，唱青衣的剧目有"彩楼配""大登殿""御街亭""金榜乐""回荆州""贵妃醉酒"……这些都是常演的戏。还有一路玩笑的戏，专靠科诨，以逗乐见长，很受观众欢迎。初五以前连"起解"和"玉堂春"都不唱，当年的习俗，演员和观众都要在新年讨取口彩，认为苏三的枷锁会引起观众不好的印象。元日这天的坐席一般都不会爆满，有些人还在忙着自己家中的事。听戏的人很多都在除夕守岁，一夜无眠，第二天还要忙着一切风俗礼仪，演员们家里也有一套祭祖敬神的习俗。

各班社的例规，由后台管事向大家分发喜封，用红纸包着铜钱二十枚，或是一毛钱，不论大小角色，一律平等对待。拜年的礼节，当时普遍风行。尤其是戏界的辈分格外讲究，晚辈必须先去拜望长辈，这不仅是戏界且是中国的普遍传统，是必须遵守的一条定规。

正月里唱戏，尤其是那些名角都有赶戏的时候，这边没有唱完，那边就来催了，叫"马前"就是赶快，"马后"就是可稍慢一些。有时怕赶不过来，事前要贴出"某某"因要事赶不过来，有时观众还不买账，会将告示撕下。演员赶戏靠的都是骡车，加上路况不好，来往车辆又多，如果半道上一堵，时间就没法预计了。骡车和洋车走到大栅栏、鲜鱼口一带最容易堵车，往往挤上好半天才过得去。戏馆又都集中在这一带，有时实在车过不去，演员便下车步行，甚至是一路小跑地赶。

从前戏园里的规矩，从开锣唱到散场，中间绝不准休息。班社里的管事人，面对赶场人员交通不畅的实际困难，常常感到不好应付，于是，就想出一个临时垫戏来缓冲，即像二十世纪电影场中的加演片一样。对于垫戏，仿佛大家都有一种默契的谅解，并不苛求责备。在谭鑫培的一生中，虽说别人也曾为他垫过戏，但他为人垫戏真不知有过多少次。特别是在进宫之后，有些演员因故不能及时到场，又怕慈禧降罪，谭鑫培时常在定场戏外自我加压，将拿手的好戏搬上台而取悦老佛爷，为晚赶到场的演员储备足够的赶戏时间。虽说垫戏常常瞒不过精明的慈禧太后，但只要垫得她高兴，也就一笑了之，抑或轻责几句以警告。特别是谭鑫培垫戏，十拿九稳地会获得老佛爷的认可，误场的演员就幸运了。

　　谭鑫培的戏曲人生，除了他年少时生活的武汉之外，中国四大戏窝他便唱红过三处，从天津开始，再从北京唱到上海。虽说戏界过年的规矩大体相同，却也具有诸多细微的差别。但谭鑫培谨守"入乡随俗"的古训，更不忘演员的职责与义举，随地参与，积极奉献。比如上海的演员，基本上都不赶戏。其一，他们订立合同，一般讲究长年包银，每人只跟一个班，极少类似如今的跳槽现象，如无特殊事例，必须待满一年合同之后再行定议。其二，上海的堂会绝没有北京频繁，北京的王公大臣们，只要一时兴起便临时邀约，甚至是一场连一场。所以，上海那边比较有规律，一般都不赶场。谭鑫培曾经也在上海度过春节，虽说不如北京皇城脚下热闹，却也不失地方特色，只要身在其中，品味各自不同。

城乡之间

地方戏曲诞生于乡野，演出于民间，在丰富生活和愉悦心灵的同时，自古凝聚着底层社会的道德伦理与价值取向。才子佳人、帝王将相，这是传统戏曲千年不变的主题。正是这些戏文演绎的儿女情长或家国情怀，寄托了他们对正邪忠奸善恶美丑的集体判断，这是中国戏曲特有的泥土气息和教化职能，是为中国人广为接受的艺术形式。

中国古代的民众接受教育的程度普遍很低，读书人不足国民的百分之一二，那么，话本和曲剧传播就承载了维持良好社会秩序和社会道德的使命。那时的戏曲，是其他一切书本阅读和学校教化作用所不能比拟的。民众在愉悦和欣赏中，自觉地吸收与仿效遵循，没有通常在强制教化中所激起的反感与对抗，潜在的影响力不可低估。这种文化影响和效果的产生，似如春风化雨般自然。

中国戏曲源起于乡村和民众的生活，其原始声腔普遍具有高喉大嗓的特点，特别是黄土高原上的人们，至今还习惯地把唱秦腔称为吼秦腔，地方戏曲共有的这一质朴胎记，并没有随着时代变迁而消失。在戏曲盛行的时代，还没有声响传播设备，唯有高声大嗓才能声传数里。直到谭鑫培京剧老生的韵味演唱红遍京城时，中国传统戏曲中直腔直调这一古老的约定俗成，才算得到了历史性的改变。

谭鑫培曾经也教过科班，那是 1877 年（光绪三年）到 1879 年（光绪五年）上半年。当时的谭鑫培 31 岁到 33 岁，班主为京东三河县一位姓温的地主，谭鑫培与他的父亲一同被邀过去任教。谭志道教老生、老旦，谭鑫培教武生和武老生。教科班当然与教成人不同，他必须手把手地教，有时一个动作需要反复几次，直至让学习者弄懂为止。成人一般都为从艺多年的路上人，对于常规性的动作要领，教说一遍即可。有些精明的人，有时只要稍一点拨就行。但科班得理论和实践相结合地教习，一步都不能跨越。当然，谭鑫培父子都是行家中的行家，理论和实践极为丰富，唯恐学生接受进度有差异，自身没有知识枯竭的危机。

谭志道教授汉调皮黄，均以老旦为主，他所善演的《辞朝》《断后》《钓龟》等剧闻名京师，有时人称谭老旦。谭志道在未进入京城前，京中皮黄老旦一般没有专人扮演，更无此行中名喻戏曲界的佼佼者。大多时候，均由老生丑行来兼演，抑或临时客串，名老生汪桂芬亦曾兼演过老旦。自谭志道进京后，除演出老旦剧目之外，常在科班授艺，他的老旦唱念，对后世京剧老旦的影响甚大，被人认为是京剧老旦的开宗者，他为京剧老旦行的形成奠定了坚实而可行的基础。

"俞派"武生创始人俞菊笙，工架老练，神采飞扬，演《铁笼山》《挑滑车》诸剧，俨然大将风度。俞的演出精悍无比，且力大气足，凡演该剧出门上马，盛气如虹，勇猛之神溢于眉宇。后人称他为京剧武生鼻祖，但他专长应工武生，在刻画人物"死戏活唱""武戏文唱"上却不如谭鑫培全面，相比之下略逊一筹。在唱腔上，他承袭张二奎的风格，高腔大嗓，直腔直调，与谭鑫培可谓各有千秋。在谭鑫培刚刚走红的时候，两人对演难分轩轻，后来差距渐渐拉大，俞再难与谭相媲美。

以《李陵碑》的演出为例。一般演出第三场都是披靠上，但谭鑫培仍然穿靠上，当念到"令公来到此，卸甲……"时，双手便往上一扬，靠即向后飞去，检场人站定九龙口不动地方而双手托住；这时的谭鑫培继续往下念"……又丢盔"，头往后一扬，盔头亦跟着飞出，恰好落在检场人所捧的靠上，不偏不斜，万无一失。这种功夫除了大半要靠天才之外，假如没有深厚扎实的武工基础，实难办到。如此绝招的运用，使谭鑫培的演出光辉大增，京剧界几乎无人能及。

再如《恶虎村》。谭鑫培对戏中的人物和生活深有体会。他跑粥班难以养家糊口时，就曾为大户人家护院，做过富商大贾的镖客，结识过不少响马和达官显贵、地主巨商和家丁、教师爷以及各种类型的人物。所以，他演剧中黄天霸这种复杂性格的人，可谓入木三分。他又巧施武功特长而大显其才。当演至接还迎送酒坛时，谭鑫培演的黄天霸稳稳地立于台心，四个他路英雄则分立四个斜角，次第将酒坛掷将过来。谭鑫培则从容不迫，右肩头一顶，左肘尖一挡，右足尖一踢，左膝盖一撞，四个酒坛，根本不用其手，而使用肩、肘、膝、足，又能使对方接住决不落地，技艺精湛绝伦，无与伦比。

又如《琼林宴》。谭鑫培虽然不是书生，但在生活经历中，如范仲禹这样备受欺辱和迫害的善良书呆子，却并不少见，对他们其中的某些人还有所接触。所以，在演出中，谭鑫培能将人物还原到生活里，恰当地把握舞台上书生气十足的范仲禹性格中的善良、迂腐及被逼精神失常的特征，以相适应的程式动作和技巧绝活，从外部加以表现。在《闹府》一场中，他将一只鞋，用左足往上一踢，当鞋飞起时人即坐下，一手略扶将鞋按落头上。虽然是用手接下，然一足踢上去能落准地方，实属难能。谭鑫培曾对人说，以头接鞋本不难，一般都得缩颈翻眼，方能接住，形象却不太好看。所以，我不采用这种惯常的办法，必练独门绝技，在创新中出奇。谭鑫培一上场就眼光直视，特显出精神失常的状态。丢鞋坐地，纯出自然，毫无做作。谭鑫培在技巧、绝活的运用上，能从人物性格出发，全为塑造鲜明生动的人物形象服务。

如在《捉放曹》一剧中，出场中"路上行人马蹄忙"一句，唱得潇洒非凡，乃至"听他言……"一段，则转而悲凉激越。"休道我言多必有奸诈"一段，快尺寸的"二六""二黄慢板""原板"，均于相互转换中唱得沉着痛快，韵调飞扬，谭鑫培的表演动作尤其精细恰切。出场时他撩上袍服一角，系于腰带上，在行路时以作遮盖状，一直到进入吕家才将袍角放下。《宿店》一场，题诗后上马潜逃，则又将袍角撩起系上，如第一场出台时匆匆奔走之态，唱做一体，极为精妙。尤其是后来晚年的谭鑫培，演出举重若轻，随收随放，已达炉火纯青的境界。他在整出戏中唱念做打浑然一体，一板一眼，举手投足皆成妙蒂，表现出谭鑫培的修养和功力登上了艺术创作的顶峰。

正当谭鑫培的戏曲事业抬头向上的时候，没想到的是，忽遇青春期中的"倒仓"降临，只得再一次出走京东。更没想到的是，正当他在马兰峪安心粥班演出与职守护院的时候，突然传来母亲病危的消息，正如"屋漏偏遭连夜雨，破船又遇顶头风"，这种双重的打击无异于雪上加霜。谭志道真担心儿子一时承受不来，如果儿子一垮，他还有什么希望可言呢？虽说，世人都能以坚强的意志来战胜人生的灾难，但每当厄运当头之时，不免也有脆弱难支的短暂挣扎。谭鑫培只得辞去京东事务，急速赶回京城。刚刚赶回家中握着母亲冰冷的手含泪诉说时，母亲看了儿子一眼就去了。谭鑫培悲痛欲绝，半天才从昏厥中醒来。为了料理母亲的后事，谭鑫培不得不振作精神而硬撑着。

惊闻噩耗传来，程长庚和三庆班里的爷们都主动相助，出资出人帮办丧仪。余三胜也急忙赶过来捐资出力，谭家这才勉强办了一场像样的丧事，让往世之人入土为安。谭鑫培的母亲晚年一直身体不好，陈旧的胸口痛常常复发，尤其是晴雨相间的日子，几乎是疼痛难当，那种被锥刺般的煎熬之状，每每让谭鑫培欲哭无泪。他知道，母亲的病根始发于北漂路上。自从那次途中卖艺被地方恶霸足踢胸口之后，便患下了这伴随终生的胸口痛的顽疾，且日愈加深，不知请过多少医生，都无治疗良方。母亲走了，于他而言，是一份永久的思念和伤痛。但于母亲而言，也许是一份解脱，从此，老人家再也不用在顽疾复发中去抱头撞墙了。如是想，谭鑫培的心中的痛感才会轻一点。他特请画师为母亲画了一张放大的像，老人家面含慈爱不谢的笑容。他将母亲的画像用黑色的绸缎包裹起来放在箱子里，每当思念浓烈的时候，便拿出来贴着母亲的脸取暖，与母亲说几句体己的话……

在谭鑫培出走京东之前，早已将母亲和妻儿从天津接来北京，以利照顾和治疗。但阎王却不通情，母亲还是被无常用锁链带去了阴间。悲伤中的谭鑫培思虑再三，他再也不能将妻儿冷清地留在家中。幸好程大老板不计谭鑫培倒仓后私出京东的前嫌，得允他重回三庆。谭鑫培发誓，今生再也不会离开妻儿，再苦再难，永远要和家人在一起。

三庆前后

Sanqing qianhou

拜师大老板

　　那天，谭鑫培演出归来，刚进门，即见父亲满脸堆着笑容。看老人家高兴的样子，鑫培知道定有好事。否则，一贯家严的父亲，很少像这般喜形于色。他一时被父亲的喜色所感染，有些迫不及待地想揭开谜底，脱口便问："父亲，今天遇到什么好事，让您这样高兴？"谭志道的笑容依然不谢地挂在脸上，对着儿子点点头说："这还真算得上是谭家的一个好消息，你不是一直想进三庆班吗？"谭鑫培点点头，他没打断父亲的话，平心静气地等待下文。谭志道伸手像小时候一样抚摸着鑫培的头："今天，程大老板已跟我当面表态，同意接收你进三庆，让我明天带你去见他。从此，我们爷儿俩就能同在京城最有名气的戏班演出了"。

道光年间，以徽班为基础的京城四大戏班如日中天，实力与声名早已领先各类剧团。四大徽班各有特色，四喜以昆腔见长，三庆以连本新戏见长，和春以武戏见长，春台则以童伶见长。在戏曲界中具有"三庆的轴子（连本大戏），四喜的曲子（昆曲），和春的把子（武戏），春台的孩子（童伶）"之说。至咸丰时期，三庆班主程长庚以二黄调突出于伶界，与四喜班擅长西皮的张二奎，及春台班以做工取胜的余三胜鼎足而立，被冠为"老生三杰"，也称"老生三鼎甲"。其中，以三庆班规模最大、实力最强、影响最盛，程长庚便位列"老生三杰"之首，人称大老板。进入三庆班，是京城名伶们的向往与荣耀，谭鑫培一直盼望进入三庆班的那一天早日到来。他曾经多次思考，凭着自己的天赋与努力，迟早会被三庆接纳。只是当这一消息到来时，他依然被一种突临的惊喜所冲击，心中澎湃良久。还有一个人在暗中欣喜，余三胜先看谭志道进了三庆班，后看谭鑫培进入三庆班，他为此感到骄傲和自豪，当初的计划逐步得到实施，理当庆祝啊！

自从踏进京城，谭志道用心演戏，争取在舞台上一显身手，为了事业，为了儿子，为了谭家，他不得不加倍努力。鉴于他成熟而高超的老旦表演艺术，很快赢得了京城同行与观众的青睐。在未进三庆班之前，他在广和成班的老旦演出，程大老板就早有耳闻，也曾亲临戏场观摩谭志道的演出。从那时开始，他就为充实三庆班未来的老旦角色在心中暗自盘算。有一天，程长庚借故三庆班临缺老旦为由，派人持帖去广和成班，陈请班主暂借谭志道一用。见三庆班主亲自书帖来班请借，广和成班的班主感到一分稀有的光荣，他不能不给面子，于是爽快答应。自从那天谭志道与程大老板同台演出之后，程长庚感到一分从未有过的舞台默契与效果，谭志道的老旦无疑是京城最高水准，无人能出其右。经过一番周旋，谭志道顺利地进入了三庆班，成为程大老板登台铁定的老旦角色。这点，余三胜算得极准，谭志道果然以一套精湛的老旦演技，被程长庚请进了三庆班，实现了爷俩进入三庆班的第一步。

谭志道的老旦艺术不仅为大家所公认，且能兼演武生和老生，并非通常的救场顶替，竟是一专多能的正板角色。自古天道酬勤，谭志道的名声在京城同业中逐渐被人传播，且入程长庚之耳。三庆班是京城戏剧界班舍中无可争议的老大，要保持长盛不衰的气势与地位，必须聚集各色顶尖人才。否则就有在后来者居上中被人替代或淘汰之危，未雨绸缪是每一个领班者应有的经营思维。像谭志道这样成熟的老角，自在京城扎稳根基之后，影响日益扩大，自然不会被三庆班主程长庚所忽视。

谭志道虽然身为票友下海的艺人，但他的嗓音高亢清亮，其"谭叫天"的名号一直从武汉唱到天津，现在京城伶界中，也是响当当的一号人物。尽管谭志道年事已高，在北京不能演唱当家的老生，退而屈就唱老旦，技艺反而更具魅力，他与程大老板合演的《朱砂痣》，被人称为伶界"双绝"，无疑是"花雅之争"后期和京剧形成初期的"生力军"之一，可谓京剧界老旦艺术的创始人。谭志道常与程大老板合作演戏，早已成为程长庚戏中老旦的不二人选。《梨园旧话》曾评论说："余官京师有年，所观名伶佳剧不知凡几，独老旦一项，鲜有超群出众者。唯三庆老叫天，口操鄂音，纯唱汉调，其擅长之剧有《探窑》《断后》《辞朝》等剧，情致缠绵，醇醇有味。余尤爱其《胭脂虎》一剧，（老叫天）饰李景让之母，白口以鄂音出之，字字清晰，作派庄严，极肖贤母，力持大体，安服众心，情状可谓老旦中佼佼者。"三庆班是北京著名的戏班，乾隆初年组建于安徽怀宁府石牌镇，堪称徽派鼻祖，是北京城里不争的魁首。因谭鑫培的演艺日益精进，又因谭志道与程大老板的特殊关系，他进入三庆班便成了水到渠成的事情。

这天清晨，天高气爽，这是一个北京城里并不多见的蓝天白云的日子。天公作美，谭鑫培格外兴奋，手捧一份厚礼，带着一种临朝的期盼，一路跟着父亲，向心中的目标迈步前行。来到一座古色古香的院落前，只见大门上悬挂一块匾额，上书"四箴堂"古朴遒劲的三个大字，想必这就是程大老板的居处了。谭鑫培心里顿生景仰，他深深地吸入了一口清新的空气。父亲并不是第一次来这里，他常与程老板配戏，也算是老熟人了，老人家从容地走进四箴堂，谭鑫培紧随其后。经过一番礼节性的引荐之后，一直对谭鑫培有所了解的大老板程长庚，自然一口答应。正当大家要鼓掌相贺时，不料旁边一位老成的伶人竟指着谭鑫培凸出的后脑说："你看，此人脑后长有反骨，只怕将来是个魏延。"此言一出甚为突然，在众人还没来得及反应过来时，谭鑫培已开腔接话："魏延有什么不好？他也算是三国中的豪杰嘛，只比关张赵马黄'五虎上将'差一片萝卜皮儿。如果真能算得上魏延，也不屈了我姓谭的！"

"好！小小年纪就有如此见识！"长庚击掌赞道，"只怕'老叫天'将来要让位于'小叫天'了。强宗胜祖，后来者居上嘛！"程长庚不以魏延之说为然，反而大加赞赏谭鑫培，出乎谭志道所料。谭志道本来要责怪儿子鲁莽，在这种场合竟当场与人顶撞，见大老板不以为意反而赞扬，止不住咧开嘴笑道："真要应了大老板的话，只怕我谭家的祖坟要冒青烟了！"

在众人的说说笑笑中，程长庚收了谭鑫培这个新徒弟。

在进入三庆前，谭鑫培在京城舞台已小有名气，经过父亲一番努力，终于进入程长庚的三庆班，当时主要还是演武生。进入三庆班，谭鑫培满怀信心极力学与演，力争艺术精进。对于初来乍到的他，一无杂念，二无地位之争，他不放过任何机会，以演好每一个角色为根本。且说谭鑫培跟程长庚学艺，日日都有长进，过不多久便登上了三庆班的台毯。照当时戏班的规矩，初次登台效力属借台练功，一般没有戏份。好在谭鑫培心思只在戏上，并不十分在乎工钱。随着他技艺渐渐娴熟，登台的次数愈来愈多，三庆班就给他开了戏份，虽说工钱不高，吃饭足够了。爱才、识才的程长庚对他十分器重，给予精心的栽培，使谭鑫培的技艺日益精进，不久，便成为"同光十三绝"

之一。在清代画家沈蓉圃绘制的著名的《同光十三绝》画像中，谭鑫培以《恶虎村》中的武生黄天霸亮相。

谭鑫培虽说一直很自信，且心怀雄心大志，但在走上戏剧之路的当初，只知道自己深爱此行，并不敢相信自己将来能成多大气候，绝对不会拥有妄登戏剧之巅的遐想。但在程长庚对他的期望中信心倍增，他相信师父的眼光和艺术权威，更相信师父的真心爱护和栽培。所以，更加刻苦用功。不论将来境界如何，毕竟进一步就是一分收成，这如登山一样，登高一寸即望远一程。师父既然一再指出他的武功出色，不妨先在这上面多动脑筋。他深知欲立足剧坛，必须依据自身条件，扬长避短，博采兼收，独辟蹊径，才能脱颖而出。

看着谭鑫培的戏越演越好，路越走越顺，谭志道自是满心欢喜，他禁不住回想当初的北上之路。儿子刚到天津时还是个娃娃，身材骨骼甚小，但两目有神，声音清亮，一看就是个聪明绝顶的嘎小子。他自幼随父学艺，深受汉戏熏陶。后来，谭志道将他送入金奎社班，习昆乱武生和老生，受到极严格的基本功训练。谭鑫培十五岁出科，唱、做的功夫都不错。谭志道有心让儿子更上一层楼，将来也好搭三庆班，请程大老板做他的师父。如今，鑫培如愿进入三庆班且进步神速，将来一定会超越自己。如今事如己愿，谭志道真有几分志得意满，他想当初北上之路的选择是对的，儿子未来的希望不可限量，放眼京城戏剧界，能有几个深得大老板赏识呢？他越想越高兴，不管经历了多少苦难都是值得的。

《同光十三绝》

　　曾在四喜班的那段时间，谭鑫培和孙菊仙轮番唱大轴。关于他与孙菊仙两人各自的长与短，程长庚早前就曾对人说过："孙菊仙的声音固然洪大，但其味甚苦，难慰大多数人脾胃。而鑫培呢？喉音极润，甘而且柔，使人听了如饮醇醪。在我死之后，未来老生的盟主，一定不是菊仙而是鑫培。"所以，孙菊仙每每不敌谭鑫培。有人问：鑫培不愿在三庆与杨月楼轮唱大轴，为何要到四喜与菊仙轮唱大轴呢？程长庚回答：你们应该知道，月楼是文武兼备的内行，难以匹敌，在现阶段，鑫培与他充其量打个平手；而孙菊仙只能算个单面手，能文不能武，故而容易战胜；两者相对取其轻，谭鑫培心知肚明。但还有点程长庚是不知道的，谭鑫培暗中与余三胜接触，私学余派唱腔，一个愿学，一个愿教，只是不予公开而已。

虽说谭鑫培的武生早已唱出了头，也深得程长庚赏识，但他志在老生，早前却一直很难得到程长庚的支持。程长庚的这种观点，凡局里人都清楚，但真正用意却无人洞察其深。为此，程长庚曾不止一次地鼓励谭鑫培说，你唱武生，是时下所需，也是适才所用。你的武功底子好，人也灵活，处处有戏，你的武生戏将来一定会领袖群雄，成为一代霸主。当然，武生的地位肯定不能跟老生比，你唱老生的想法并不错，但是你的口太大，有损老生形象，是为天生不足。如果你唱老生，必须戴上髯口掩其瑕疵，再加强唱功练习，唯有具备超强的唱功，才会无往而不利。

那时候戏班里赚钱，从正月开始计算，三个月拿一次，被人叫做"一转儿"。班主程长庚拿八百八吊（八百两银子，八吊车钱），杨月楼拿六百六吊，谭鑫培拿五百五吊。谭鑫培和杨月楼关系相当好，唱一出《连环套》，俩人经常倒换着演黄天霸和朱光祖，这种互换角色，那时在老戏班里叫做"搭帖"。杨月楼嫌自己个子太高，扮武丑边式不太好看、又难得灵巧，有时轮到他演朱光祖的时候，经常跟谭鑫培商量："你看我这个头，扮上戏总让人看着不舒服……唉，今天还是你来吧！"每当杨月楼提出如此要求的时候，谭鑫培总是笑着点点头，从不计较。谭鑫培的武戏底子扎得很深，唯有他能与当时走红的武生大师杨月楼同演一角而不相上下。所以，后来他常跟杨小楼互说武生戏。六十六岁那年在上海，女婿夏月润请教《英雄义》里史文恭和卢俊义所演的那套"对枪"，他还能一招不爽地走下来，可说是那个时代表演艺术的最高水平。

清光绪年间，在古老的北京城里，处处回荡着西皮二黄的动人旋律，一位名叫沈容圃的戏迷画师，依据个人喜好，把自己心目中十三位皮黄艺人的舞台形象化入丹青，创作了《同光十三绝》的著名画卷，不仅风靡京城戏曲界，而且成为中国戏曲历史上一笔不朽的重彩。年轻的谭鑫培，以武生名角赫然位列其间。《同光十三绝》中所画人物，从左至右的排列顺序是：郝兰田的康氏《行路》，张胜奎的莫成《一捧雪》，梅巧玲的萧太后《雁门关》，刘赶三的乡下妈妈《探亲家》，余紫云的王宝钏《彩楼配》，程长庚的鲁肃《群英会》，徐小香的周瑜《群英会》，时小福的罗敷《桑园会》，杨鸣玉的闵天亮《思志诚》，卢胜奎的孔明《失街亭》，朱莲芬的陈妙常《琴挑》，谭鑫培的黄天霸《恶虎村》，杨月楼的杨延辉《探母》。这些人物，包括生旦末丑，只是缺少花面一角。据说，沈蓉圃不太会画脸谱，所以才没画花脸角色。对于十三绝中的角色，当年的沈蓉圃不仅画了一张整图，并对画图中人分别画有单幅。后来，人们常见的那一幅荟萃群英的场面，有人说是后人临摹沈氏原作，由各个单幅拼凑而成。而一些老年观众却说，当年他们曾在廊房头条某灯扇铺的匾额上见过此图，也许是沈蓉圃自己将这十三个单幅重新加工集合画成。

晚清画家沈蓉圃在光绪初年所绘的《同光十三绝》，是一幅很出色的肖像普及图，原画早为梅兰芳收藏，属梅氏缀玉轩中一宝，而市面复制的印刷品流传较广。这幅图画为人们介绍了 13 位京剧早期的著名演员，由于高超的描摹艺术，使我们今天依然能看到当时这些名伶逼真的容貌神态。其中，程长庚和谭鑫培师徒两人的对比鲜明。程长庚已隐现苍老，谭鑫培却正值年轻（画中是不挂髯口的黄天霸形象，尚在他唱红武生时期）。

获悉《同光十三绝》图谱时，最兴奋的莫过于谭志道。看着儿子崭露头角，成为戏剧界名角之一，且被搬上图画，终遂平生之愿，真为谭家露脸了。谭志道拉开堂上的祖宗牌，燃上三炷香，重重地叩头祷告：列祖列宗在上，今天，志道向你们告罪又报喜。当初我违背父训不营米业，走上一条让爹娘蒙羞的戏曲之路。今天，我儿鑫培终成大器，名列《同光十三绝》之图谱，将谭家之光照进了中国戏曲的历史，我总算不负当初啊！说罢，竟高兴得涕泪纵横。执着追求的戏曲之路，可说是一路的荆棘丛生，多少辛酸苦楚，多少忍辱负重，直像江河一样滔滔不绝于心。今天，总算上帝不亏待于我，儿子的成功给我带来一丝慰藉，感谢祖宗之佑啊！

那天晚上，鑫培演出回家，一进门父亲便迫不及待地说，"儿子哎，你看到《同光十三绝》的图谱了吗？"谭志道用双手扶摇着儿子的双肩，眼睛里冒着火花一样的光泽。他太高兴了，几乎打乱了惯常的父子仪态，只想与儿子分享这份难得的快乐。谭鑫培却异常冷静而略显疲态地回答父亲说："看见了，那算什么，根本不是我想要的，更不是我的目标。"兴奋中的谭志道根本没被儿子的冷淡反应影响，他依然兴奋地说："儿子哎，你知足吧，这是一份令多少人梦寐以求的荣耀啊！这是穷极父亲一生的努力而期盼的结果啊！你知道戏曲界多少精英，但能入该图的仅有十三人啊！你为父亲增了光，你为谭家增了光，父亲没有白养你，我也没有白活。将来百年归世，父亲总算拥有一份光彩去见你的爷爷和奶奶了。"谭鑫培一屁股坐在椅子上，无精打采地直视屋外。谭志道知道儿子的心思，武生不是他的选项，老生才是他的志向与目标，他相信自己能演好老生，登上中国戏坛之顶。聪明的儿子也有他年轻时的那份倔强，一心认准的方向，任你九头牛也拉不回头。谭志道对儿子说："为父知道你心中所想，并全力支持，但饭要一口一口地吃，路要一步一步地走。今天，你所成就的武生地位，难道不是你朝着老生之路前进的一盏灯光吗？也许，这是一个最坚实的基座。父亲希望你不仅要鼎甲将来的老生之位，更要成为一名文武昆乱不挡的盖世全才！"听闻父亲的一席话，谭鑫培站了起来，向父亲投以感激的目光，爷儿俩不约而同地相拥而泣。那天晚上，就像挺进北京前夜一样，父子俩又将一壶酒喝得精光。

谭鑫培着眼于有放有收的运腔，讲究以韵味醇厚取胜，经过他精心独造的新腔，甘甜柔美，又不脱传统格局。当时，听众对他的新腔，均具似曾相识之感，又如重逢故交之乐，既易于入耳，又耐于品味，喜爱至深。但行内也不免有些故步自封之人，对谭鑫培的新腔充满嫉妒。起初，曾加以多方责难和攻击，来势如潮。在最厉害的时候，谭鑫培为了避其锐气，不得不专演些武戏来暂且回旋。纵观历史，大凡新生事物，在发展成长中必然会遭遇曲折和磨难，甚至是历经唐僧取经般的九九八十一难才成正果。毕竟，真金不怕火炼。由于市场风向劲吹和观众力捧，不久之后，行内人也一致公认谭鑫培的新腔基础扎实，既易于入门，又便于发挥，既好听又享受，暗中给予内外一统的赞许。

倒仓跑帘外

随着戏曲艺术的完善和臻美，谭鑫培的地位和影响与日俱增，他的戏迷和观众的广度和深度得到极大的拓展。那天，由他主演《红鬃烈马》中的《银空山》一折。海报一经贴出，戏场早已满座爆棚，大家渴望在他那异乎寻常的唱腔韵味中得到享受和慰藉。万万没想到的是，当他刚开口唱"自从盘古开天地"这一句时，突然只见嘴动而无声出。在瞬息的静寂之后，便迎来如雷的倒彩和吆喝，一排排的观众纷纷站起，整个戏场都沸腾了。突然的倒仓，使谭鑫培感到像被雷击中失去生命一样。他手足无措地站在舞台上，即便使出平生之力，也唱不出一个字来。面对这突如其来的变故，戏班的人都慌了。看着谭鑫培站在台上摇摇欲坠的身躯，几个人急忙跑上前将他扶住，几乎是硬将他架到了台后。只见谭鑫培匍匐在桌上，整个身体就像大地颤动一样地颤抖。此时此刻，任何语言均难表达安慰于万一。至此，大家都明白鑫培倒仓了。虽说倒仓在吃开口饭一行中并不稀奇，但每当发生时，依然让人难免受到惊天的打击和感到无措。尤其像谭鑫培这样正处在热烈上升的季节，陡然的极冷与极热相撞，砰的一声就将一颗心粉碎了。不言将来是否能恢复，那都是以后的事，时下的遭遇即让谭鑫培跌入了万丈深渊之中。他极度的茫然无助，此刻只想尽快离开这如开锅的剧场，回到盈满安全与幸福的家中疗伤。

自谭鑫培成亲之后，第二年便有了儿子出世之喜，且角色日渐丰满，收入逐年递增，倒真过了几年甜美的小日子。现在突然倒仓，戏子无音客无本，一时不能上台顶个角儿，只能暂时跑跑龙套，翻翻跟头，自然就没有多少银子拿回家。嗓子倒了，他当然期望在锻炼中恢复，一是要时间，二是还得祈祷上苍眷顾，并非每个倒仓的演员都能如意得到复原。他不敢设想，假如他真被生活无情地划入那种少数难复的艺人之列，今后的人生之路怎么走？尤其是他钟爱胜过生命的戏曲，无法令他放下，怎么办，怎么办？他不住地在梦中呐喊，却无人给他回复。他只愿在祖宗的庇佑下得到上帝赐福，让他终生立于舞台之上。否则，他宁可在一夜间闭上眼睛不再睁开。就时下而言，一个娶了老婆生儿育女的男人，竟难以独立支撑一个家，反倒要靠父亲帮衬，岂不有愧于天地，太窝囊了，心里不安的他即有了再度跑跑帘外的想法。先避避风头再说，也许那边的天地更加自由，起码他能如愿地出演他的武生而不被台下的吆喝声淹没。

按当时的规定，伶人一旦在京城搭班订下包银，就不得在合同期限内擅离。否则，"精忠庙"一纸传单发下来，定吃不了兜着走。谭鑫培既搭了三庆班，不经请假就开溜，确实有人说，要不是脑后有根反骨撑着，他哪来那么大的胆子？响当当的三庆班，鼎鼎大名的程大老板，那么多爱他敬他的戏迷，任哪一样都容不得他不辞而别。而事实却像星月在天一样明朗，他不仅真的自己走了，还一同带走了唱花脸的何桂山。这事出得真算不大不小，三庆班的人私下都议论纷纷，大老板却装作没听见一样。无论程长庚当初怎样反对谭鑫培演老生，抑或后来临终时托班给杨月楼，却并非大家认为很有机会的谭鑫培。但程长庚打心里喜欢和赞赏谭鑫培，那却是不争的事实。面对谭鑫培的无言出走，程长庚按下一言不发。他不提，自然别人也不便提，更多的是不敢提，免得引火烧身，给自己招来不必要的麻烦。也许，程长庚理解和同情鑫培遭受倒仓打击之痛。也许，心中放不下对爱徒的关注和厚望。他相信鑫培的出走是暂时的，将来一定还会回来。他与刘赶三不同。

当时享有"天下第一丑"盛誉的京城名角刘赶三，诙谐风趣，擅长于现场抓哏，以一头毛驴相伴舞台而名扬京师。他早年曾搭程长庚的三庆班，因生活窘迫，偶尔出班外演以贴生活，因而被逐出梨园行，从此浪迹天涯。1894年，这位曾被沈蓉圃画入《同光十三绝》的刘赶三，晚年在寂寞孤独的贫困中死去。临终之际，唯有那头陪伴他一次次登台的"墨玉"毛驴相伴相守。京剧早期的著名丑角刘赶三，不幸充当了第一个被逐出梨园的名家要角。伶界之人的情和义，在这林林总总的班规戏约的呵护和捍卫中，没有人能逾越。刘赶三被逐的当时，名声与现在的谭鑫培相比有过之而无不及。对于谭鑫培离班后的结局，既有为他忧心而但愿程大老板法外开恩的，也有理所当然预想他会被逐出戏班的，只是这些心思像未上气的蒸笼，一团烘热都在里面圈罩着。

谭鑫培的出走，虽说程长庚视若无睹，更不为此而询问和为难谭志道。越是这样，谭志道越觉得抬不起头来，他成天苦着脸，也不知给谁赔礼才好，宁愿挨程大老板一顿训斥，心里倒会好受一点。按说，他应该主动到四箴堂负荆请罪。儿子不告而别，叫做师父的脸上怎么放得下来呢？依着班里赵德禄的意见，干脆把谭鑫培父子俩开除出梨园完事。谭志道听到这个传闻，吓得他更不敢去见程长庚了，省得他一时认真，事情便弄得糟糕透顶。忐忑不安的谭志道，唯有默默地演好他的戏，一切都听天由命。

虽说面上风平浪静，但三庆班里各种议论却像地河中的暗流，没有一天停止过。不几天，徐小香终于忍不住对程长庚说："大老板，您做事不公。"

程长庚诧异："我怎么不公？"

"谭金福跑了，您至今不吭一声。当年我刚抬了抬步儿，您就把我弄了回来，还愣不叫我唱戏……"

"你还记着这个事？"一旁的卢胜奎哈哈大笑，打断了徐小香的话，"说起这件事我也有份儿，对待你这样的主儿，不让你唱，叫你看别人唱是最好的惩罚。可谭金福就不同了，他是大老板的爱徒，师徒连心，自然是另眼相看啦！"

"你们两个用不着一个红脸一个白脸地给我扮戏，我未必不晓得谭金福的错。他是我的徒弟又怎样？就是我的儿子也得守三庆班的班规！"程长庚瞪了他们一眼，眯起双目，思考了一会儿才又开口道："我是看谭金福实在是个好戏才，又年轻。我们这里做个决断很容易，只怕从此断了他的前程。人说三年可出一个状元，百年难出一个好唱戏的，我是替祖师爷爱惜人才哩。小香弟，如果当年我也这样对你，一纸传单把你革出梨园，你后面的日子会怎么过？"

"大老板讲得有理，只是这谭金福如今已倒仓了，怎么还能算戏才呢？"卢胜奎反问道。

"你们有所不知，谭金福正式拿了包银，心内不免紧张，嗓子发紧是肯定的。他这个年龄正值变声期，让他在野台子上历练几天，闯过这个关口，未必不是件好事。也许一个迂回，真能造就一个栋梁之材也未可知。"程长庚说出了心里的想法。

"敢情大老板是铁心支持他，那么我们的班规怎么办？再来几个这样的，戏还唱不唱了？"赵德禄也不忘追着旁敲侧击。

程长庚一笑："说的也是，好在这谭金福也只是为了混饭吃才出此下策，没有其他劣迹，我看暂不理会他，等他将来回京再说，到时候再给他秋后算账不迟。不过……"，他顿了一下，随即脸上又严肃起来，"赵管事，你得赶紧出个牙笏，就说我程某规条不谨，走失效力伶人两名，特此重申班规，如再有人效尤，必定革除。看他哪个敢再跑？"

大老板话刚落音，谭志道与何桂山的父亲即抢进门来叩头道谢，原来他俩早在门外偷听多时了。

卢胜奎一旁赞道："大老板真是爱才如命，刘玄德留吕布于徐州也不过如此呀。"

徐小香还是有点不依不饶："说来说去还是大老板偏心，哼，当初直把我急得……咳！"

众人轰地笑起来，谭志道与何桂山的父亲忙又去给徐小香作揖，程长庚一笑，这件事就算过去了。谭鑫培与何桂山擅自离开三庆，算是班中的一次可大可小的事件，依班规而言，该受处分，清除出班也不为过。但大老板不予追究，即使有些议论，自然也会慢慢平息。

失符遇劫

　　清晨，谭鑫培起得很早，今天他要与何桂山一起去赶戏场，起床穿衣却怎么也找不到那块花梨木护身符，他一时急了。从少不更事时他就佩戴着这块符，而且爷爷和爸爸多次嘱他终生不能离身，这么多年的随身，浸润了他全部的体温和脉动，无情也便生出有情来，每天出门，他都不忘摸摸腰间的这块符。今天早晨突然找不到符，他真有些急，直至把屋里和床铺都翻乱了，还是没能找到。在何桂山的催逼之下，只好一同出门，不忘嘱父亲一定帮他找到。谭志道也急，怎么就将符弄丢了呢？这块符是鑫培的爷爷亲自找人所刻，并再三嘱咐，高人所言千万不可离身。只要符在便保平安。这符丢了怎么得了？等儿子出门后，谭志道将屋里翻了个遍，结果真还在床沿的缝隙里找到了。原来，那块符因配线老旧而断，恰巧落在床沿边的缝隙里，还真难让人找见。

那一日合当有事，谭鑫培与何桂山赶程中路过东陵，看看时近晌午就停了下来，靠着那浓荫蔽日的槐树底下歇歇，两人都嚼着小米面饼。这时，恰遇一个护陵的士兵跑肚子，慌慌张张地就在他们附近褪下裤子拉起来。二人正吃着，不觉从上风头刮来一阵阵屎臭，抬头一看是有人就在近前拉稀。谭鑫培一见便火了，即将口中的饼子啐的一声吐在地下，骂道："他妈的，什么东西，畜生拉屎都不占人上风！"

那个士兵急切中原本没有注意到他们，听到有人开骂，这才发现自己做了一件确实不该做的事，要是个脾气较温和而知内疚的人，道个歉也就完了。偏偏这些守陵的士兵，仗着给贝勒主子当差，养就一副平日在寻常百姓面前惯称大爷的脾气，哪还把这两个陌生小子放在眼里？平时，附近村子里有人拾把柴火，或牛吃了几口草，叫他们给逮住，都得吆五喝六地敲人家几个竹杠；当下，这俩人竟坐在墓道上吃东西，还嘴巴不干净，这还了得？非得治治他们，本来拉肚子就感到难受！想到这里，这家伙拎起裤子，不慌不忙地走到他俩面前挡住去路，然后把手指放在嘴里，打起了尖锐的口哨。一忽儿又拥来几个士兵。那个拉稀的家伙便指着他俩说："这两个人，青天白日竟想来盗墓！"

这句话把谭鑫培两人吓了一大跳，忙站起身来解释说，我们是唱戏赶路的，一时走累了，在这里歇歇脚吃口干粮，并把自己详细的情况一再介绍，证明自己确是好人，并非盗贼。

那几个士兵未必就不知道，但这是他们惯用敲诈钱财的把戏，那个拉稀的执意要抓要锁，旁边就站出个假打圆场的和事佬，心想，这两个伶人要是懂得窍门儿，塞两个钱不就没事了吗？

可惜的是，这两人天天在台上做戏给别人看，今天竟然没看出来，人家是在做戏给他们看！拉拉扯扯中便动起手来，一个要抓，一个抵抗，你来我往便相互拉开了架式。看他们两个还敢还手，其中一个士兵竟拿着木棍，以一招横扫千军朝谭鑫培拦脚打来。鑫培自幼习武，本能地一个贴地后仰，又像树枝一样轻巧地再弹起来，随意地躲过了对方一击。进攻之人哪肯罢手，又将木棍高高抡起，猛力一招力劈华山，照着谭鑫培的脑门直劈下来。谭鑫培见势不妙，忙将头一偏，一个箭步往旁，又避开了。两招失手，对方似乎真的动了怒，心想，你这小子还真会两下，看我今天不将你收拾了，才不输大爷心中这口气。说时迟那时快，对方两手紧握木棍，似乎使尽了平生之力，企图一击必中。他大吼一声，拿命来吧！猛然间一招直捣黄龙而来。谭鑫培依然没被吓倒，看这个只会使用蛮力的家伙，还能难倒我吗？心想却不碍手动，他身子一个旋转挪移，即伸手抓住对方的木棍，一式顺手牵羊，竟将对方向前摔出丈远。也许对方用力过猛而收势不住，也许谭鑫培气愤中也力道使得足了一点，只见那个士兵砰隆一声，一头撞在一块凸起的大青石角上，满脸是血地翻滚在地上，两腿几蹬后就没了动静。旁边的士兵忙上前伸手一探鼻息，竟然没有了出气，不由得尖叫一声，死了！见出了人命，几个士兵便发一声喊，真的来抓他们两人了。谭鑫培与何桂山掉头就跑，一口气跑到遵化李知州处躲了起来。

跑得了和尚跑不了庙，其实，两人在对话中早把自己的底细露给了对方。守陵的大臣是皇家匡贝子，贝子便发下一纸文书到遵化缉捕，李知州说没见这两个人到来。贝子一听就火了，又下一道公文催问，务必要捕拿二人。鑫培两人没法，只得托人上京求救。谭志道得知凶信，三魂吓掉了两魂半，杀人偿命，这是古来规矩，可怜他就这么一个独子！不安分的孽畜啊，终于尝到苦头了吧？谭志道伤心地想着。无奈事情紧急，恨归恨，他还得去求三庆班的爷们想想法子。

到了戏房，大老板正在议事，谭志道扑进去倒头就拜，口里直叫："救救我儿吧"。

程长庚一惊，待弄清了原委，众人一时都不好说话。最后还是大老板先开了腔，说："我瞧这小子没有杀心啊，他怎么几拳就把人给打死了呢？"

众人只得附和。

赵德禄冷笑道："他那么不安分，惹祸是迟早的事，不是他杀人家，就是人家杀他。"

徐小香说："杀人偿命，这场祸事惹得不小！要是想不出一个点子来，谭金福免不了一死。"

卢胜奎在一旁琢磨了半天，说："既然没使刀枪，那脑上哪来的一个洞呢？一拳能把人的头上打出个洞来么？莫不是撞在石头上自己死的？"

这么一说，众人都觉得有理，都说这件事里定有名堂。谭志道身为老实人，哪里懂得许多，只是一个劲地哀哀痛哭，求大老板救命。倒是徐小香不耐烦地说："就是要救也得有个救人的法子，情况都没搞清楚，伸脸给人打？"

谭志道这才把儿子托人捎来的信拿出来，卢胜奎接过匆匆看了一遍说："这就奇怪了，谭金福说他是自己摔死的，官府文书却说是被谭金福几拳打死的，显见说法不一嘛！"

谭志道也没看儿子的信，听卢胜奎这么一说，估摸儿子遭了冤枉，嘴一咧，又要哭，却叫徐小香喝住："哭什么哭！谭金福是三庆班的伶人，是大老板的徒弟，大老板能眼见自己的徒弟被人冤枉而袖手旁观吗？"

徐小香是个侠义之人，见程长庚一直不说话，恐怕他撒手不管，故意讲这句话来激大老板出头。没想到这句话出口反倒提醒了赵德禄，他本来对谭金福不打招呼就跑很是不满，见他出事了还有些幸灾乐祸。但徐小香的一番话忽然让他明白，谭鑫培的死活与三庆班和程大老板都有关，闹得不好是砸牌子的事。他明理后就有了不同的想法，于是，他对谭志道说："你且莫悲伤，快把那送信的人叫来，待我们细细问问，再作道理。"

谭志道见赵管事也转变了态度，心中稍微踏实了一些，赶忙回家叫送信的人去了。

卢胜奎不愧为精细之人，几天之内就把谭鑫培闯的祸弄得明明白白，而且还掌握了那士兵一直跑肚拉稀的情况，将他瞧病的药方子都弄到了手。这样一来，情况都清楚了。原来讲他俩去盗墓，士兵与之搏斗被打死了；现在却变成士兵敲诈不成，在拉拉扯扯中，由于那士兵拿木棍捅人，用力过猛收势不住撞石而死。于是，事情的性质便发生了根本性的逆转。卢秀才怎么能弄得这么清楚呢？说穿了很简单，钱！用钱打通关节就把事实弄清楚了。这官司既然牵扯到皇家脸面，程大老板免不得再去走京官的路子，让延四爷在中间说合说合，哄得匡贝子不再恼怒查问；又拿出一笔钱来给那士兵安葬，好歹再给他家中几个抚恤费，这一天大的祸事才算了结。为谭鑫培和何桂山这场祸事，三庆班到底花了多少钱？没有人知道，有人竟说是大老板自己掏的腰包；究竟如何了结的谁也搞不清楚，更没有材料记载。但谭鑫培这场祸事要是没有大老板出面斡旋，后果不堪设想。这场风波对谭鑫培的刺激很大，从此他将性子改掉不少，回到三庆班后，果然老老实实地唱戏。据说他回到北京的当天，直奔"四箴堂"，向大老板请罪，涕泪纵横，悔恨交加。程长庚见他真心悔过，便又将他留在班子里唱戏，专为他破了三庆班的例。隔了几日，在广德楼演大轴子《青石山》，程长庚扮关羽，下设四个马童，其中一个武功最好的就是谭鑫培。谭志道见儿子回来大老板并不嫌他，还让儿子与他同台演出，感激之情无法用语言来表达。班子里的人也会看眼色，个个再不敢轻视谭鑫培。

三胜意外收鑫培

　　程长庚舞台风度庄严典雅，嗓音浑厚，唱腔高亢饱满，他与余三胜、张二奎为梨园行中的老生三鼎甲，各挟一派演技之巅，声名显赫，他们都是谭鑫培心中崇拜的偶像。其实，在程长庚和余三胜之间不仅仅是对立的竞争，也存在少有的同台合作。在余三胜晚年，有一轮与程长庚同台的档期。那一日，原商定由余三胜唱《凤鸣关》中的大轴，但轮到余三胜登台时，他却未到而误场。作为掌班人的程长庚，只好临时披挂上阵，代演《凤鸣关》里的主角赵云，这对程长庚而言是小事一桩，只要愿演，没有能难倒他的剧目和角色。当程长庚刚上场时，不巧余三胜又赶到了，见大老板代了他的戏，心里有些不快。于是，自我圆场说："今天让我来个配角，不妨演演诸葛亮吧！"于是，那天他们互换角色扮上了戏。《凤鸣关》里有孔明发兵路过马超坟墓下车祭坟一场，原来的唱词较为简单精短，只唱四句散板就下场。然而，余三胜上场前曾有心关照过文武场面：今天唱祭坟时，你们请打"导板头"，我要唱回龙反二黄慢板。于是，他上场后现编现唱，把马超一生的事迹，有头有尾地唱了个通彻。余三胜堪称反二黄的始祖，原本此行就拿手，令观众听得新意盎然，全场都给镇住了。余三胜一连唱了六十多句，竟直唱到天黑。由于事前没有安装灯光设备，待孔明下场后，《凤鸣关》就唱不下去了，程长庚只好卸靠。那天余三胜好不得意，难得的与程长庚一较长短，终究没有输掉面子，心中原有的被程长庚顶角的那丝不快，在他的创意发挥中得到观众鼓掌的安慰，不失为平生一大快事。纵观当时戏剧界，有几人能与大老板现场一较高低呢？在余三胜的愉悦之下，程长庚却表现得异常平静，洞察不出一丝的不快。以此看来，大家确有过人之处，否则，他就不是程长庚而居三鼎甲之首了。

　　事后回想起那天的演出，余三胜却颇有后悔之意。虽然自己资格老，成名较早，但程长庚毕竟已经羽翼丰满，执掌了京中最具盛名的三庆班，而且担任精忠庙首，在梨园界享有崇高的威望。程长庚非但艺术上精深广博，平时待人也十分宽厚，自己怎能在这位仁者面前矜才使气，让他下不了台呢？相比之下，自觉一时使气，竟显得肚小而量窄。余三胜暗忖，对于此事，三庆班和程长庚定然不会善罢甘休，似有一种山雨欲来风满楼之感。等着吧，既然捅了娄子，也不妨坦然面对，大不了主动找个铺垫，让程长庚找回面子，不就万事大吉了吗？他相信，程长庚不会就此再打症结，握手言和总比长立山头为高。正在余三胜为此懊恼间，突见家人来报："卢胜奎求见。"余三胜心想："糟了，说来还真的来了，程长庚终于派人兴师问罪来了！"于是急忙起身相迎说："有请！"

卢胜奎是戏剧界中少有的文化人，才学甚高，深得程长庚赏识。在进入三庆班前，他是一位迷戏极深的票友，最爱模仿余三胜的戏，也曾问艺余三胜，可算是一个余派的私淑者。只见卢胜奎款步进屋，先给余三胜深深地鞠了个躬。余三胜赶紧迎上前去先行探说道："胜奎啊，此时造访，必有要事。"卢胜奎忙从怀中掏出一张程长庚的亲笔名帖双手奉上："大老板恭请先生务必移驾过府一叙。"余三胜暗地一惊，旋即镇定下来，禁不住问道："胜奎啊，我那天对程大老板确有些不敬，莫非……"一向镜明的卢胜奎即潇洒地笑着说："先生请别多虑，到了程府，你一看便知。"不管是风是雨今天都得前往经受，躲是躲不了的，那也不是余三胜所为。于是，他马上更衣，由卢胜奎伺候着上了马车，一路奔程府而去。

听见远处的马车声，程长庚早在四箴堂客厅迎迓，一见面即连连向余三胜拱手道："今得起云（余三胜台号）兄大驾光临，令敝舍蓬荜生辉啊！"在大老板身后，依次站着三庆班的名小生徐小香，名丑刘赶三，还有一位英气勃勃双眼炯炯有神的小青年，他就是三庆班的"武行头"谭金福即谭鑫培。在程长庚的带领下，三庆班的俊杰们——向余三胜拱手作揖。虽说卢胜奎的话说得十分轻巧，但余三胜心里依然犯着嘀咕，一时真还不知程长庚葫芦里卖的什么药。抬目而视，只见客厅里早已摆下了一桌丰盛的酒席。他尽力控制自己惶恐的心情，倒是没有显出窘态，在拱手回揖程长庚时，竟在平稳中采用半调侃的语气说："大老板，诸位莫非——"他用手指一下酒席："在此要为三胜唱一出《鸿门宴》？""哈哈哈……"大家都爽朗地笑了起来，程长庚说："哪里哪里，今天这桌酒，另有深意在焉……"余三胜打断程长庚的话头，说道："大老板，我本来就想不请自来，那天的事，只求您别往心里去……""余老板差矣……"倒是徐小香嘴快，一下就揭穿了谜底："程大老板今日特设酒宴，是想请您收谭金福为徒啊！"余三胜心里一愣，转头看着程长庚，脸上不禁映着一个大大的问号。只见程长庚点点头说道："鑫培是我们三庆班的后起之秀，我知道他对余老板心仪已久，您说，这顿拜师宴，今日不请，更待何时？""哈哈哈……"客厅里充盈着欢快的笑声。

　　程长庚想趁机改变在谭鑫培问题上的尴尬之局，更有心让他拓宽受益之面。原来谭鑫培受余三胜之意，先拜了程长庚，但他内心里依然痴迷于余三胜，曾当面提出要向余三胜学戏。余三胜（湖北罗田人）十分喜欢这位小老乡的天赋条件，心里也很得意，但于面上而言，程长庚的弟子转投自己门下，却于理有些不合，即使十分乐意，也不能公然违犯行规，他对谭鑫培说："只要你愿学，我随时都能教你，更愿倾囊相授，根本不必在乎拜师的形式。"于是，近年来，谭鑫培一直私下向余三胜学戏，再不提拜师之议。今天在三庆班由程长庚提出谭鑫培的拜师之说，他深感意外，又怕自己与鑫培的私授关系是否被长庚洞察。于是，他便假装端起架子说："我又不是山村教戏匠，要拜师可以，叫他先递上门生帖子来！"这样做，原本是想先"将"程长庚一"军"，以洗脱自己托大之嫌。没想到程长庚不仅聪明过人，更难得的是胸怀宽广，他非但知道谭鑫培的嗓音学余派更合适，且有心成全鑫培，以将其塑造成通才，今后能更好地为三庆班效力，当即向鑫培示意拜师。

事此，余三胜忙谦恭地说："大老板之命，三胜焉敢不遵？只是，鑫培乃大老板的徒弟和义子，我哪敢僭越这天人不破的门规。"程长庚接说："鑫培拜我实是机缘巧合，他拜你才是两宜相得。"听了此话，余三胜忙站起身来说："程大老板如是说，那更不敢收了，我何德何能啊？"程长庚也忙起身将余三胜按落在椅子上说："怎么，三胜兄今天敢情不给我面子啰？"话已至此，余三胜再不敢往下延伸："哪里，哪里，我收，我收还不行吗？"话音刚落，只听"扑通"一声，谭鑫培当即跪下给余三胜磕头，口中连称"师父"。接着由程长庚举杯，由徐小香、刘赶三为证，谭鑫培先向梨园祖师爷——唐明皇的神像三拜九叩，接着正式对余三胜叩拜，完成了拜师大礼。通过这件事，余三胜更加敬重程长庚。

谭鑫培拜师余三胜如愿以偿，内心十分感激师父程长庚。从此，他可名正言顺跟余三胜学艺了。尤其是谭志道，对程长庚和余三胜满怀双层感激。像谭鑫培这种跨越门派的拜师行为，在旧时戏曲行业中极受门规所限，这回却意外地得到了程长庚许可，且在程长庚的亲自主持下拜师他门，让当时梨园行中人无不感到惊奇，如不是亲眼所见，真叫人不敢相信。由此可见，大老板程长庚不同于众的海量胸襟。这也是在谭鑫培之外，其他人无法享受的特权，在三庆班也属唯一的特例。谭鑫培是三庆班中唯一能与杨月楼相提并论而为程长庚最得意钟爱的徒弟，他能成为京剧历史上老生艺术的一位集大成者，在自身的智慧和努力之外，程长庚的提携无疑为其重要的因素之一。

在程长庚眼里，谭鑫培确实是个难得的好徒弟，他一边唱武生戏，一边暗中对师父的老生戏仔细揣摩。一出《文昭关》，他几乎能一字不漏地背下来，对师父的手眼身法、唱腔念白都能了然于胸，对人物性格的把握、表演也颇有师父的神韵，让程长庚看着心里舒坦。程长庚见谭鑫培的心安下来了，武生戏也演得臻熟，倒仓后的嗓子渐渐恢复得甘甜敞亮，便有意让他出演一些靠把戏，谭鑫培也能胜任。后来，渐渐地程长庚便让他演些带髯口的如《战太平》《定军山》《战长沙》等武老生戏。据《伶史》记载，经《战北原》一剧后，程长庚曾教导启发谭鑫培："你以后如果唱老生，须悬髯口（假胡须）于嘴上，则瑕疵尽掩，无异于换了个人，再配上你现在已经恢复的甘甜嗓音，当无往而不利！"尤其是《定军山》一剧，业已成为谭派老生最经典的代表之作。后来，谭鑫培的一句"店主东带过了黄骠马"即得自余三胜真传，以至风靡北京的街头巷尾。

初演老生《战北原》

谭鑫培在三庆班的前几年，凭借自己卓越的演技、扎实的功夫、严谨的表演风格，演出自是一帆风顺，台下的掌声、程老板的赏识，令戏班的老艺人们均对他刮目相看。小叫天的名头在梨园界渐渐传开，初进三庆时被人观望和轻视的疑云一扫而空。然而，这些荣誉不但没有使他陶醉于武戏的成功，铁定沿着这条现成的道路勇往直前地走下去。相反，从小就萦绕在他心中的老生梦，竟随着在三庆的日子越来越清晰。一方面，"老生三鼎甲"的光环令他炫目，尤其是眼前神圣的程大老板，更是一座令他仰望的丰碑；另一方面，父亲长演老旦，虽说也成了时下京城首屈一指的名角，但一辈子与人配戏，历来都得看别人的眼色而行，听任别人的吩咐，永远都没有自己的主张。虽说扮角都是舞台之上的演艺，但戏如人生嘛！老人家苦心孤诣地送他进科班，花了那么钱和时间，吃了那么多苦，受了那么多折磨，不就是盼望他将来能做个有模有样的老生艺人吗？他打从学戏的那天起，就一直以老生为方向。因此，即使大伙儿都认为他的武戏近达出神入化的境地，但他并未为此感到满足和自豪，更没有一分慰藉，因他从没打算一辈子演武生戏。

谭鑫培进入三庆班的第二年，在花名册中便已位列生行第三位，仅排在卢胜奎、赵德禄之后。但他的老生之路却走得十分艰难，曾多次向师父恳切提出，但程长庚总是不依，一味鼓励他唱武生。特别是他倒仓后嗓子一点一点地恢复，嗓音逐渐高亢清亮，整天面对琳琅满目的老生艺术，看着程长庚、卢胜奎等人精彩纷呈的表演，他的老生梦如雨后春笋一样疯长着。他一边担当武行头目继续演武生，一边抓住机会习学老生。

有一天，卢胜奎正在聚精会神地琢磨三国戏，"活孔明"的机智突然从他脑子里蹦出来，便不动声色地问谭鑫培："三国戏中《战北原》和《空城计》这两出戏是程老板从来不演的，你能演吗？"

谭鑫培不知所措地望着卢胜奎说："我曾看别人演过多次，在跑粥班时，曾凑合着演过一两回，如果您再给我说说，应该没问题"。

"好!"卢胜奎意味深长地看着谭鑫培,"真是两出好戏呀!"话音至此,却突然顿住,没有了谭鑫培期望的下文。

卢胜奎是三庆班中唯一的编剧,经他改编的三国戏高达几十出,深得程长庚赏识,且大部分戏均经程长庚主演过。其中《战北原》与《空城计》这两出戏,他费了不少心血,故事曲折,唱腔优美,心中十分钟爱。无奈程老板认为这样的戏有损武侯英名,一向不演。两本好戏至今被束之高阁,卢胜奎心里直呼惋惜。

谭鑫培似乎从卢胜奎的眼神里领悟到什么:"您是说我可以去找程老板,主动要求出演《战北原》?"他已遮挡不住眼睛里直射而出的两道光泽。

"我可什么都没说啊。"卢胜奎转过身摆摆手,带着几分神秘地说。古语云:响鼓不用重锤,面对聪明绝顶的谭鑫培,他不愿再多费一分口舌。"我知道了。"谭鑫培早已心领神会。

"真是个智多星!"谭鑫培打心里赞道,兴奋中告别了卢胜奎。看着谭鑫培风絮般离开的脚步,卢胜奎禁不住暗笑,看来这两曲戏不用再被束之高阁了。

那天晚上,谭志道再一次只身走进了四箴堂。虽说程长庚身为大老板,但他十分敬重像谭志道这样能挑大梁的老艺人,从不重语而呼,更无半分居上的姿态。

不用问,程长庚就知道他又为儿子演老生一事而来,正是无事不登三宝殿之理。见谭志道到来,程长庚忙起身招呼,免不了一番客套。

既然上回来说过一次，今天就不必再藏着掖着了，谭志道竟开门见山地坦诚而言："大老板你知道，鑫培一直迷恋老生，这几年也跟着您学了那么多戏，平常您待他不薄，能否给点机会，让他试试吧！如果真的不行，也好让他绝了这个念头，免得他成天三心二意，我真怕哪天误了戏班的事！"

程长庚听后却不动声色地问："怎么？他想演我的戏？"

过去，那些有名的老艺人常演的看家戏，一般圈内艺人是不敢碰的，一是犯忌，二是没有足够的把握，会砸了自己的名头。况且谭鑫培与程大老板在同一个戏班，又有师徒之实，更不能擅动程老板的戏码，那是一块绝对的禁区。

谭志道急忙说："您大老板的戏码，借他一百个胆，鑫培也不敢动，他怎会如此不知天高地厚呢？你能让他试唱一出您没唱过的戏吗？"

"哦！"程长庚沉吟了一会，这父子俩几次三番来请求，再不答应似乎有些不近情理了，日后也免不了还会被继续纠缠。谭志道说得也有几分道理，不妨让他试试，如得不到观众认可，也好让他绝了念头。

"那，他想演什么？"程长庚探问道。

谭志道见大老板的语气缓和了下来，不觉心里暗念阿弥陀佛，他依然不敢造次，便小心翼翼地问："您看《战北原》行吗？"

"《战北原》？"程老板略一思忖，"好吧。看哪天瞅个点子安排让他试试。"

谭志道讨得大老板松口，即回头告知儿子，谭鑫培兴奋得像孩子一样手舞足蹈。他打内心里佩服卢胜奎设的巧计，深深地感谢他的暗中提携与帮衬，几年来请求被拒的坚冰，却经卢胜奎略施小计而化解。

经大老板首肯，卢胜奎与琴师和汪桂芬一起帮谭鑫培排练，从唱腔念白到身段动作，卢胜奎都悉心指导。演出那天，程长庚、卢胜奎以及著名戏曲行家吴焘等一班人都在台下观看，与谭鑫培交好的艺人们也踊跃来为他捧场。听说小叫天要演老生戏，他原来的戏迷们也都争相而来一看究竟。

《战北原》又名《斩郑文》。故事情节：司马懿派大将郑文到蜀营诈降，假说司马懿用人不公，因此不满。正说着，帐外报说魏营秦朗来拿降将郑文。诸葛亮心疑有诈，假使郑文出战，暗随其后观察。只见一个回合，郑文便斩秦朗于马下。诸葛亮断定郑文诈降，回营后审得实情，欲将其斩首，郑文却愿反降。于是，诸葛亮将计就计，命郑文修书司马懿，引诱他前来劫寨。司马懿得郑文的回书竟欣然欲往，他的儿子司马昭却劝父多留心，恐防其中有诈。由他建议，先使真秦朗前往探究虚实，果然中计。结果魏兵大败，秦朗则死于乱军之中。

谭鑫培在《战北原》中饰演孔明，无论唱腔、念白、身段、功架都不错，颇有可圈可点之处，台下不时响起喝彩声。谭鑫培神情端庄，淋漓尽致地表现出诸葛亮足智多谋的神韵。谭鑫培的一出《战北原》，使四座惊起，掌声如雷，经久不息，大家不禁同声高呼"奇才"！一剧冠盖全场，相比往日须生戏且别具风神。因戏迷们常日被谭鑫培的武生戏所陶醉，今日却突然来了个角色大转换，不禁心中暗呼，此中天赋，非常人所能为也！演出结束后，艺人们都蜂拥过来道贺，谭鑫培被众星捧月似的围在核心，戏迷们此起彼伏地欢叫，久久不愿离去。

　　戏曲行家吴焘看过谭鑫培的很多武戏，爱之极深，见他第一次演老生戏居然能达到如此程度，不禁对程大老板说，像谭鑫培这样的人才，唱什么戏都不会差。

　　那时，谭鑫培的演技已经相当成熟，舞台经验较为丰富，凭着他对京剧的热爱和执着追求，他在唱腔和表演上已经颇具心得，有些地方还能打破前人窠臼。如果有一副天赋的好嗓子，他完全可以像很多艺人那样一炮走红。但是，正所谓"天将降大任于斯人也，必先苦其心志，劳其筋骨"。相对时下的老生直腔直调的高声大嗓，谭鑫培似乎天赋有所缺陷，尤其是在倒仓后的恢复中，一时还不能直冠顶峰，在艺术道路上注定了还要经过磨砺。唯有努力进取，吸众之长，补己之短，才能最终集老生之大成，成就未来博大精深的谭派艺术。

　　经过《战北原》的成功出演，谭志道一颗悬着的心终于放了下来。

　　这次演出的实践检验和戏迷们的追捧，使谭鑫培信心大增，他在内心里为自己高呼：从此以后，我可如愿以偿地演老生了！兴奋的泪水泉涌般直往外流。

1887 年（清光绪十一年），谭志道病重。他曾经担心谭鑫培从武生改唱老生能否唱红，但眼见谭鑫培在武生、文武老生的实践演唱中一步一个脚印，艰难却又卓有成效地向前迈进。尤其是初演《战北原》后的老生戏途，让他看到了儿子远大前程的希望，只要儿子的嗓音得到恢复，老生之路一定会万里驰骋，想到这里心中颇感安慰。临终前，凭着自己最后的一点力量拉着儿子的手，嘱咐鑫培一定要好好演戏，千万别忘了故乡。谭鑫培用耳朵贴着父亲的脸，听他气若油丝地说，我们的故乡在"武昌大东门外五里的谭左湾"，一定要抽时间回去看看，代我给你爷爷奶奶上上坟。谭鑫培哽咽着答应，让父亲放心，我一定会回故乡去看爷爷奶奶。见儿子点头答应，谭志道这才放手，安心地走了。其实，谭志道对于故乡的名字，当时说的是"谭左湾"，后来经过几代相传，变成了"谭家湾"。一字之差，致使谭家几代人在回汉期间查找故乡而未果。父亲病逝令谭鑫培悲痛欲绝，这不仅仅是因为父子亲情，更是父亲把自己领进戏曲的艺术天地，让他的生命有了对戏曲舞台的光明向往。谭鑫培含泪把父亲葬于永定门外河南岸的谭家坟地，后来又将父母的坟茔迁到西山合葬。谭志道享年79 岁，他将一生贡献给了自己心爱的戏曲事业，领着儿子远离故乡北上，一步一步将儿子培养成有望发扬光大戏曲事业的接班人。可惜的是，他只看到了那幅《同光十三绝》带给谭家的一份荣光，却未能看到儿子登顶中国戏曲之巅，成为创造历史的一代宗师的骄傲。不过谭志道相信，儿子一定能比他更有出息，强宗胜祖是他对儿子不灭的期望。每当人生和事业均有收获的时候，谭鑫培都不忘焚香叩头禀告父亲，让老人家的在天之灵得到些许慰藉。

长庚病托新班主

那天，孙菊仙突然听到身后有人对他说："七哥，您可真成啊，大老板派人找过您，听说他要将三庆交给你是吧？"那人稍作停顿再问："您怎么回复的？听说你闪躲了，还几天不照面，反而跑到外班唱戏去了，人家那儿的包银就那么高？"孙菊仙忙转头，看是自己的师弟——如今大名鼎鼎的谭鑫培。他身在三庆却多次不遵三庆规矩，但大老板对他既疼又爱，总是恨不起来，好像拿他一点辙也没有。

两人相视间还是谭鑫培继续说："七哥，您明儿有空不？"孙菊仙瞅着谭鑫培的眼睛，想弄明白他话里的真正意思。谭鑫培也故意停顿片刻才挑明说："如果有空，咱哥俩一块去看看大老板好吗？"孙菊仙这才弄清师弟的意思，也许他有事要找大老板，却不愿单去，想拉上我一道。我本来也该去的，只是半明不暗地婉拒了大老板，怪有些对不起。真没想到师父在最后时刻，却想把三庆交到我手上？想归想，但话都不宜点破，去还是要去的。"就明儿上午吧，到了那儿，你多说，我跟着听就是了。"一听这话，谭鑫培却急了："明天到了那儿，就仗着您打前站呢，我在后边听着才对……"双方对视着，却都不想争辩。

次日上午，谭、孙二人如约到大老板家探病。病中的程长庚，这位响当当的京剧开山鼻祖，如今已是形容枯槁，气息微弱，这副样子真把两个徒弟吓了一跳，只差点没哭出声来："师父，才几天没见，您怎么变成这样了？"谭鑫培躲在孙菊仙身后，偷偷地用衣袖擦拭眼睛。程长庚稍振作精神，撑手起身斜靠床头，郑重地对病榻前的二位徒弟说："劳驾，也多谢。与我一辈儿的伶人，能在历史上有位置的共三位，不客气地说以我为首。将来，比我们晚一辈的，也应该是三个，菊仙、桂芬，其中就以你为首（他用手指了指谭鑫培）。"听了师父这话，谭鑫培不觉有些惶惑。大老板却一挥手："你们也都成就得差不多了，历史会记住咱们这两辈人的。在我们老三位与你们小三位之间，本应该亲密无间一脉相承，由我直接传授给你，你再接着把技艺往下传，这样就能变成一条直线，千秋万代啊，我多希望能这样。

可惜，现在却不由我地变了样儿，我愧对先师和梨园芸芸众生啊！在咱爷俩之间，还有那么好的私人关系！我不仅是你师父，还是你义父！义父对义子，还有什么掏心窝子的话不能讲呢？我的日子反正不多了，深谢你们俩今天来看我，我只能有一说一，有二说二。我唱戏求一个雄奇大度，直视古人，心里有股雄壮奔腾之气，腔儿要一泻千里，直贯注到听者的脊梁骨里去，让那些邪恶之人听了退避三舍，无地自容！我一辈子就干了这么一件事。可你呢，多了些媚俗，一心讨听者欢喜，那么多的曲折腔调，使尽了花花肠子，把听戏的风气搞坏了！对此，我实在是无奈。也许时代在变，也许观众在变，也许我落伍了。在我咽气之后，也许用不了多久，将来整个中国就是你的天下啦！"

谭鑫培越听心里越犯愁，师父的话酸楚之中有正有反，实在让人难以拿捏分寸。只是心说，如今您老三杰分割天下，我们新三位还羽翼未丰，将来的事还真挺难说。"您老人家歇歇，要说将来，如果我与菊仙能遂师父所愿而成事，但一切都得以孙兄在先，我还差得远呢！"孙菊仙在一边瞅了谭鑫培一眼，心说："今天是师父在说你，我未说一句，你怎么老拿我开涮呢？"程长庚接着说："你们今天来看我，我本应该领情，但有些话箭在弦上，不得不发。原谅师父吧，但我确是一番肺腑之言啊。"

正在这时，见师父又是一阵咳嗽，谭鑫培急忙上前伺候，却被老师搪塞开了，反而接受了孙菊仙的服侍。受此冷遇，谭鑫培心里自然有些不高兴。从艺术而言，谭鑫培一直认为余三胜的唱法更有前途，其腔韵迂回婉转，可绕梁不绝，能够深入到戏中人物的内心活动；而程派，演的倒都是忠臣良将，可唱法上直着嗓子甩高腔，虽说为传统老路，但观众听多了，难免有些腻烦感。所以，谭鑫培在结合自己音质特长的基础上，已逐渐尝试着戏曲的改革之路。对此，程长庚不仅早有耳闻，也曾不止一次私下地亲临现场听过。总体而言，程长庚不反对且有几分支持谭鑫培跨派习学，要不，他怎么会亲自主持他拜师余三胜呢？只是他担心谭鑫培完全背离传统误入歧途，将来不仅有误戏曲一途，且毁了自己一生。他毕竟是鑫培的师父，更不说心中的爱割舍不下，总得尽一份责任嘛。

听了师父欲交班孙菊仙的一番话，谭鑫培心里如同刀扎一样。他认为凭着自己是师父徒弟兼义子的关系，自己如今也很走红，再说与班中人的关系也不错，种种条件自己全都有，接任班主本来是自然的事。虽说自己并不垂涎三庆班主之职，即便师父提出来，接与不接真还得考虑。可义父连把班子交给自己的话都不客套一句，心中难免有一份失落感。谭鑫培知道，自己与师父在演唱风格上的歧见，也不是一天两天形成的，师父有师父的理，自己有自己的理，两辈人么，难得说到一块，谭鑫培天生就不是个唯心的人，绝不会为讨师父欢心而说假话。再说，无论他怎么创新改革，但在他的戏曲表演里，不也具有诸多师父的传承吗？

在搭三庆班的那段时间里，谭鑫培演出以武戏为主，学戏以文戏为主，逐步从武生向专工老生过渡。虽说他很快便在京剧界享有一定的名气，但他并不满足已取得的成绩，更对自己的条件具有清醒的认识。如果和知名的前辈相比，论扮相、个头，他面容清瘦，身材不高，天生的一张大口，不如人家雍容华贵、器宇轩昂；论嗓音、气力，也不是黄钟大吕音洪气足，不用说比程长庚和余三胜了，即使是与年龄不相上下的汪桂芬（外号汪大头）相比，也难有明显的优势。据说，汪桂芬当年在广德楼（地处前门外大栅栏胡同大观楼影院对面，现为前门小剧场）唱戏，站在大栅栏附近就能听得见，近六十年都没有人有他那样的好嗓子。谭鑫培如果一味地踩着别人的路走，绝难出头，要想赶上并超越前人更难。要想艺高人上，只有按照自己的条件扬长避短，有所革新，有所创造，才会有所建树。于是，他将对艺术精益求精地不懈追求和知己知彼的压力结合起来，转化成了前进的动力，他在继承前人的基础上，开始摸索自己的艺术道路。

正在病榻上辗转反侧的程大老板，心里也不踏实。在他看来，老天爷这是怎么了，既然生下我程长庚，何必又生下他余三胜呢？真跟戏台上的"既生瑜，何生亮"一样。我好不容易收了一个义子，本事还不错，人缘也好，本来是掌管三庆的理想人选，可他偏偏信了邪，不往正道上走，这叫我如何是好。其实，在程长庚心里，一直没有放下对谭鑫培的期望，只是恨他的戏路离自己越来越远……程长庚曾听过谭鑫培的《连营寨》，听完讽刺道："这不成了青衣老生了吗？"但赞成谭鑫培改革唱腔的也大有人在。四喜班头牌青衣时小福，他在演唱时尤重做，常把手从衣袖中伸出，以此衬托剧中人物的情感，却被人讥讽为"露手青衣"。时小福看过谭鑫培的演出后，两人在聊天中，时小福笑称谭鑫培不是"青衣老生"，而是"老生青衣"，并鼓励谭鑫培不要拘泥老套，只要观众觉得唱得好听就行，对于自己的喜爱和特长，必须有所坚守。另一位著名青衣演员余三胜之子余紫云（余叔岩父亲），也十分赞成谭鑫培的唱腔改革。其实，谭鑫培的唱腔和表演，确实或多或少地吸收了他们之长。幸亏那天师徒三人都很冷静，大家都没说什么过激的话。当谭鑫培和孙菊仙起身告辞时，大老板反而坦然下来，感谢他俩前来探病，更望他们有空"再过来谈谈"。都是梨园人物，角色中的顶角，心里再有什么话，脸上也能憋得住。

程长庚在病重时，曾将自己所乘的骡车赠给了谭鑫培，谭鑫培开始再三辞谢，最后才收下。1880年程长庚去世，杨月楼继之主持了三庆班。程长庚对谭鑫培的器重，三庆班里的人都知道，大家疑惑程长庚为什么没让谭鑫培接掌三庆，而托付给了杨月楼。程长庚对此笑答："谭鑫培智者乐水，不甘寂寞，适合闯荡，属创新改革之材。杨月楼仁者乐山，克己复礼，小心谨慎，才是一块持家守业的料！"杨月楼的儿子杨小楼，后来也挺有出息，成为了京剧界的武生泰斗。程长庚临终前，曾把汪桂芬叫到病榻前，嘱咐道："我死之后，人们一定很想再听我的戏。你为我拉了几年胡琴，对我的唱念非常熟悉，又有一副好嗓子。我听过你唱的，十分像我。但切忌不要在我死之后立即出演，要等人们渴望已久之后再突然出演，定能成功。"程大老板辞世后，谭鑫培随即离开了三庆这块既使他成功又使他含悲的伤心之地，跑到别的一个戏班唱大轴。孙菊仙犹豫了一下也辞别了三庆，同去谭鑫培所搭的那个戏班。谭鑫培也很对得起他，俩人轮流唱起了大轴。结果那个戏班这么一来气势很足，反倒一时压住了杨月楼带领的新三庆一头。

于戏曲而言，程长庚实为谭鑫培前的京城魁首，京剧老生新三杰谭鑫培、汪桂芬、孙菊仙都是他的弟子。杨月楼（杨小楼之父）不但是程门高徒，且继承为三庆班主。程长庚的传人还有卢胜奎、赵德禄（专演靠把戏）等名角。

皇宫艺海

Huanggong yihai

第一次进宫

谭鑫培高超的表演艺术和锐意的戏曲改革，深受同行拥戴和观众欢迎，在广大戏迷的追捧中掀起了一股巨大的谭鑫培热。一句"店主东带过了黄膘马"的唱词，响遍北京城的街头巷尾，成了当下滚烫的"流行歌曲"，一时谭鑫培名声大振，遂为宫内的慈禧太后所闻，并多次向李莲英提起。精明的李莲英，深知太后对戏曲的钟爱，更喜欢与众不同的名角，焉有不从之意。于是，谭鑫培便顺利地列入内廷供奉的名单，被传进宫。

1890 年 7 月，谭鑫培被升平署以供奉内廷的身份传入宫内，终于登上了宫中舞台。谭鑫培被召进宫，这是京剧发展史上的重要一页。由于谭鑫培艺术上革新创造，在京剧舞台独树一帜，光绪十六年，四十四岁的谭鑫培被正式选入升平署，深得西太后赏识。从那时起，除了慈禧钦点，他基本不再演唱武生戏，专心致力于老生戏的深造，由此进入了他的艺术巅峰期。谭鑫培独特而高超的表演，对推动京剧艺术的发展产生了重要的影响。

谭鑫培与其他伶人一样，一直强烈地渴望早日进入升平署唱宫戏，这不仅为入宫可多赚些钱财，更为能与诸多一流的演员同台合作，犹如蛟龙入海，在顶级的戏曲天地里大显身手而多长见识。当年，进入升平署是每一个伶人的至高荣誉。有些名气并不如谭鑫培的演员，却还比他早进宫几年。谭鑫培的老生新腔得到普遍承认，在偌大的京城几近"舍我其谁"时，这才得以进宫承差。也许，迟来的春色更浓吧。谭鑫培进宫，是谭家之幸，更是京剧之幸。可惜的是，一生致力于戏曲，潜心培植儿子的谭志道，未能一饱儿子唱宫戏的眼福，只能在九泉之下，从儿子的焚香禀告中得到宽慰。

进宫的第一天，慈禧依据惯例对着敬呈的戏目名册，逐一召见新入宫的艺人。当轮到谭鑫培时，慈禧不禁朝他上下仔细地打量了一遍，并没有即时问话，弄得谭鑫培有点不知所措。虽说他面对戏曲和观众从来没有过窘迫感，但面对中国政坛第一人，不知她为何这样扫视自己，究竟是风是雨不得而知。平日，谭鑫培的名字就像阻不住的春汛直往慈禧的脑海里灌注，一个高大的形象早在想象中画出图样，今天一见，却与想象中截然不同，不知是失望还是好奇。就眼前这么一个人，却将整个京城戏内戏外的人全都烧热了？她似乎有点不信又不能否定。也许是天意相助，一贯爱美和挑剔的慈禧，却对眼前的谭鑫培产生了一种莫名的新奇感。就在大家都被慈禧的不语弄得摸不着头脑的时候，她终于开口了。

"你就是小叫天？"听口气就知道慈禧曾关注过他。

谭鑫培忙叩头回答："那是小人的艺名，我本名叫谭鑫培。"

慈禧一笑："我知道你叫谭'鑫'培？怎么要那么多'金'呢？人有一'金'不就够了吗？"

一贯善于听音辨色的大总管李莲英，见老佛爷如是说，忙附和道："就请老佛爷替他改个名字吧，这才是他的造化！"

慈禧看上去心情很好，于是笑着点点头道："嗯！你若能好好当差，我就赐你一金，够你受用一辈子，你就叫谭金培吧。"

皇帝历来金口玉言，慈禧虽说不是皇帝，但实权在握，俨然太上皇，她的话就是国语国风，不可违抗与更改。谭鑫培今天与慈禧第一次见面，就被她给改了名，但见慈禧满面笑容，他心想这也许是个好兆头，不管乐不乐意，却不敢不遵。于是，连忙叩头谢恩。从此以后，谭鑫培在宫里，尤其是当着慈禧的面，大家都叫他谭金培。

第一日进内廷，慈禧命其演《失街亭》《斩马谡》，将《失空斩》全本的头尾都点上了。那天，由黄润甫饰马谡，金秀山饰司马懿，李顺亭饰王平，王福寿饰赵云，钱金福饰张郃，罗百岁、柯子分饰老军，鲍老黑饰马岱，满台的珠联璧合，谭金培当然是演诸葛孔明了。慈禧看后异常高兴，说谭鑫培演得"真像孔明"。慈禧虽未见过真孔明之像，但她认为，谭鑫培面貌清癯，符合孔明多思多智为主操劳的形象。诸葛亮体态不宜太过丰满，要不然与剧中人物形象不合。于是，命李莲英传旨嘉奖。那天，钦赐谭鑫培古月轩鼻烟壶一个、尺头二卷。

因慈禧看得特别高兴，继而加演一出与汪大头的《战长沙》。由谭鑫培饰演的黄忠非常到位，将黄忠老当益壮的神态演得淋漓尽致。慈禧暗想，以此看来，谭鑫培演什么像什么，乃是出出传神，今日一见，果然名不虚传，难怪那么多人像疯子一样狂热地追捧，真还与众不同。慈禧欣赏之余，竟加赐福寿锞及小吃等。谭鑫培第一次进宫，即获如此殊荣，在宫中是无先例。

翌日令演《定军山》《阳平关》两出名剧。以砌末大家张凤岐饰赵云，以黄润甫饰曹操，以李连仲饰夏侯渊，以刘春喜饰严欢，大李五饰刘备，沈三饰孔明，钱金福饰张郃，麻德子饰大报子。自孔明升帐激将起，至五截山曹刘对骂止，全剧演来无懈可击。由谭鑫培饰演的黄忠，比之《战长沙》中的身份又不相同，精彩尤胜于前。谭鑫培在表演黄忠武将身份之外，夹杂老人的一通瞎打，混然一种邪横神采适时流露于外，故而精彩漫溢。

不过几日，在故宫的畅音阁，一出传统戏《卖马》过后，让心情极度愉悦的慈禧大有相见恨晚之感，懿旨单独召见谭鑫培，在 500 银元的封赏之余，加赐四品顶戴（有人说为三品，有人说为五品，笔者这里折中而论）。如此破格的赏赐，谭鑫培是为宫中第一人。虽说这是慈禧对于谭鑫培的个人封赏，同时也不啻于对京剧为国剧地位的一次正式加冕。中国戏曲史上花部乱弹与昆曲间所谓百年的花雅之争，到了谭鑫培这里，终于画上了一个历史的句号。这年谭鑫培 44 岁，正是京剧老生行的黄金年龄。

又一日，由大总管李莲英传出慈禧太后懿旨，命次日上午十点在颐和园德和戏楼演戏。第一天开场为《富贵长春》，次为龚云甫的《滑油山》，以麻德子配大鬼。接着上演《金钱豹》，为钱金福之豹，张淇林之猴。再则为周长顺、周长山弟兄的《天雷报》。后即为谭金培的《八蜡庙》，程继先饰天霸，俞振庭饰贺人杰，麻德子饰朱光祖，朱文英饰张桂兰，李顺德饰关太，大李五饰施公，红眼四饰院子，百岁饰费兴，黄三饰费德功，谭金培自然饰演褚彪，可称为一出齐正精彩之剧。为此剧，谭鑫培曾与王八十研究过多次，又与张淇林切磋琢磨，以他极厚的武术功底，故其走边工架身手及歌（新水令）一阕，皆能臻入化境。庄门一场中的抢背，他能将紫花老斗衣在抖动中翻起颇高，形似蝴蝶。单刀下场、甩髯耍刀，干净利落，身手简洁，三面刀随身转，抢背非常利落。爬虎竟用了一个单蛮子过去，颇为慈禧赞赏。次日，西太后亲令谭鑫培唱《战宛城》饰张绣，命李连仲饰典韦，外学教师李某饰曹操，罗百岁、鲍老黑分饰曹昂等，王福寿饰贾诩。

但王福寿演贾诩时竟有大段昆曲，颇让人诧异，依然走的老路子。此剧演毕，慈禧命大总管李莲英传下懿旨，命各伶人均在台下趋至丹墀，叩首领赏。谭鑫培得赏福寿锞各十个、宁绸尺头各四，又得赏银五百。

如果说，乾隆皇帝把宫廷戏剧演出从酝酿期推向了高潮，那么，西太后则促成了戏曲的全盛顶峰。如果说，乾隆时代戏曲更多的是被当做了"政治礼仪"和"大国风范"的组成部分，那么，西太后时期的宫廷戏演，则不再掩饰皇家的"娱乐"目的。

西太后时代和乾隆时期在宫廷演戏制度上最大的不同是，宫廷演戏不再由国家长期供养的皇家剧团承担，而由升平署负责从民间挑选最走红的戏班子和名伶临时进宫承应。

西太后够得上是一个"超级戏迷"，她不仅醉心于观剧，而且具有强烈的表演欲。除了传戏班、选供奉之外，她自行组织了一个叫做"普天同庆"的科班。这个科班的成员，主要是长春宫的小太监（长春宫即为西太后的寝宫）。在西太后眼里，这属于自己的科班，它成立的原因，主要是为她常过一把"票戏"瘾。

五天德和大戏楼

颐和园为皇家园林，其建造精魂来自于大自然，又超越大自然，它集文化和艺术于一身，在世界园林艺术中堪称一个高峰。

德和戏楼坐落于颐和园中，由第三层的唱戏楼和两层扮戏楼组成，始建于 1891 年，1895 年建成。戏楼由上至下分为福、禄、寿三层，可同时唱戏。台内设有翻板、辘轳和高压水机等，可表现神仙下凡、鬼怪遁地和喷水等声景。颐和园德和戏楼和故宫的畅音阁、承德避暑山庄的清音阁，并称清代三大戏楼，以颐和园德和戏楼规模最大。面对德和大戏楼戏台的为颐乐殿，殿堂横额上书"戴日腾愉"四个大字。楼内龙床上横额为"荣镜登阁"四字。戏台的后进院中有一大汉白玉台，上置奇石，石中含古柏苍翠，四边廊阁连环，后有青山为靠。

德和大戏楼的装设十分考究与前位，上面有金丝垂索，能表演西游记中妖魔鬼怪的腾云驾雾和飞檐走壁，十分逼真。台底和楼外均暗设水池，随时能喷出各种色彩的水柱和水浪，像水漫金山那样的洪水场面，在大戏楼里也不难演出。在大戏楼的水池中，有一艘建造十分精美豪华的石舫，慈禧戏前戏后常来此舫中坐赏风景。有时不看戏，她也带上几个随从来此坐坐，对该石舫特别珍爱。中国的造舫历史很早，首先造木舫，后来又造石舫。开始临近水边，后来索性移驾水中了。在中国的皇朝文化中，有"君之舫，系民之水"和"水载舟，水覆舟"的说法。所以，木舫变石舫，视为江山永固，寓不覆之意。

那天，谭鑫培演完《定军山》回到家中，二子海清即迎上前说："老爷子回来啦？大总管派人送来一封请柬，您老看看吧。"谭鑫培进屋落座，打开请柬一看，系派明日八点半去颐和园德和大戏楼演戏，一连五天的档期，剧目临时派定，务必早到，不得误差，因有私谊，特前通知。海清为父读完请柬，谭鑫培即卧榻吸烟。近几天连演，他感觉精神疲倦，明晨怕是赶不早，诚请大总管稍缓，并请送柬人捎话给李大总管，托他担待些。

那天，由大总管李莲英传出慈禧太后懿旨，命次日上午十时在颐和园德和戏楼上演戏曲，并赏各王公大臣听戏。因谭鑫培有求暂缓到场的陈请，李莲英便只安排了谭鑫培的大轴《阳平关》《五截山》，以新进宫的杨小楼饰赵云先上，好让谭鑫培戏前赶紧找个地方吸烟，以养足精神。是日开场为《富贵长春》，次为龚云甫的《滑油山》，以麻德子配大鬼。再则《金钱豹》，次即谭鑫培的《八蜡庙》，谭鑫培自演褚彪。

那天演毕下场，谭鑫培对人说："小猴子（杨小楼。因杨月楼武功底子厚，身手敏捷，人称杨猴子。杨小楼得其父亲真传，甚有超越之势，于是，人称杨小猴子）手段真还不错，枪耍得好，处处皆有身份，将来一定能成大器。"看义子小楼如此精进，深感安慰，相比自己的几个儿子心中不禁感慨万千。他尤对五儿谭小培的期望最重，盼他早日能挑大梁，多次引领进宫同场演出，效果终究不甚如意。虽然京城掀起一股捧谭热浪，似乎一人天下，但后继乏力，令他常常为此苦恼。虽说几个儿子都能登台，也还能赢得掌声，但与谭鑫培的要求却差得还远。后来，看孙子谭富英慢慢长大，颇具演戏天赋，心想将来一定能胜其父，谭派的传承这才让他看到了希望。但好钢是炼出来的，必须着力培养，担子很重啊！谭鑫培对戏曲可说已臻化境，看人、看事、看戏，无一能漏过他的法眼。虽说，他希望儿子们能继承戏曲事业，将谭家的荣耀光照千秋，却一直未让他看到安稳的希望。小小谭富英的不同凡响，给他的内心带来一丝发展与传承的安慰。

次日，又令谭鑫培上演《战宛城》中的张绣，依然是带有大段昆曲味的王福寿的贾诩，慈禧却看得还较为满意。也许，慈禧对该戏情有独钟。也许，上次谭鑫培演时，她还余味不尽。戏毕，慈禧命大总管李莲英传下懿旨，命各伶人均在台下叩首领赏。后来，谭鑫培曾对同行们说："当时，我趋进丹墀跪下叩首时，却始终不敢仰视。心欲抬头面视君仪，怎奈头顶上有如重物所压。所以，一直不敢抬头，连眼皮似乎都不能自由睁开。老佛爷于人，确有一股潜在之威，难怪那些文武大臣对她唯命是从。"

后两日依旧按时开锣。慈禧满身的珠光宝气，端坐于内台，尽情享受剧中人情风物，随着剧情的跌宕起伏，脸上忽儿春风，忽儿阳光，忽儿惊叹，忽儿酣畅。李莲英紧随左右，戏后遵照老佛爷的懿旨论角行赏。

第三日为谭鑫培的《雄州关》，由他饰演韩世忠，王楞仙饰演韩彦直，演来自然不凡。谭鑫培头场唱闷帘倒板二黄，上唱碰板、原板。二场传令，唱西皮平板。一剧下来，圆满谢幕。

第四日为谭鑫培的《镇潭州》。在收杨再兴时，有大段的二黄原板，长达十六句之多，且佳腔连绵，极为动听。戏毕，慈禧对大总管说："与小张七相比，金培此剧似乎温了一点，但唱工特别，极有韵味，这才是人独有的特色。"李莲英回说："嗻，老佛爷说的是，金培的力气稍弱一点，好在有小张七的杨再兴相辅，乃至刚柔并济。其实，楞仙的也不错。"慈禧兴犹未尽地说："大轴之后，叫金培他们再唱一出。"李莲英当即请示，让众人合演一出《青石山》，杨小楼饰关平，钱金福饰周仓，张洪林、董凤岩、李连仲等分饰俊丑马童八名、莲花童八名、神将十六名……接连演出五日期，慈禧过足了戏瘾，深感满足，吩咐李莲英一一封赏。

慈禧爱看戏而会看戏，常对戏中的唱段和唱词提出自己的看法和主张，一旦慈禧有话，那些陪看的大臣们便忙着修改戏文，自至老佛爷满意为止。慈禧为看戏常封赏，能得赏陪看戏的人并不多。但对大臣们而言，太后赏陪看戏，既是一种荣耀，又是一种痛苦。在戏堂陪老佛爷看戏绝对不准抽烟。尤其那些染上烟瘾的文武大臣，一旦被赏陪看戏，口中谢恩，心中的苦味得自我承受。每当戏堂的时间一长，便被熬得死去活来，戏一散场就亡命地往场外跑，有些等不及回到家中，便躲在轿中抽起来。

慈禧看戏绝不止于喜欢，对京剧而言，她在观众群体中算是一个极少数有资格谈论艺术的人。对京剧，慈禧不仅热爱，而且在行。以今天的话说，她可谓一个超级票友。慈禧不仅懂戏情与戏理，且在行得细致入微。一个动作，一句唱词，一个音节，都不能对她敷衍。戏曲的本意与含义，故事的起源与成戏动因，演员的表演与释放，艺术的效果与成败，她心中自有主张与评价，绝不因人言而言。无论名角或大王，没有人能逃过她的艺术考评，更不说那些附庸风雅中陪伴她看戏的王公贵族了。慈禧如果进入梨园行，成就绝对远胜于她执政的腐朽。也许，原本她就该是一个属于艺术的人，只是被命运捉弄错位而已。纯粹于京剧而言，慈禧有功而无过。谭鑫培的艺术辉煌，与慈禧不无关联，在自觉或不自觉中，慈禧对京剧艺术发展的推波助澜，这是剥离政治的客观事实。

宴客李莲英

那天，在庆王爷家演戏晚归次日，谭鑫培一直睡至午后一点半，方才起床梳洗净面。饮茶用饭之后，这才乘车前往颐和园。进入园门，不觉已近下午五点，大总管李莲英早已等得不耐烦了，几次出门眺望，才见谭鑫培姗姗而来。原定的戏码已经太后更改为《伐东吴》，谭鑫培演的黄忠带起箭，戏码为倒排的大轴，应该四点三刻上场。谭鑫培此时才到，前场戏早已落幕，只好暂垫一出张凤岐的《反西凉》，谭鑫培这才赶着上装出演。一见面，李莲英便带着一脸的灰暗，劈头就说："好你个小叫天，胆子真大啊，竟敢公然误差。待我回头奏明老佛爷，你就接着吧！"谭鑫培只得连连请安："老爷子，你给多美言几句吧，今天确实是我误差，务必请您多担待些！"李大总管竟拂袖而去。谭鑫培上场后，李随侍在慈禧太后身旁，太后扭头对李莲英说："你看这是谁的主意，唱《反西凉》。不过小张七唱的还真叫不含糊，你看他从桌上一个旋风似的蹦下来，还转一个身，带着椅子走趋步，真叫不容易，好！恐怕这出戏是垫的吧？是不是小叫天来晚了？等会唱完了，把他叫来，我要亲自问话。"大总管连连答"嗻"！等《大报仇》一唱完，大总管快步如飞地步入后台，大声喊道："小谭哪，老祖宗叫你！快快洗脸跟我去，我瞧有你好看的！"

李莲英在前，谭鑫培紧跟其后，心中不免直犯嘀咕，虽说太后很喜欢她，但今天的确误了卯，说不定，老佛爷一变脸，真的不好收场，怎么办呢？李莲英这个人最难把握，虽然说刚才跟他求了情，真不知道他是说顺还是说反，没有人拿得定。只怪昨天太唱晚了，一个庆亲王，一个那相国，都不能拂面子。罢！罢！罢！到了这步田地，也不怨天尤人，只好硬顶着，见机行事，但愿老天爷开恩，让我逢凶化吉，心中暗暗地向上天祈祷。

李莲英一路走，一路唠叨，带领谭鑫培入内见太后，跪在丹墀之下。太后问："你今天来晚了吧，准是误了差，所以前面加了一出《反西凉》。"谭鑫培俯伏回奏，声音里带有着几分颤抖："奴才蒙老佛爷天地之恩，宫内承差，粉身难报，给我天大的胆，也不敢误差。实因奴才贪睡，午后才醒，这才一路赶来。奴才罪该万死，请老佛爷治罪。"慈禧道："难道你家里人就不叫叫你吗？"谭又奏道："因奴才一向家教甚严，儿辈不敢警醒，以致误事。"慈禧听其言，即反愠为笑而环顾左右说："你们瞧瞧，他一个唱戏的，家规倒很严，好！好！好！你们今后也要学着点。"她笑对谭鑫培说："姑念你初犯，不忍加刑，家规可钦，赏银五十两，缎二匹，下不为例啊。"慈禧不罚反赏，众人始料不及。谭鑫培赶忙叩头谢赏而退，心中暗自庆幸，今儿个真是因祸得福，祖宗保佑啊！

第二天，谭鑫培托人恭请大总管李莲英来家里吃晚饭，有德霖、黄三作陪，并约了槐大人、杨大人，场面极尽一时之盛。酒席间李总管举杯笑着说："嘿，你真有造化，竟结了这么大的佛缘，误了差事，不但不降罪，反而夸了你半天，这在太后面前实不多见，老佛爷真是太喜欢你了。"谭鑫培笑答道："那还不全仗老爷子的福，又多得二位大人平日的关照。要不然，就凭我一个唱戏的，焉能走到这种地步？说实话，昨天没有李大总管给我托着，我真有些胆战心惊，今天才定下心来。差一点重者交与刑司论处，轻者也逃不过四十竿子罚钱粮。"杨大人道："得啦，你总算托大总管老人家的福，赶快敬酒，真得谢谢他老人家。"谭鑫培笑道："谢，那是一定的，并且得特别道谢。要说该送他点什么礼物呢？送鼻烟壶？老爷子什么好的没见过。就是我那玛瑙的、玉石的、甚至再贵重的古月轩的，而且是郎世宁的春风得意画片的，都还是老爷子赏给我的呢，再送回去也不恰当。你说送点绸缎衣吧？我想这些缎匹之类，老爷子只怕都穿腻了。吃喝就更不用提了，家中预备的粗糙，也就聊表寸心而已，简直是无法补报啊！我真不知道该拿什么来孝敬他老人家了！"槐、杨二位大人都微笑点头不语，大总管笑指谭鑫培道："咄！好你个铁公鸡！呸！好你个吝啬鬼！不但一毛不拔，反倒说得头头是道。得了，得了，你别讨骂，吃祭吧。酒我本不行，刚喝了有五六盅，横竖快成老阡拉了。"谭鑫培接着道："不至于吧，您再喝三盅，我们办面子事，二位大人各敬一盅，我再敬您一盅，请赏脸！"李莲英道："莫不成你们是诚心用酒来灌我呀！那可不行。"说毕，四人鼓掌大笑。少时饭罢，饮茶、抽烟已毕，大总管看看钟道："嚯！六点啦，再不走，恐怕要误差啰。幸亏留了门，要不，老祖宗问下来，咱家吃不了兜着走。"说毕，吩咐套车，匆匆而去。

李莲英走后，杨大人对谭鑫培说："鑫培呀，你还真行，大总管一般都难得请动他，你请吃饭他居然还来了，这可不容易。"他说完竟鼓掌而笑，低语道："你可太坏了，他今天为赴你的约会，八成要误差使了。"谭鑫培故作惊讶说："我真不敢。杨大人言重了。"说毕大家相视大笑。二位大人笑着问黄三："这半天，你怎么不搭腔呢？"黄三回答："喳，我可不敢搭腔。二位是大人，方才与大总管老爷子谈笑，我算个什么呢？怎敢胡乱接下语。"杨大人道："你也曾与皇家当过笔帖差使，大小也是做过官的啊。"黄三道："彼一时此一时，此时，我只是一个演戏的，怎敢再言昔日之位？"杨大人说："得了，别紧裹啦，咱们都该去啦，客走主人安嘛。"于是分头别去。临行前谭鑫培对诸位说："昨天真是危乎其危，差点挨了竿子，好悬哪。得幸平安度过，实在是仗着老佛爷恩典，咱们祖上的福荫啊！"诸位亦皆唯唯称是。

至第三日，慈禧太后命在宁寿宫戏楼演戏，并未说明要演何戏。谭鑫培按时到达。

李大总管一笑说："你来了，今儿个提防着点，还不知老祖宗点你唱什么呢。"

谭也笑着回答道："老爷子，反正知道您老会疼我，诚请先给我说说什么戏码。如不疼我，我也不敢巴结。反正我是握在您老的手心里头，是不是？"

大总管说："你呀，真是个精明鬼，嘴儿这份甜甘哪。就别提啦，今天不管你怎么甜，反正就是不告诉你，叫你精灵去。"

谭鑫培赔笑着："您老就行行好吧，告诉我，我就踏实啦。"

大总管又一笑："告诉你也可以，那你怎么谢我呢？"

谭说："还是请您老吃晚饭，好不好？"

李莲英大笑起来："呸！我那天只顾在你那吃饭，差点误了差事，还提吃饭哪！"

经谭鑫培再三相请，大总管又呕了他一会，方才说："老祖宗叫你演《盗魂铃》，配角是张淇林、董开儿、钱金福、麻德子、王拴子等。我都告诉你了，你心里踏实了吧！"

　　谭鑫培深对大总管一揖："谢谢您，我这才放了心。老佛爷还叫我演什么呢？"口里说得轻巧简单，心里却直打起鼓来。《盗魂铃》属丑角戏，反串此剧，谭鑫培还是开天辟地第一回，怎么办？推是推不掉的，换更是不可能，老佛爷的话向来说一不二。真不知老佛爷今天怎么啦，放着那么多名戏不点，却要让人反串，谭鑫培实在想不出此中情由。想归想，但演还得演，只好抓紧时间找人合计一下，否则心中真空落落的。

　　大总管说："今天还有《溪皇庄》，你演贾亮。"谭鑫培即与大总管屈膝道谢。大轴演《溪皇庄》，朱又英反饰花得雷，黄三、麻穆子、金秀山、郎德山分饰四武旦，钱金福与红眼四分饰金头蜈蚣窦氏和打虎妈妈刘氏，麻德子饰彭公，王楞仙饰会旺，吴顺铃饰尹亮，余玉琴饰褚彪。

　　《盗魂铃》和《溪皇庄》这两出戏，谭鑫培从来没演过，今天老佛爷点了，必须得演，说不会也不行，那叫抗旨不遵。老佛爷真要发怒，可不是闹着玩的，没办法，只得硬着头皮去演。好在有一点时间，紧急之中，谭鑫培想到常演大狮子的王长林，问他《盗魂铃》中的八戒怎么个演法，两人相互交流起来，但刚说个大概，催戏的就来报告，说戏马上就要开演，急得谭鑫培马上扮装。

　　此剧一开场，慈禧竟然大笑不止，对大总管以及各王妃们说："看他们的反串，真怪有意思的。大花脸愣学小媳妇，擦上粉，好比砖上抹石灰，扭扭捏捏的，真可笑又肉麻，倒真让人痛快，回头得多吃上两碗。你们回头赏赏这出戏的人，不论是谁，有一位算一位，每人十两银子，一匹宫绸。但是谭金培、余庄儿、楞仙、黄三、秀山、朱又英得加倍给，听见了没？"

大总管忙答"是是"，分头赏讫。

慈禧又对李莲英说："你将谭金培叫过来，我另给赏。"

大总管领旨去叫谭鑫培，说明懿旨，谭鑫培恭跪丹墀之下，俯伏在地。大总管奏道："现将金培带到。"慈禧道："今天真难为你啦。两出俱非本工儿，可是唱来不觉怎么不像，今天的八戒却是你独树一格。可是贾亮一角，口白、神气、武工俱不弱于德子。想你起先是演哪一工呢？"

大总管道："明白回奏！"

谭鑫培以清晰之音回奏道："奴才起先学的是开口跳，演了九年之后，又改演武生，以演短打戏见长。后又从程长庚学戏，开始演须生戏，走外埠多年，揣摩稍有心得，故回京献技。蒙老佛爷恩典，赏奴才得大内当差，供奉演戏，实在是老佛爷的天地之恩，奴才祖上福荫啊。"

慈禧闻言大悦，笑道："好好！你总算受了些年的苦楚，来呀！再赏他两个古月轩鼻烟壶，红青宁绸袍料四件，四喜白玉扳指两个，炭胆文具一份。"谭鑫培即向上磕头谢赏。

夜宿总管府

　　慈禧少不了李莲英，谭鑫培也少不了李莲英。于谭鑫培而言，李莲英却如汉朝的萧何一样，成也在他败也在他。在中国太监史上，李莲英算得上绝顶聪明的人，无论看势还是弄权，堪称太监第一。虽说他于谭鑫培有帮也有损，却与谭鑫培还有一份有别于他人的私交。一因谭鑫培在老佛爷心中的地位，二因李谭二人之间相互需要和相惜。

　　那天，谭鑫培在颐和园唱完戏，慈禧又给了他重赏。领赏后，李莲英一路将谭鑫培引至总管府内。

大总管对他说："小谭，你的造化不小哇，以后要好好当差啊。"

谭即笑答："承蒙老爷子多提拔关照，要不然，我便成了黄连抠娃娃，苦小子一个。以后真得激发天良，以报答太后跟老爷子的知遇之恩。"

听了谭鑫培如是说，李莲英显得特别亲切："好好！知道就好。你要能永远这样，不独老祖宗喜欢你，连我不也跟着放心了嘛。"一会大总管又回过头来说："小谭，今天就别走了，说清楚啊，我可不是还你上次的席。少一时你就在我这里吃饭，我先上殿伺候老祖宗御膳，你可千万别走。"说罢转身离去。

既然大总管如是说，谭鑫培真不好走，也不敢走，只得耐心等候。他知道，大总管今天必定有事找他，要不然绝不会轻易将他领来总管府。总管府虽说不是皇宫，真还不是那么好进，尤其是伶人，几乎还没有人被大总管主动请来府内的。今天有幸被请来总管府，的确不是一件寻常事。虽说有些被总管赏识之意，但李莲英绝不止单为赏识而将谭鑫培请来府内。究竟所为何事，谭鑫培却是无从猜测。但从大总管的满面和悦中，有一点可以肯定，今天随来绝无忧患。大总管走后，谭鑫培一人在府内自由行走，无所事事地东瞧瞧，西看看。总管府里真如小皇宫啊，一切装饰都极尽奢华，心里不觉为之惊叹。大约一个时辰之久，李莲英方才兴高采烈地回来，他假装着问小太监："小谭没走吧？"小太监连忙回答："没走。"

谭也忙着回应说："老爷子赏饭吃，我哪敢走呢。今儿托您的福，也好尝尝玉液琼浆啰。"

大总管笑道："好好，我已传话给你留了门，回头你得从神武门出。东西华门不能走，听见没有？"谭鑫培连连点头。

少时，几位小太监将酒菜摆上，二人欣然对饮。大总管指着杯里的酒说："你尝尝，这是真正的老白干。"

谭鑫培举起杯，一饮而尽，嘴里啧啧称赞："果然是好酒，又香又醇，也许今朝饮酒而千日难忘啊，只怕是喝上了瘾那就坏了。"

大总管说："今天管你喝个够，你却要多讲一些梨园的故事给我听听。"

大总管此话一出，谭鑫培便略知今日主题一二了，便带着几分探询又有几分神秘的口吻回问："真不知大总管想听些什么？"

李莲英道："你就把什么叫梨园给我说一说就得了。"

谭鑫培："提起梨园，那话可就长了。你知道梨园供的祖师是谁吗？"

大总管："我听人说是老郎神，对不对？"

谭鑫培："对。但为什么要供他呢？"

大总管："老郎神不就是唐明皇吗？"

谭鑫培："不是，我今天索性把事情的原委给你说个清楚。"

说到此处，他自己斟满一杯，接着说："因唐明皇游月宫，得一回霓裳天曲以后，遂在宫中建立一个歌曲部，借此教授子弟。唐明皇亲自执板敲鼓，要不然，怎么台上将打鼓的地方叫着九龙口呢？而且打大小锣的都站着。原说打鼓的地方为白虎位，所以，由唐明皇亲自镇着。拉胡琴的文场面，则坐在青龙位上。一日、二日、三日教授子弟，他们总是不会，唐明皇甚为焦急。有一天，唐明皇因紧急国事，并未来部里演排锣鼓，学者们亦彷徨无计。忽然，一年方十四五岁的顽童悄无声息地走了进来，他进门即问：'你们都在这干什么呢？'大家即以排演锣鼓而回复。顽童却毫不谦虚地说：'你们敲打一回给我听听。'大家便依照往日的程序重新排演一回。顽童似有几分恭维地说：'不错，不错，但也不完全对，今天让我来教你们打打，自然就会了。'大家注目而视，心中不无疑问。只见顽童即跳上椅子，持定檀板鼓键说：'这是板，这是眼，这是小锣，这是大锣，什么时候加钹，你们都给我记着。'于是他就开始指挥大家练习。不到一月，居然将场面排演得颇为整齐好听。"

少时饮食已毕，献上香茶，大总管真听上了道，他对谭鑫培说："你干脆别走了，咱们谈一通宵好不好？"

谭鑫培没有直接回话，依然接着刚才说："大家喜悦非常，顽童也十分高兴，再问大家：'你们知道这叫做什么名儿吗？'大家摇摇头，一脸茫然。顽童说：'此名叫做《满堂红》，保大唐子孙万代，保天子万寿无疆。'唐明皇因心中烦闷，月余未至歌曲部，正巧偶至部外，即见一顽童在领衔排练锣鼓，且甚为整齐，不觉十分诧异；又听说他说《满堂红》，还有那么多歌功颂德之言，不觉心中烦恼尽去龙颜大悦，正要进内问个明白。没想到，正当唐明皇欲进内时，只见那顽童遂化着一道长虹，飘然而去。唐明皇即率多人追赶，直赶至梨园中，见一石洞口前，即见一只头狼屈前膝如跪状。唐明皇即问：'汝即刚才教场面的顽童吗？'只见那狼点点头转瞬间却不见了踪影。唐明皇大悦，即将其封为'老狼神'，并为执掌梨园一切的事物之神。从此，又将歌曲部移至梨园里排演，唐明皇见锣鼓成熟，意欲彩排助兴。"

谭鑫培接着介绍："有一大臣，时常陪唐明皇下棋赋联吟诗，见唐明皇爱于彩衫戏剧。大臣便说：'这有何难。臣早前曾习学过，只是未登台演唱而已。'明皇不信，执意让其定时演唱。待约定时日一到，那位大臣按时到来。只见他头戴乌纱，身穿红袍，腰缠玉带，足蹬朝靴，手持象简，颔下排五绺长髯，且戴一粉面笑脸假面，目于面上，款步而出，摇摆进退，随走随舞，随即显露'天下太平''万寿无疆''加官进禄''旭日高升'等彩纸书成的字条。唐明皇览之大喜，赐呼'加官'，此一段，即为梨园开始沿用的神话。"

大总管听得似乎有点入神，即朝谭鑫培笑着说："嚯，好你个谭鑫培，竟把齐东野人的无稽之谈，全联到一块来啦。"

说至此谭鑫培欲起身告辞："我要告假啦。"大总管道："你今儿破一回例，就不用走啦！"

经大总管再三挽留，谭鑫培想走也不便走了，只好住下，继续他们的谈话。大总管问道："你刚才说了半天，也倒有理。我再跟你打听打听梨园行的各种忌讳。你不必客气，据实跟我说说，如老佛爷跟我打听，我也好明白回奏。"太监都是精明人，各项知识都得学而备用，尤其是在主子面前，如有问必答，肯定得赏提拔。慈禧嗜戏如命，事关梨园知识，李莲英能说不知道吗？

谭鑫培呷了一口茶："梨园的忌讳很多，更多不过帘外。咱们先谈京朝派的。头一宗就是后台的说话，梦字不能说，以'荒亮子'代之，大概是黄粱的讹传。五大门的不能直说，如蛇称'条子'，又称'长爷'，鼠称'灰爷'，刺猬称'白爷'，狐称'胡仙爷'，黄鼠狼称'黄爷'，总之以各色代之。此五大门为梨园之财神爷，不能随便乱说。供奉之神即称为'祖师'，临上场必参驾，任何人都不可轻视。还有，未开戏前由老生管事人烧头股香，首先小花脸开笔勾脸，然后花脸行才能动笔。"

大总管问道："那是怎么回事？"

谭鑫培答道："据说，唐明皇唱过小花脸，所以尽先。后台的加官脸子不见后台，临上场以红布包之，戴上即出场。下场时有人迎着，再将脸子用布包好藏起。《探母》用的小孩称为喜神，常在喜神箱中存放，但必须仰面，此箱与大衣箱不准人坐。后台的把子如青龙刀、白度枪、韦驮杵、堂刀、銮驾、鞭等均不能擅动，并不准人任意墩把子和随意耍枪，如不然就要出岔子。再者，大凡后台的人，对关帝信仰极重，临演必烧香，顶老爷码，只要勾好了红脸，即不准再与他人说话，以保持尊严与神威。且上场后须偏坐，不能公然正坐，以示不敢自居之意。"

大总管道："这倒对，因为关圣精忠大节，浩然正气，值得人钦佩瞻仰。梨园界具此心理，不可说完全是迷信。"

"老爷子说的即是。"

正谈话间，张大师父进来笑道："喝！你们谈的真热闹，有好茶没有，给我喝点。"

大总管笑道："有茶有茶，你自己斟去吧！"

张大师父道："你当我真跑来喝茶啦？老祖宗要喝点莲子粥，带点点心，我已传知点心局了，叫你哪，还不上去伺候去。"

大总管道："是是，请你先行，我随后就到。"他笑向鑫培说："你先在这儿喝会茶，我伺候完了老祖宗的夜宵就回来。"

谭鑫培："您只管忙去吧。"

大总管走后，将谭鑫培一人留在屋中，虽有人伺候，亦觉闷闷无聊。偶见书架上有很多满文书籍，虽说他不识字，却也不禁有翻阅之意。在翻阅中，谭鑫培见有一本以两种文字合著的书，并在每一个加黑字的后面，具有一长段的文字附后，他估计为字音或字义之类的解说。当谭鑫培将该书翻阅几至半数时，忽听有人笑说："喝，你一个人在这看书哪，自在潇洒，真行啊！"

谭鑫培听闻不觉一怔，忙抬头一看，乃魏大师父，急起让座："魏师父笑我呢？原知我不识字，只是随手翻翻，看看色彩，闻一闻墨香而已。正好请教你为我解迷，该书所注内容是何？"

魏师父说："该书为一专注字音的书，尤对每一个尖团字的发音标注十分清晰。"

经魏师父一番介绍，谭鑫培不觉心有所动。后来，他征得大总管同意，将该书借回，让谭小培为他解说，使他获知不少。

无常西太后

　　慈禧虽说没坐帝王之位，却成了晚清名副其实的幕后指挥者，她操国事和生杀大权于一身，喜怒无常，随手风雨，即使惯常八面行船的李莲英，时而也被她弄得一头雾水。而谭鑫培在慈禧面前却是一个鲜有的特例，常常在阴云密布的危急当头，却突然转危为安。

　　有一次谭鑫培在宫中演《战太平》，皆因庆典演出要讨吉利，故谭鑫培临时将唱词"大将难免阵头亡"一句改为"大将临阵也风光"，只为这一句改唱，便得到了慈禧的重赏。而"十三旦"（侯俊山）在宫中演唱《玉堂春》，有"我好比羊入虎口有去无还"一句，却未加改动，仍按原词演唱，因此触怒慈禧属羊的隐讳而被驱逐出宫，他还不知犯了什么过错而遭到如此下场。后来得知慈禧恼怒的原因，不免令他哭笑不得。慈禧属"羊"，看戏时最忌讳提到"羊"字。凡到宫里给她唱戏的演员，不能唱《变羊记》《牧羊圈》这一类名字的戏。如果戏词中有"羊"字就得改。比如，玉堂春原词是："苏三此去好有一比，好比那羊入虎口有去无还。"为了避开"羊"字，只得改唱："好比那鱼儿落网有去无还。"著名武老生王福寿，在外边跟人合伙开了个"羊肉铺"，因此犯了忌，慈禧从此再不赏他银子。她吩咐下边："不许给王四（王福寿）赏钱！他天天剐我，我还赏他？"

慈禧爱看京剧，却从来不把演员当回事，还百般拿演员寻开心。一次郎德山饰演《金钱豹》里的猪八戒，她明知道郎德山是回民，却硬让他学猪叫。郎德山一听，这不是拿我寻开心吗？我偏不学猪叫，我学羊叫，也拿你开心一回。郎德山豁出去了，没想到一声羊叫反倒把慈禧给逗乐了。

有一次宫里演《翠屏山》，演员正唱着呢，慈禧突然下令停戏，让人把戏提调叫来问道："今儿这戏是怎么唱的？还想不想当差了？"戏提调挨了骂，莫名其妙，不知什么地方犯了忌。后来向人请教，才知唱词中有一句："最狠不过妇人心！"

当着太后的面唱这一句，挨一顿骂，还算轻的呢！

有一年二月初二，宫里耍龙灯，著名武生杨小楼耍珠子，不慎把戏台角上的檀香木架子撞倒了，人皆大惊，这惊驾的罪过可不轻啊。慈禧立传杨小楼，杨小楼赶忙跪倒领罪。慈禧开口就问："三元（杨小楼的小名，慈禧历来爱叫演员的小名），你今儿是怎么了？"杨小楼连忙答道："奴才今儿个唱了四出《挑滑车》，实在有些支撑不住，才无心惊了驾。"

慈禧听完说："真难为你了，今后不许这么多活，赏你20两银子，回去好好休息吧！"

接着耍珠子的李寿山一想：这倒不错，不加罪反加钱，我也来他一下子。他耍着耍着，照样把台角上的发架子撞倒了。大家又是一惊。龙灯一停，李寿山被带到慈禧面前。慈禧面带怒气，问："李七，你怎么了？"李寿山一愣，不知如何回答。慈禧说："你是看三元得了赏，也想试试？你是存心哪！来呀，传竿子！"

竿子就是灌了铅的竹竿，分量重，打在身上特别疼。李寿山赶快求饶。慈禧怒气稍消了些：说："免去竿子，罚俸两个月！"

不料，李寿山听罢，反倒赶忙央求道："老佛爷还是打吧！"

这一下反求打，却让慈禧奇怪了，她问："你怎么又主动要挨打了？"李寿山说："挨打我却可保住俸禄；如果一罚，这两个月我全家吃什么呀？请老佛爷还是赐打吧！"慈禧一听他如是说却被逗乐了："下去吧，再犯我可不饶你！"轻轻的一句话，就让李七逃脱了处罚。

有一天，慈禧太后点了谭鑫培的《天雷报》，小生鲍福山（诨名鲍黑子，是徐小香的徒弟，鲍吉祥的父亲）扮张继宝。他把张继宝中了状元以后，再不肯认从小抚养他的义父义母，那种忘恩负义的样子演得十分逼真。慈禧传旨打张继宝的板子，由太监主罚，台上的张继宝趴下被打了一板子。那本来就是做戏，鲍福山还得假装痛得嘴里发出哼声，装出一副疼痛难忍的模样。打完了，慈禧再传旨赏鲍福山十两银子。

中日甲午战争清朝失败，《马关条约》签订。一天，杨小楼在宫中为慈禧和光绪演《长坂坡》，看着台上赵子龙于千军万马中单骑救主的神威，想着国势日危，朝中无人的窘状，慈禧不禁忧从中来。她回过头看看皇帝，光绪也是一脸愁容。看着看着，慈禧也落泪了。

京剧名家扮演角色时均能应付自如，尽善尽美，从而博得众人的赞叹和盛誉，谭鑫培即为这样的京剧大家。一次，慈禧突然心血来潮，即宣谭鑫培进宫再演一回《盗魂铃》，依然由他饰猪八戒。

《盗魂铃》是《九狮岭》中的一个片断，是以武旦为主的闹妖戏。说的是九狮岭上有九头狮子，兴妖作怪，残害生灵，闻知唐僧路过，准备利用"魂铃"来劫持唐僧吃其肉。这是一出以猪八戒为主角的闹戏，以丑角应工。确实难为了谭鑫培，丑角戏他真还未演过，即使连想都没想过。尤其是第一次被太后点演时，谭鑫培真有点战战兢兢的，连头上都冒出汗来。当时他为了应旨，真顾不许多。上台后，即是东一句西一句的原板唱腔，像打补丁一样的褋合，只要合辙押韵，不管是什么戏里的都临时拉来给唱上了。再加上诸多滑稽表情、身段、把子的配合，演来真还声情并茂，别具一格。

见到"狮子"后，谭鑫培又加上了一段"先瞧头，后瞧脚，再看模样好不好"的数来宝。后边的开打更是滑稽火暴，从3张桌子上翻下，令众人胆战心惊。由于谭鑫培有武丑、武生的底子，又主演老生，要唱能唱，要打能打，真是把这出戏给演绝了。

慈禧一边看，一边大笑不止，对各王妃命妇们说："这场反串真有意思，痛快！看几回便乐几回！"并嘱咐太监李莲英个个加赏。她特将谭鑫培叫到跟前，带着少有的笑容，给予了重赏。

慈禧独掌国家政权，又逢朝廷腐朽没落，整天被政治所累，深觉身心疲惫。身为一个女人，年轻丧夫，又受身份所限，要极尽所能地将欲望深深埋藏体内，有苦也不能言。自从那次钦点谭鑫培反串《盗魂铃》，真让她获得出乎意料之外的乐趣。谭鑫培不拘一格的随意杜撰，现场加彩，巧打加诙谐，让慈禧感受到从未有过的快乐与释放，乃至她忘情中竟笑得花枝乱颤。那一刻，她几乎忘记了自己的身份，剥离了政权与政治束缚，真正地拥有了帘缦之内无法获取的轻松和愉悦。所以，《盗魂铃》一剧曾不止一次地被慈禧点演，也就不难让人理解。

谭鑫培在《盗魂铃》剧中别具一格的表演，慈禧不仅没有说是"邪门歪道"，反而给予赞赏。这样一来，这种演法便固定了下来，以后该剧的演唱均宗法谭鑫培。从此，八戒则以生行应工，而《九狮岭》只单唱《盗魂铃》一折了。由此，这出原本的武旦戏，便变成了老生戏。

那回谭鑫培病好后，为了报答慈禧的恩德，遂自告奋勇，愿以全本《四郎探母》孝敬。慈禧早就想听谭鑫培的《探母》一折，今见其欲演全本，自然十分高兴。《四郎探母》是慈禧最喜爱的剧目，这次演出，谭鑫培饰演四郎，格外卖力。一段"杨延辉坐宫院自思自叹"的西皮慢板，令听者无不惊叹，音韵独特，嗓音也较前哀绝动情。许多人担心他大病后复出恐难唱到终场，没想到这次演唱，却是历史上效果最佳的一次。慈禧听得十分开心，立即传令赏银。

慈禧直到去世前还在听谭鑫培唱戏，谭鑫培的戏几乎成了她片刻不离的精神享受。谭鑫培的柔性歌喉，那种与众不同的低靡委婉、变化莫测的唱腔，不仅适合了慈禧的口味，也迎合了国人世纪末的情调，宣泄了国人郁结的惆怅和迷惘。由于慈禧的影响，同治、光绪两个皇帝都喜欢京剧，而且都很在行，据说同治自己还可以司鼓。京剧本身既有浓烈的艺术魅力和深厚的群众基础，又得到宫廷皇室的爱好和提倡，在中国戏曲舞台上独领百年风骚便不足为奇。

戏场误卯

　　慈禧垂帘听政时期，国家一直处于多事之秋，内部与外部压力很大。限于她的个人素养，不可能醉心于琴棋书画之中消遣，也不可能像满清其他男性最高统治者那样，驰马狩猎，更不能像乾隆几下江南巡游，明察暗访，风流逍遥。因此，她的主要消遣方式只好投向观看通俗易懂的京剧。咸丰皇帝病逝时，慈禧才 27 岁。年轻的寡妇慈禧，由于尚有慈安太后在侧，又要面对诸多的皇亲国戚、满汉大臣，她要保持自己的尊严和形象，故而不可能像中国历史上武则天女皇那么放肆。所以，在看戏时不能太过偏向爱情戏，以防皇室亲贵的闲言碎语。只有多点历史剧或传奇剧，这些戏主要是以老生为主角或以武生为主角的戏。武生戏尽管很热闹，但没有老生戏那样深沉幽远，意味深长。久而久之，慈禧便喜欢上了京剧老生戏。

咸丰皇帝逝世后，慈禧经过几番争斗，终于夺得权力垂帘听政。她的主观愿望，当然是想把大清江山治理好，但她的文化素养和思想修为较低，把持最高统治权力之后，她尽力学习效仿，力争有所作为，并且企图在看戏娱乐之际，多看一些历史剧，在娱乐中受到历史的启迪，以求对安邦治国有所裨益。

慈禧太后作为女性，异性相悦，对男性演员自有一种天然好感。不管她的身份多高，毕竟还是一个女人。继谭鑫培之后，她又喜欢看杨小楼的戏。如果是一位男性主持朝政，情形可能会大不一样。根据齐如山的记载："而亲贵中之恭王，向不看叫天之戏，对此事，从前戏界中人人皆知。据人传说：醇王曾对恭王说过，老佛爷既夸奖叫天，当然不错。恭王说：我若听叫天的，还不及听青衣呢！"按此推论，如果恭亲王处在慈慈太后的地位，定要捧红一位京剧旦角演员。由此可见，最高当权者的性别差异，对艺术时尚的影响绝不一样。

那天晚上，谭鑫培上演《打棍出箱》，运用《恶虎村》村中走边的身段，脚下往内拐，手往外转，快如风车，绝不一边顺。当见煞神时，顿显惊惧之极，头发随心而转动，利落无比。滚背、吊毛、踢鞋上头、甩发、眼神、髯口，无不玲珑剔透，腔调入耳动听。戏一下场卸完装，那琴轩即陪同谭鑫培来到吸烟房，仆人忙送上四时果蔬和点心。一连两场戏，谭鑫培真有点累，不觉十分疲乏，随即躺下，拿起烟枪深吸两口，顿觉精神自来。每当戏场之后，唯有在那种吞云吐雾中，才能让他打开力量滋生的源头，无论他人说好说坏，今生恐怕他是再也离不开大烟了。

吸过一阵大烟之后，谭鑫培精神渐渐得到恢复，忙坐起身来，一边喝茶一边和那琴轩聊天，多半是那相国趁机将话题切入戏曲之上，他总有那么多说不完和问不尽的艺术细节需要探讨。他们从秦梆子聊到中跷功，又从诸葛亮的靴子聊到萧恩的鞋，直到凌晨才勉强倚在烟榻上眯一会。待睁开眼睛一看，不觉时已近午，谭鑫培暗叫一声不好，今天只怕要误老佛爷的点了。于是，赶快洗漱梳理，乘车一路往颐和园急赶而去。

按时间安排，谭鑫培早该上场了。见谭鑫培迟迟不到，可急坏了李莲英，只得按例先垫上一出太后爱看的戏，力求先把太后稳住，以挨时间。如真让太后发火，不仅是谭鑫培受罚，恐怕他也脱不了干系。

当谭鑫培赶到场时，李莲英心中一块石头这才落了地，虽说迟到了，来了毕竟比不来好。但李莲英心中依然窝着一团火，他以为谭鑫培因太后每每眷顾而耍大牌，给他出了难题。一见谭鑫培便冲着他就喊："小叫天啊小叫天，你真是狠角啊，你依仗太后之势，看我把你没法是吧，想来就来，自由顶天哪。"谭鑫培见状，一脸的惊悸，看来大总管真的发火了，心中自问怎么办，怎么办？这里还只是第一关，太后那边是生是死真还无从量测。再说，李莲英从来就没对他发这样大的火。看来太后肯定责难了他，今天恐怕是凶多吉少。于是，他忙给大总管作揖。但李莲英却不为所动："好吧，你自己做的事自己负责。我早给你捎了信，你竟然胆敢故意误差。今天可是老佛爷亲点的戏，你自己去应对吧！"

见李莲英一再发怒，谭鑫培真有点胆怯，只顾一个劲地跟大总管求饶。那天，太后看戏兴致不错，进而连连称赞。李莲英一旁笑着附和："演得好，演得好！"但心中依然打着鼓。慈禧看着一旁待立的李莲英，突然说："我知道这出戏是垫的。""对。"这时的李莲英只能据实回答。慈禧又说："小叫天为什么还不来，什么原因，你该知道吧？"这一问，李莲英真的苦了，又不敢辩驳，一脸无辜的表情，任抹也抹不去。慈禧说："等会戏演完了，你将金培叫来，我要当面问话。"李莲英连连点头称是。

谭鑫培的一出戏唱完，还没卸妆就被大总管连拖带拉地领向后台。见了太后，谭鑫培赶忙低头下跪不敢仰视。慈禧轻声地问："小叫天，今天误差了吧？你如实跟我说说什么原因？"虽说谭鑫培前次误卯，太后不罚反赏，但今天却不敢奢望老佛爷再度开恩。于是，他不敢撒谎，只能实话实说，什么结局，只好听天由命。"奴才蒙老佛爷天高地厚之恩，粉身报答都来不及，怎敢误差呢。奴才昨晚实与那相国论戏太晚，疲倦中却被黄粱困扰，不觉一觉睡过了头，这才迟到，万望老佛爷恕罪！"因梨园约定俗成的规矩，台前不言"更"，台后不言"梦"，均以"金"代"更"，以"黄粱"代"梦"。所以，谭鑫培才把为梦所扰说成是被黄粱扰。见谭鑫培说得诚实，又深为理解他平日为戏而繁忙，慈禧即从内心里原谅了他，她对李莲英说："小叫天是为戏而累，并非有意误卯，且能诚实相告。今天就免除责罚，同样给赏。"李莲英忙答"嗻"。至此，一场危机即去，谭鑫培顿感如释重负。谭鑫培几次误卯，却都能化险为夷，实在是宫中的特例，没有人说得清楚慈禧的心理。

慈禧掌管晚清政权，似如老太太掌管家务，一心图得个平安吉祥别出大事，她无力拯救国难当头和平息朝政紊乱的政治危局，则醉心于书画（她曾专门聘请过画师和书法家亲授其技，且有所成就，在当时的朝廷中，不乏有人在投其所好中有意向她讨要作品或收藏）与戏曲爱好，企图借沉醉娱乐来麻醉自己。在半个世纪的寡居日子和政治图谋的裹挟之下，她既无武则天的政治胆略，又无内养男宠的不惧，她像一根被磁场扰乱方向的指南钟一样，失去了自己的准心，唯有比咸丰皇帝还疯狂地醉生梦死于戏曲之中。这样一来，无意中看出了京剧的百年辉煌，而大清江山却在她的人生戏场中悲情落幕。

慈禧喜欢京剧，并非完全出于政治麻痹的需要，还有由衷的爱好。尤其是听了谭鑫培的京剧，那种柔美的韵味，使她止不住地陶醉其中。心灵的滋润使其产生无穷的向往，久而久之便如吸大烟一样，渐渐在入迷中上瘾，几天不听真还像欠缺一点什么。于是"无谭不欢"

便成了慈禧内心的一份真实独白。所以，谭鑫培每每遇难呈祥，便不足为怪了。再说还有一个李莲英，为了向谭鑫培学戏取悦慈禧，只要在不危害自身的情况下，他也愿以自己的那份精明为谭鑫培周旋，以积攒向谭鑫培讨教戏曲之艺的筹码。李莲英的这种心计正中谭鑫培下怀，在面对一个无常的慈禧太后时，谭鑫培确实需要外援相助以化解风雨。对谭鑫培个人而言，一个"好坏李莲英"，好则往往多于坏。

伶界恩遇第一人

慈禧对谭鑫培的演出十分欣赏，大有"无谭不欢"之感，内廷演戏太后每次必赏。宫廷赏赐且分为"大赏"和"二赏"，鑫培每次必受大赏。在太监按令赏赐之后，慈禧常常将金培再叫到跟前，另行加封。谭鑫培的二儿子谭嘉瑞，时常随侍内廷差应拉胡琴，还有跟随父亲出演的谭小培，戏后也一同受赏。

慈禧一日传差，点谭鑫培和杨小楼合演一出《连营寨》（慈禧晚年最爱《连营寨》，频频点唱一解其渴）。演后，当时，天还下着雨，于是传旨，命二人便衣入叩而赏。他二人竟穿着凉帽长衫雨靴，随中官上谒，得赏后即将长衣兜着叩头谢恩而退。杨小楼下台阶时，一不小心滑而扑地，赏银亦抛散一地。谭鑫培笑着调侃说："老佛爷的赏赐，你擎受得住么？"杨小楼不好意思地羞红了脸，年老的谭鑫培也忙蹲下帮小楼捡拾赏银。

1900 年 8 月 3 日，进攻北京的八国联军从天津出发，8 月 14 日攻陷北京，给中国人民带来了深重的灾难。联军所到之处，杀人放火、奸淫抢劫，无数村镇沦为废墟，北京一片残垣断壁！慈禧却挟光绪皇帝仓皇出逃西安，在签订了丧权辱国的《辛丑条约》后，于 1902 年回到北京。

慈禧回到北京不久，接见大臣与供奉伶人时，却未见谭鑫培即问情由，谭小培即跪于丹墀代父回话："家父染病，故委小培代接。"其时，谭鑫培刚刚结束第三次赴沪近半年的演出，实感身体疲惫而未进宫。慈禧让谭小培转告其父用心休养，以早日进宫演出。

转眼一个多月过去了，谭鑫培仍未见入宫，慈禧便有点上火，她对李莲英说："叫天儿的病真的还没痊愈吗？为何还不来请安！似这等毫无心肝之人，就该把他捉来见我！"

李莲英领命，眼睛滴溜溜地一转，即私下与管理太监议论："老佛爷一时动怒，下令捕捉叫天来宫。平日叫天最有佛缘，人又机灵，万一捕来后，老佛爷怒气难消，我等反落不是。我想最好婉言相劝叫天入宫请安为妥，也不要为难而得罪他。"谭鑫培听了太监相告，马上叫儿子背着自己入宫见驾。慈禧当面责问："国家经此变故，我以为再也见不到你们了。今有幸銮舆重返，尚念念不忘尔等，几乎天天询问。现在我回宫已有月余，你竟然从未进宫问安，岂不是太无心肝了吗？"

谭鑫培无言以对，唯有低头落泪。

慈禧命谭鑫培抬头。他微微抬起头来，慈禧这才看清楚，谭鑫培满面病容而憔悴，不禁一惊，恻隐之心顿起，声音也缓和了许多："小叫天，你怎么一病如此？"

谭鑫培哭奏："两宫蒙尘后，我朝夕思虑，深怕不得重睹天颜，所以忧虑成疾。"

慈禧听了谭鑫培随机应变的表白，并未多想，即下安慰道："我不许你死！今后你尚需尽力当差，让我再多享乐几年，一定要尽快给我好起来！"即令左右取出几十粒新配制的极为贵重的皇家御用丸药，嘱回家服用，好好调养。

有一次，慈禧太后召伶人训话、赐赏后，谭鑫培、杨小楼、王瑶卿、王桂官等尚未离开，慈禧忽然随口说："我数日以来，精神疲败，未知当食何物，以资补养？"有一个伶人似乎未假思索地大声答道："应食茶膏。"在场伶人闻言，不由得大吃一惊，因为茶膏性烈，吃了必然腹泻，这还得了。见慈禧一时还未反应过来，谭鑫培急中生智忙圆其说："茶膏，即普洱茶是也。"此话一出，无形中化解了一场危机。大家深感谭鑫培机灵智巧，暗暗对他投去赞许的目光。常能帮人化解危机，也是谭鑫培深得慈禧喜爱和大家拥戴的原因之一。

那次为光绪庆寿，慈禧却故意点了一出《连营寨》即《造白袍》。

为备演这出戏，慈禧特意命人在江南制作了全套新行头，有谭鑫培饰刘备穿的白缎金边黑龙图案的男蟒，有杨小楼饰赵云穿的白缎金边绣黑鳞纹花蝶男靠，以及各种旗帜、桌围、椅帔，蜀军将士所穿的开氅、箭衣、背心等，清一色的白缎金边绣黑色图案。

寿诞之日，上演一出近乎全白的、悲情四溢的哭灵戏，按说很不合适。其实，慈禧早对光绪支持康有为、梁启超推动新政恨之入骨，才故意安排这样一出满堂白的哭灵戏。

慈禧让所有上场的人，不论是谁，只要是刘备这边的，一律穿白！连帐子、桌围、椅帔、灯笼、蜡烛全是白的。满台没有别色，一片素白，跟办丧事一样。难怪有人说："这哪是听戏呢，完全是自己给自己办白事嘛！"

谭鑫培不敢当面向慈禧谏言，在演出《连营寨》火烧连营时，趁刘备跌倒（翻吊毛）之机，故意让额角触地，顿见鲜血流出，接着表演刘备近乎昏厥的神态。谭鑫培想借表演剧中人，"戏谏"慈禧，宽宥光绪。

慈禧亦领会谭鑫培的用心，但不为所动。散戏后，她还夸谭鑫培演得好，赏银二百两，供谭养伤。假如换了别人如此违拗慈禧的旨意，不但不会得到赏银，也许还会因此获罪。

谭鑫培因与慈禧的关系，并不太讨光绪皇帝喜欢。但一身正气的谭鑫培，对朝廷的腐朽深为不满，暗地里支持维新变法，他与康有为、梁启超常有往来，特别与梁启超交往甚密。否则，就不会有"四海一人谭鑫培，声震廿纪轰如雷。如今老矣偶玩世，尚有俊响吹尘埃。菰雨芦风晚来急，五湖深处家烟笠。何限人间买丝人，枉向场中费歌泣"这首诗出台。

慈禧与光绪结怨颇深，看京剧时，慈禧端坐后堂，却让光绪侍立在一旁，刘赶三对此甚为不平。有一次，刘赶三为慈禧演《十八扯》，即从中加了几句念白说："别瞧我是假皇帝，还有个座儿，那真皇帝却连个座儿也没有。"慈禧听了很生气，却也无可奈何。一是因为戏名为《十八扯》，二为刘赶三原本就以现场抓词而著称，那几句词且又与剧情相关联。于是，以后再看戏时，慈禧便给光绪也赐了座。

晚清时，鼻烟盛行一时，王公大臣、商贩大贾，莫不以好此为荣。外来上品，每两售价竟达数百银。而鼻烟壶亦有稀世珍品，每只价值数千两者不等。谭鑫培亦好此物，除历来内廷承值和慈禧所赐之外，在观音寺青云阁东首，有一家招牌裕兴的鼻烟铺，谭鑫培是其常客……据闻天津名票王君直，初次相见谭鑫培时，即赠以价值三千余金的鼻烟及鼻烟壶为进见礼，投其所好。

鸦片进入中国以后，美其名曰为福寿膏，因吸食时确具提神醒脑的功效，当时上自王公大臣，下至贩夫走卒，无不身受其害。谭鑫培中年即染上此物，且深不能拔，直至终生相伴……谭鑫培所用的烟土，除了来自内廷承差慈禧赏赐的上品之外，平日所食，亦非广土（印度产，基本来自广东）则不过瘾。他所用的烟具，如胶州灯、广东枪、张拌杆子等，均为上等优质品……

古今名伶就数谭鑫培的派头大，饮食起居和家中的一切设备，都极为考究。即使私下穿的衣服，也极力模仿贝子、贝勒等装束，四季的衣服全按单、夹、皮、棉一定的套数次序，逐日更换。白袜、套云鞋、缎袍、漳绒马褂、瓜皮小帽上镶着珠玉宝石，手拿鼻烟壶，腰间系着荷包汉玉，出门时向跨辕的骡车上一坐，的确很有风度。他的家中，每日来来往往的都是些达官贵人、贝子、贝勒等。同行中人瞧他的举动豪阔，俨如贝子、贝勒的势派。所以，谭贝勒这个称呼一时遍及戏剧界。

庚子之役两宫回銮后，朝政革新力行禁烟，犯者则处以重刑。谭鑫培因烟瘾至深，自认不能戒掉。那一天宫中传差，谭鑫培却请病假未至。慈禧问李莲英，谭金培所得何症哎？宫监急忙回奏，他在响应朝廷号召戒烟，精神萎靡不振，暂时不能前来唱戏。慈禧闻奏一时有些不悦，因她确实喜爱听谭鑫培的戏，天天听而不腻，偶尔三两天不见，必向李莲英查问或提起，常常是临时传差演唱。今天见谭鑫培没来，似乎心中犯缺。于是对身边回奏的太监说："他一个唱戏的，也不管理国家大事，抽点烟有什么关系，传他抽足了进来吧。"并命内务府传话各地方官，以后谭鑫培抽烟，不得干预。如此身在大烟戒令之外，谭鑫培是为举国第一人。谭鑫培对太后下旨准他抽烟一事，心存万分感激。是日进宫，由衷地叩头谢恩！慈禧即赏大土五只。自此以后，大家即称谭鑫培为奉旨抽烟，无论何人都不敢干预。

值庚子变后，慈禧回銮，纵情声色，谭鑫培成了内廷大红大紫的供奉。慈禧既宠幸他，王公大臣当然争相效仿，大家都热衷于捧起谭鑫培来。至于一般王公大臣的门下走卒，则更唯王公大臣马首是瞻，不敢不随声附和。甚至于有很多小官们，以巴结谭鑫培博得上司的欢心，以趋附谭鑫培博得同僚百官的羡慕。于是，谭鑫培便钟鼓在堂，声名在外了。

红墙内外

南府精忠庙

　　"南府"，位于北京南长街南口路西，紧邻西苑（现中南海）东墙，清朝顺治初年，为皇宫内廷专职于奏乐和演剧的机构，基本沿用了明代教坊司与钟鼓司旧制。雍正年间，即将教坊司改为和声署，至乾隆初期，更名为"南府"。南长街南口的路西片，在明代是为一大灰池，池中泡有稻草，堆积许多石灰炉渣，形状好似一头卧着的大象，因而得名"象山"。清初，宫廷对象山进行环境美化，尔后遂命名为"南花园"。乾隆皇帝喜爱戏剧，他对唐明皇开创梨园颇为向往与崇尚，遂将一帮"内学"太监，归拢于南花园内，命其练功学戏，以供宫廷演出需要，由内务府全面负责该项事务的管辖与调度。当时的内务府衙门，位于西华门以北，有些内务府大臣及堂郎中，时常来南花园署理公务。于是，宫廷内一干人等，便将这里视为内务府的分府。为了有别于设置在北边的内务府，南花园被正式称作"南府"。

道光七年，南府易名升平署。升平署，照例主持宫廷演出，却额外增加了召选宫外人进宫当差或教习宫内太监演戏的新鲜职能。这些被召选进宫当差的艺人，被宫里唤着内廷供奉。作为一项来自官方的荣誉，这个头衔自然对戏曲艺人有着莫大的吸引力。虽说那时的戏曲艺人依然被社会轻视，但得到朝廷任用，似乎拥有了一张隐秘的政治底牌，令很多伶人向往。

咸丰十年，升平署应召挑选民籍伶人进宫出演，历经三次，共选入43人。虽说宫廷奢华高贵，名伶的演出风采足可赢得帝王将相们在娱乐消遣中鼓掌喝彩，但其社会地位仍是在下九流的底层。为此，六月初六，在圆明园同乐园戏台为咸丰万寿大汇演之后，愿意继续留在宫里当差的只有35人，余者自动退出宫廷，依然事演于民间，并不为宫廷的繁华所迷。

南府戏台为两层，所以，也叫南府戏楼，建于乾隆年间，是南府宫廷剧团排戏和演出的基本戏台。南府和景山最兴旺的时候是乾隆时期。当时，宫廷演戏非常繁忙，何时"月令承应"、何时"庆典承应"，已成为宫廷演戏制度的重要组成部分。南府的构成和管理人员的品级，各个时期均有不同。

道光之后即位的咸丰皇帝，对戏曲有着特殊的兴趣，这一嗜好很快就被周围的太监们看在眼里。善于体察圣意的他们，陈述种种理由不断进言，请求挑选民间优秀伶人入宫，充实宫廷剧团演出。咸丰六年和七年，升平署开始受命从民间挑选"随手"和"筋斗人"进宫，这一行动意味着，清廷已经决定着手重建新的宫廷演戏制度。

宫里演戏，事先由升平署工楷缮写进呈皇太后和皇帝阅览的"安殿戏单"，上书演出地点、日期、开戏时间、剧目及主要演员姓名，在姓名上还得注有"外""府"（升平署太监、民籍教习和学生）、"本"（太监业余演员）。后台有一块带座的插牌放在桌上，用墨笔照抄安殿戏单，只须写上演员的一个姓即可。比如谭鑫培的《卖马》只写一个谭字，戏一演完，牌上的字即被擦掉。安殿戏单一律由升平署归档。升平署的太监权力很大，如果要求换戏，必须请示他们批准。所以，一般成为内廷供奉的演员，没有一个敢马虎应付他们，有时还要有所恭敬。

升平署旧址珍藏的剧本、档案、戏衣、道具、剧照等，保存在故宫博物院内。升平署旧址，包括今北京六中和二十八中校舍。升平署戏楼和院落是保存较好的一组建筑物，建筑面积约 200 平方米。这座戏楼院为一组四合院，内有北向戏楼一座，四合院北房前出轩，适合观赏演出，为北京市重点保护文物。

在清代升平署的档案里，保存有很多"供奉"演员应演的戏目，这些戏目都用黄宣纸楷书抄录，呈进慈禧太后，备她随时点戏之用。戏折上不仅写上戏名，还要注明演唱全程所需的时间。因为慈禧看戏非常认真，在殿上摆着戏本，注明时刻，为防备艺人偷懒，唱的不够时刻就要受罚。在升平署里还存有许多剧本、戏词，均称为"安殿本"。用白皮纸书写，外面用黄纸作为封面、封底，封面上贴着红纸签，写着戏名。每天唱哪几出戏，就把哪几出戏的戏词本子，放在宫殿上，预备慈禧太后随时翻看。慈禧经常对着唱词听戏，不许有唱错念错的地方。安殿本戏词有两种，一种是慈禧早年用的，尺寸小，字也小，宽窄相当于现在的稿纸；另一种是供她年老眼花后用的，尺寸加宽，字也大了许多。

　　升平署的上司为管理精忠庙事务衙门，这个衙门是内务府所辖司监之一，设郎中（堂郎中）一员主管其事。精忠庙的设立始于明朝，开始修建的精忠庙位于祭祀岳飞的大殿旁，起初建筑了一座天喜宫，里面供奉着喜神庙祖师爷的圣像，每年祭祀。到了明末或者清初，梨园行会（梨园公会）成立，各梨园会馆或梨园会所，地点就设在这座精忠庙旁的喜神庙内，所以，精忠庙又是梨园行会的别称。

　　精忠庙首并无事务决定权，它只为一个中间环节。内务府将一些事务性的事情交给精忠庙首代为联络与疏导，一旦戏班出了问题，内务府则可追究，由精忠庙首担责。内务府对于那些杂七杂八或棘手的事情，均交由精忠庙首代管，自己倒落得轻松神气。如此说，精忠庙基本属于代清廷管理行业行规的事务性组织。

比如戏班子内或戏班子之间发生纠纷，班内或者戏班之间不能自我调节和处理的时候，均上报到精忠庙首那里，精忠庙首履行的职责是：判断是非，罚香（在祖师爷前焚烧）几何，罚钱多少，一直到辞退，革出梨园永不录用等项处理……所以，精忠庙首必须公正无私且有威望才能胜任。如果遇到精忠庙首也解决不了的事情，就得呈报堂郎中，如果到了这一地步，事情可就闹大了。

升平署内演员，由太监充任的称为"内学"；"外学"则指民间戏班的职业演员，统称为"内廷供奉"。宫中演戏由升平署通知精忠庙首，转知"外学"演员进宫承差。

精忠庙是戏曲（京剧）艺人的群众性行业组织，精忠庙的首领称为"庙首"，由京剧界有威望的人充任，程长庚、谭鑫培都曾担任过庙首。"外学"演员进宫当差，出入宫廷均以腰牌为通行证。"内廷供奉"多为民间艺人之杰出者，如谭鑫培、王瑶卿、杨小楼等，颇受皇家重视。

升平署腰牌为木质，两面皆有火烙印，正面文字为"腰牌"（横排）、"内务府颁发"（竖排），最下边所印为满文文字；背面有竖排文字两列，右列为"升平署"，左列为"光绪二十五年制造"，上书艺人姓名。当年的"内廷供奉"们，都得将木牌随带于身，否则就不能进入宫内。

那相下跪

　　堂会二字，除了堂会戏之外，还有两种解法：一是出于过去御史衙门的团拜会，全衙门的堂官司官均集于一堂，好像是衙门堂上之会，所以叫做堂会。二是一众人等聚集在饭庄，饭庄之名都叫某某堂，所以叫做堂会。不管哪一种解法，意思都是"带有庆贺意味的聚会"，因堂会而演戏，就是堂会戏，堂会戏后来也简称为堂会。后来，同年、同乡团拜演戏、私人庆贺演戏也都叫做堂会了。

　　演堂会戏必须要邀请一个戏班子，还得聘请一个"戏提调"，代

为协调办理剧务安排与人员联络。凡戏班子都希望演堂会，因为堂会
大多收入丰厚，一般均为戏份（伶人每日演戏的报酬）的加倍。名伶
如果应邀演"双出"（两出）就得再加一倍，如博得主人高兴还会给
予特殊赏赐，那就更加丰富了。所以，堂会演出大家都很卖力气。

比如晚清金鱼胡同中的那家花园，那中堂（那桐，字琴轩）家就
搭有自家的戏台。如果没有院子和戏台你又想办堂会，就得租饭庄、
租会馆、租戏园子，那当然都得付费。那家花园戏台，是一个较为理
想而又彰显气派的堂会之所。无论是那家自办，还是被人租用，这儿
都是北京城里一处使用频率极高而热闹非凡的堂会场所。而那相国也
是被聘级别最高而又最紧俏的戏提调，他乐意让时光穿梭与流淌于戏
曲之中。

那天夜里，庆王府里灯红酒绿奇馔连陈，前来恭贺的大多是一
些社稷之臣，想请的人都来了，他特别高兴，真是人人拱手，处处言
谢，一片欢声笑语，好不热闹。

前几天，庆亲王就开始谋划，他的姨太太寿辰即到，该给她办
一场盛大的宴会，请几个名角来唱一唱，风光风光，他最想请的人当
然是谭鑫培。庆亲王是个极精明的人，首选谭鑫培，一为老佛爷青
睐，二为观众都捧他，一人登台，大家鼓掌，真是一件美事。尤其是
自己喜欢谭派的演唱，听得受用、过瘾，这点他与恭亲王不同。恭亲
王说谭唱得没有汪亮，他喜欢在汪的高声大嗓中让自己淋漓酣畅。庆
亲王则恰恰相反，他赞成刚中有柔，否则容易弯折。谭鑫培的唱腔柔

中宽厚，可直可曲，迂回进退，任我天地，韵味十足。这也和做人或为官一样，太刚了，一时高山之顶，瞬即一败涂地，历史上的教训太多了。他越想越该邀谭鑫培，于是，请那提调出面，谭鑫培准来。

那天堂会时，正当庆亲王在迎客之暇自韵谭鑫培的演唱时，忽有一位官员带着轻细的脚步走到庆王跟前，低声报告说："鑫老来了！"真是想曹操曹操就到。庆王立刻快步走到门口相迎，在座百官忙跟着一同起身外出。庆王一手拉着谭鑫培不放，两人齐步进屋，累得文武百官侍立，不敢越前一步。庆王自把谭鑫培带到抽大烟的屋子里，用民间不易见到的阔绰烟具来招待他，让他抽个十足，这才陪他出来和文武百官品茗谈天。庆王说："鑫老来了，我今天很有面子，大家都来了，我很感激！但请鑫老再赏一个面子，今晚唱个连台，以使各位尽兴如何？"大家都热烈鼓掌。谭鑫培却说："这原本是件不难之事。不巧的是，我患病初愈，恐怕不便遵命！即便是军机大臣下令也难成命，除非那提调下求，面子碍住了，我就不顾性命地唱他两出。"谭鑫培这话，不过是极力推脱之词，不好驳王爷的面子，借那相国来做做挡箭牌。万没想到的是，话音未落，只见一位朝衣朝冠的人，真的扑通一声跪在他面前！你道是谁？敢情正是军机大臣那桐！众人见此场面，竟然一时屏住呼吸，惊呼不敢，鼓掌也不是。谭鑫培见状，不觉顿生惶恐，慌忙躬身双手将那桐扶起说："您这真是折煞我了，大人请起，即使是老命不要，我唱就是。"那相国讥讽而答："我还不晓得你的鬼心眼，将我当挡箭牌，你量我不会跪下是吧？我

偏不上你的当。"谭鑫培一脸的愧色，真不敢再开玩笑了。他摸了膜
自己的后颈窝，似乎摸到一手的冰凉。那桐接着说："你今天欠我一
笔账，我得给你记着，改天还是拿戏来还吧。"话到此时，谭鑫培这
才有了转圜的余地，在扶起那桐的时候不住地点头回答："大人说了
算，我只会唱个戏，你要什么时候唱就什么时候唱。想唱什么就点什
么。"满场的人这时才发出笑声，大家期待那相国收账的那天，好再
去赶一场。

　　还有一天，那相国派人去大外廊营传话，约谭鑫培到金鱼胡同
谈话，并令其套车速往。谭鑫培由来人直接引进府宅，径直走向那相
国的书房。只见他独坐书斋，看谭鑫培进来，满脸的期待与喜悦，并
热情地给谭鑫培叫座。他将座位往谭鑫培跟前挪了挪，促膝谈及庆王
爷家又谋划举办堂会的事，再三嘱咐谭鑫培务必多多卖力，因庆王爷
已封他为戏提调。

　　那天安排同台演出的有：汪大头的《文昭关》，余玉琴的《能仁
寺》，路三宝的《双钉计》，志俞的《挑滑车》，孙菊仙、陈德霖的《珠
砂痣》《卖子》，以三宝云饰老旦。谭鑫培则演《定军山》，贾狗子饰
严欢、黄谢爷饰夏侯渊。那相国把戏单递给谭鑫培，谭当即点头应
允："一切以相国为是，我遵命就是了。"那相国高兴地说："不要谦虚，
你只管卖力唱演就是，一定要顾及我的面子哟！切莫忘了，你还差我
一笔账，莫赖啊。"

　　第二天晚上，各剧依次上演。等《定军山》落幕时，庆王及一众

来宾、王公贵人等，大有意犹未尽之感，又想请谭再演一出，却不好启齿，于是，杨吏部笑着说："此事并不难，只要琴轩相国开口，一定话出即行！"于是，大家一同将央求的目光投向了那相。因受这么多人抬举，那琴轩面热心也热，虽说知道有难处，但他相信与谭的交往，应该会赏脸，即使不成也得去，不然于大家这里就过不去了。于是，他起身向大家拱手说："承蒙诸位高抬，我去说说试试。"他快步走进烟房，笑对谭鑫培说："鑫培，你方才真受累了！手眼身法步，样样全好，各位大人，没有一位不佩服的。但本家王爷还不足兴，戏瘾还没过足，面子上的事。请你再演一出，怎么样？"谭鑫培笑道："那相大人，鑫培怎敢不遵您的命呢，再说我还差您的账，总是要还的。只是明天颐和园听鹂馆的戏，是为吃紧，倘若误了差事，我可担待不起！你说呢？"那相国笑道："那不要紧，明天说明天的，今儿个说今儿个的，你还得多受点累。拴子、百岁都在这里，再烦烦秀山。老谭哪，你干脆再来一出《打棍出箱》吧！"鑫培道："嚯！我的大人，你倒真会想戏呀！我可真得走啦！按理可不敢驳您的命令，这回可不成了。"谭鑫培故意口头过瘾，其实，那琴轩早知道事情到位了。在谭鑫培心中，那琴轩原本有位又有情，特别是那次下跪之后，他再不敢激言这位不顾世俗约束的相国了。

那天，谭鑫培的《打棍出箱》一戏谢幕，由后台再演一出《小赐福》送客。谭鑫培洗完脸，卸完装，由那相国陪同至书房吸鸦片，即有下人送上香茶，各种精细小巧点心，还有各样干鲜果品等。谭鑫培忙向大家谢过，遂即躺下吸烟，自有烟童伺候（谭本来烟瘾就大，几出下来更是疲惫袭身，只要大烟一抽，他就浑身来劲，犹如醉走景阳岗的武松一样）。吸完烟，谭鑫培顿觉精神焕发，欣然坐起，一边吃茶，一边聊天。谈到秦腔梆子班，谭鑫培颇动声色地对那相说："像卖斗的穿生工夫，那真是了不得。还有人家旦角的跷工，真叫绝挡子。现在也只有玉珊、玉琴、文英跟小桂凤跷工还可以，究竟还不如灵芝草。他们的跷工，真稳、真磊落，我可不是嘴上说的。"那相笑说："对的很！我可问问你，跷工是由哪一年兴起的？"谭鑫培道："要问由哪一年兴起的，我可真的说不上来，反正是人家梆子班里先有的。"那相问："何以见得呢？"谭鑫培答道："我听说山西某地方，最讲究妇人缠足，脚以越小越美，并且某些地方还有亮脚会。如有人论评她的脚是如何的尖且周正窄小，妇人必大喜，每跷其足以示，不胜荣耀。由于人们都爱看小脚，便始创兴衰、高低，木质的托板，以小脚穿凤头鞋，一时遂为旦角不可少的技能。"那相道："二黄班的踩跷，是否也学秦腔？"谭道："我想大概是学了吧？"话至此，庆王接口道："鑫培你说：踩跷一门，现在很受重视，但是演戏时，亦有错误吧？"谭鑫培笑道："王爷说的是，当然有错。梆子班唱海景珠，崔子之妻踩跷，我想想不对，春秋列国，还没有时兴小脚，崔子之妻怎么会是小脚呢？再者，二黄武旦戏的《取金陵》，我们考据过起源，本是元朝的公主，蒙古姑娘又怎么会是小脚呢？她绝对是大脚片子，也不当踩跷。这与《夺太仓》不同，张虬的女儿，他们是汉族，可以是小脚，踩跷可说对。这还有朝代可考的玩笑，如一匹布顶砖、背凳、小过年等等，则要求一律踩跷，类似如邯郸学步，有失原有精彩。"杨大人说："开始你们谈了半天，我可没答腔儿，我再来问问谭老板，那么杨贵妃的那出醉酒，你说应不应当踩跷呢？"谭鑫培笑道："大人请想，贵妃原本是小脚嘛。"杨大人道："怎会知道呢？"谭道："贵妃死后，马嵬坡老妇将其雀头履藏之，雀头是尖的，以此证明是小脚。月月红演过，的确是踩跷的，你不信问问玉珊。他唱这出，也踩过跷，玉琴也是这样，我想是对的。不知大人以为如何？"杨大人拍手说道："你倒真有说劲儿。我再问问你诸葛亮道装，可穿靴子。借东风又换了鞋，岂不奇怪。再有《打渔杀家》的萧恩，究竟是穿靴子还穿鞋呢？"谭鑫培道："孔明先是丞相，自然该穿官靴。因生性淡泊，所以穿道装。借东风应光脚，代表赤身以神。萧恩则应穿鱼鳞大掖把洒鞋，打绷腿，似不应穿靴子。至杀家时，可以穿，因要杀人，必须紧趁磊落，又为练家子，必有紧统骁靴，此理亦无不通。"大家听后都点头称是。

庆王爷向谭鑫培说："得了，得了，光顾聊天啦！该吃点喝点啦。"遂传人赶紧送来鸡丝挂面、卧果等。大家过足了戏瘾，又尽了谈兴，更是吃饱喝好，便一齐起身告辞，各自乘坐菊花青骡车回家安歇，自是一夜好睡。

中西文化观

　　谭鑫培发音凝练，口齿犀利，十分讲究气口，很受人欢迎。多年的舞台历练，他在实践中改革增添了不少新腔。为了迎合听众心理，他吸收多种唱法，经过加工提炼，融入老生唱腔，使老生行腔使调多样化。他不仅使散板更加曲折变化，即使是原板和慢板，也可得到更新的施展。过去的老生腔调，都以嗓音响亮高耸入云为贵，而谭鑫培的唱腔，着重有放有收，特别讲究韵味醇厚，使听者感到津津有味，余味无穷。他更善于表演，以出神入化的情感来刻画剧中人的内心表演，有声有色使人陶醉。

谭鑫培对戏剧人物的性格，体会得很深，能从唱腔中全真地表达出剧中人的思想和情感，给听众带来深刻的精神感染。光绪年间，英国人组织了一个由导演、作曲家、演员和歌唱家组成的艺术团来京访问，专为考察和了解中国的民族戏曲艺术。当时，慈禧特下一道懿旨，让谭鑫培参加会见。来访的英国戏剧家们，在来中国之前便了解到谭鑫培在京剧界的崇高声望，当场要求他表演一段。慈禧听后很高兴，觉得英国人喜爱中国京剧还挺有眼光，单挑了谭鑫培，当即应允。一为客人，二为奉旨，谭鑫培都不能不唱。只是语言障碍，怕是难以收到艺术传神的效果。于是，他精心挑选了《乌盆记》中的一段反二黄，当场给外国的艺术家们表演清唱。其实，英国人根本听不懂中文，却一个个都凝心聚神地倾听，好像有点入情的样子。当他们听完之后，中国的翻译好奇地询问他们，是否对剧情有所解读。其中一个英国客人则回答说："虽然我不懂中文，但从他的唱腔中，我听出好像是一个幽灵的哭泣和哀叹。"大家对此非常惊讶，这些从没听过京剧的英国客人，既没看过翻译文本，更没人事前提示，他们居然能在这段反二黄中听出"像一个幽灵的哭泣和哀叹"来。翻译笑着对客人们点点头说："你们领会得很精准，刚才谭大师演唱的这一段，正是表演一个幽灵在哭诉自己被害的经过。"由此不仅凸显了英国艺术家们听觉审美的水准，更体现出谭鑫培唱腔传情达意的无穷魅力，才能使戏曲表演展示跨越不同语言的绝妙神髓。

声乐和表演，属于全人类的艺术，它能穿透语言的隔膜，由声波弹击心灵的簧片，发出像山谷中回响般的共鸣，达到传播与吸收的理想效应。特别是由谭鑫培这样的艺术家来表演，一声一韵都以心传神，哪怕是一丝微妙的变化都能传情达意，在艺术家们的彼此交流中，惊人的心灵感应，并非猜测或偶然。

提起慈禧太后，人们往往把她看做中国传统、守旧势力的代表。描绘成为一个完全排斥西方文化、技术，狂妄独裁的顽固派。其实并不尽然，慈禧对于西方文化、技术的看法并非一成不变。假如当时的中国并非处在积贫积弱中，不受外夷的枪炮奴役而让人生恨，当权的慈禧也许就是一个乐意打开国门，在传播中华文明中去吸收各种文化精髓的开拓者。因为从她的生活与喜好中，除开一份政权守旧的坚守外，无时无刻都能体察出她对新鲜事物的浓厚兴趣，特别是对京剧艺术的钟爱和大胆打破朝廷旧制，更能看出她改革思想的潜在意识。

慈禧跟当时广大的中国人一样，的确怀有仇洋之心，她体验了第二次鸦片战争英法联军进攻北京时横行践踏的一幕，目睹了圆明园被侵略者付之一炬的惨景。侵略者使大清帝国日趋衰亡，洋人使她的统治险象环生，岌岌可危，更使中国人的尊严遭到践踏，她从骨子里感到火灼般的疼痛。就连她要处置恭亲王奕䜣，洋人都处处干涉，怎能不使她愤恨和仇洋呢？她有一句名言："予四十年来忍辱含垢，卧薪尝胆，以谋报复，如越王之心，未尝一日忘之；现在全国一心，敌忾同仇，必能战胜无疑矣？今日衅开自彼，国亡在目前，若竟拱手让之，我死无面目见列圣，一战而亡不是更好吗？"

仇恨归仇恨，但西方毕竟有许多先进的东西，该学习的还要学习。她也曾说过："致西人政事中，亦有吾所欣羡者，如其海陆军与机械之类。惟论其文化，吾必谓中国实居首选。"慈禧虽然认为中国文化当居世界第一，却也认识到中国海陆军与机械不如外国，无疑是观念上的进步。

慈禧对西方的衣着、化妆品之类由厌恶转而欣赏。从前，她的化妆品全属中国产品，有些还为她亲手调制。自从德龄入宫后，慈禧对西人化妆品有了一些了解，逐渐产生兴趣，所以，当德龄向她推荐法国染发膏时，她欣然同意，并在得到之后即使用。尝到甜头后，慈禧大加赞赏，从此，国外化妆品打破了国货在皇宫中的垄断地位。

因为接见英国人时谭鑫培的一段唱腔当场感染了英国人，慈禧感到无比的愉悦，这么多年来，外国人总是高人一等地俯视我炎黄子孙，谭鑫培的一出京剧终让我中国人扬眉吐气了一回，让那些趾高气扬的外国人感受到了中国京剧艺术博大精深的魅力。她似乎感到一份长久未遇的酣畅，更加深了对谭鑫培的喜爱，甚至于内在地感谢他为自己找回了一分自豪与得意。于是，立传李莲英，务必今天给她安排一场小叫天的戏，她要在畅音阁好好地享受一下，以便当面重赏谭鑫培。

慈禧酷爱京剧，她不仅直接推动了宫廷演戏的繁盛局面，而且促成了清代第二次宫廷和民间的戏曲高潮。东太后慈安在世时，慈禧对于娱乐的要求不得不有所收敛。慈安，清代咸丰皇帝之妻，是为东宫娘娘。咸丰帝死后不久，慈禧与恭亲王奕䜣定计，发动祺祥政变，处死了肃顺等人，夺取了清王朝的最高权力。表面上，慈安与慈禧两宫太后以姐妹相称，共同垂帘听政，执掌国家的最高权力。可是到了1881 年 4 月 8 日，年仅 45 岁，比慈禧尚小两岁的慈安太后突然暴毙宫中，清廷的垂帘听政，从此由原来的两宫并列，一下子变成了慈禧一人独裁。对于慈安太后的突然死亡，至今均有种种怀疑与猜测，成了二百多年清宫史上的一大疑案。慈安太后与慈禧太后的个性迥然不同，她为人沉稳安静，墨守成规，深受国民爱戴。但她并不太涉身娱乐，对慈禧过分沉迷戏曲颇有微词。

东太后慈安死后，意味着慈禧从此可以令行禁止，再也不必心存顾忌。因此，她当年 6 月 12 日就毫不掩饰且迫不及待地下令，在漱芳斋点戏，连演 10 个小时，庆祝自己成为普天之下、天子之上、唯一的皇太后。这一年的 10 月 10 日，她为自己过生日也开始肆无忌惮。从十月初二就开始演戏，过足了大臣献戏，恭祝自己万寿无疆的帝王瘾。

慈禧太后和谭鑫培因戏曲艺术而结缘颇深，实为一部精彩的近代传奇。

晚清的政局与戏曲

在腐朽没落的清朝末期，国家确为多事之秋，先遇太平天国起义的烽火，后遭八国联军的武装进犯，真正的内忧外患。焦头烂额的清政府，在镇压了太平天国起义之后，面对外国列强，唯有在丧权辱国中割让土地和赔款，使中华民族蒙受巨大的耻辱和伤害。但从咸丰帝到慈禧太后，置国计民生于不顾，依然沉迷在戏曲的享乐中，在国家和民族的灾难沉痛中催化了京剧的诞生与发展。国家不幸戏家幸，这也真是具有讽刺意味！这一时期的京剧艺术迎来了前所未有的高潮期，谭鑫培也成了中国戏曲的幸运儿。

导致太平天国起义的最主要因素是封建主义与人民大众之间矛盾的激化。当时，外国资本主义侵略势力，仅仅局限于东南沿海地区，尚未深入到中国内地，农民阶级与列强侵略正面的冲突并不大。他们直接感受到的是腐败朝廷及地方贪官污吏和土豪劣绅的压迫剥削。于是，在反抗与求生中拿起了枪杆，矛头直指满清政府。当洪秀全领兵势如破竹地从广西打到天津时，清政府感到惶恐不安，紧急调集一切可集中的力量，以作困兽犹斗的最后一搏，加上太平天国自身的战略失误，终将太平天国起义扑灭。

面对列强的入侵，满清政府于 1895 年与日本签订了丧权辱国的《马关条约》。于是，帝国主义列强更加肆无忌惮地对中国掀起了瓜分和掠夺的狂潮。1895 年 4 月，来北京参加会试的康有为，联合发动在京应试的千余举子，上书光绪皇帝，主张拒签和约，变法图强，处罚卖国大臣，抗击列强，时称《公车上书》。1898 年 6 月，经过三年的努力，光绪皇帝终于壮着胆子颁发了《明定国是》诏书，试图以推行新政来挽救国家之危。但是，没有实权的光绪遭到以慈禧太后为首的封建顽固势力的反击。慈禧放逐了支持新政的军机大臣翁同龢，任用顽固派荣禄为直隶总督，并接到两面三刀的袁世凯的告密，提前发动政变。后来，慈禧将光绪囚禁于中南海的瀛台，放逐和捕杀了大批倾向维新变法的官员，宣布废除新法。1898 年 9 月 28 日，清廷公然杀害维新派骨干谭嗣同、康广仁、林旭、杨深秀、杨锐、刘光第六人于北京宣武门外的菜市口。

由于列强欺凌过甚，激起中国人民的普遍愤恨，造成了义和团的兴起。他们以"扶清灭洋"为号召，拔电线杆、毁铁路、烧教堂、大肆劫杀洋人和教民。这也给了八国联军侵华的借口。1900年6月20日，德国公使克林德离开东交民巷，前往清政府总理衙门交涉公使撤离之事，在途中恰好遇上端郡王载漪的虎神营官兵巡逻，克林德当场被清军击毙，这就是著名的"克林德事件"。这一事件也直接导致八国联军攻占北京。

1900年9月30日，惶惶不可终日的慈禧下令，离开太原前往西安。从8月下旬到9月中旬，李鸿章疏通外交渠道的工作有了进展，在议和事宜中，关于列强是否承认李鸿章为清政府全权议和大臣的问题有了突破。9月底，英国政府承认了清政府提出的议和人选。继英国之后，法、美、俄都已经同意由奕劻、李鸿章担任中方议和人选，其他几国也先后表示认同。1901年1月15日，李鸿章和奕劻得到慈禧的批准，在《辛丑条约》这份议和大纲上签字画押。庚子国变后，中国主权彻底沦丧。

19世纪50年代，清帝国的大门，随着鸦片战争的失败而轰然开启，古老的神州大地，开始经历千年未有的艰难转型。经过庚子国变，清廷已经成为风中残烛，中国人民在受尽屈辱之后，更加迫切地追寻振兴国家之道。然而，紫禁城内依然荡漾着戏曲中男欢女爱的靡靡之音。

就清代宫廷戏曲的历史脉络而论，清代的顺治、康熙、雍正、三朝，可称为戏曲的"酝酿期"；乾隆、嘉庆、道光、咸丰几朝，是为戏曲的"高潮期"和"变革期"；而同治、光绪时代，则可称为清代戏曲的"全盛期"。由于乾隆皇帝对戏曲的嗜好，在他在位期间，进一步扩展和完善了雍正皇帝宫廷大戏的设想。京城和行宫里建造了很多戏台，使皇家剧团（南城）逐渐规模化，不仅组织编戏和演戏，并将审查和改定的全国戏曲剧本纳入《四库全书》。他仿效康熙庆祝皇太后"慈寿"，利用自己"万寿"的机会，鼓励全国的戏曲班子进京会演。

嘉庆皇帝在位时，却撤销了南府和景山两大机构，降低了升平署的级别，取消了全国性的演出活动，使戏曲的发展受到了一时的遏制。在道光和咸丰皇帝期间，戏曲又迅速回暖，各种演出繁荣兴旺，带来了戏曲的改革与进步。当年，咸丰带着慈安和慈禧以及同治逃到热河，他又惊又怕。但是作为一个男人，作为一个当朝的皇上，这种情绪不足以为外人道。面上依然要保持皇家的尊严，将腐朽的内幕深藏在漆黑的底层。因此，咸丰非常郁闷。在后人眼里，咸丰是一个即便火烧眉毛，仍然醉生梦死的人，但是谁也不知道，咸丰的内心早已逼近崩溃的边缘。

据说，咸丰出逃时已经染病在身，加上一路的颠簸劳累，病况渐日加重，全靠一路跟着的太医以药物维持。到了承德，他心里却放不下北京，成天在焦虑和紧张之中煎熬。在当时的朝廷里，根本没有可依仗的大臣能为他解愁分忧。于是，他只好醉生梦死，整天花天酒地，以此来"调整"近乎崩溃的心态。即便是这样，他的情绪依然得不到稍许的调节，经常夜不能寐，整晚的噩梦连连。

咸丰一生有三好：好美色、好大烟、好皮黄（京剧早年的称谓）。论好戏，他恐怕是历代帝王中的头一号，好戏好到连国难都不顾及的份上。英法联军兵临城下，他却在圆明园大摆戏台庆祝 30 寿辰。后来竟丢下京城与百姓不顾，逃往承德避暑山庄，却不忘带上宫中戏班（由太监们训练而成）。到了热河后，不念京城之失，仍旧雷打不动地整天沉迷在戏曲里。咸丰帝八月初八日"驾幸热河"，第二年七月十七日"驾鹤西归"，在不到一年的时间里，热河行宫共演出昆弋、乱弹剧共计三百二十余出。这是清宫演剧史上最疯狂的一页。这是史上戏曲表演最热烈的一幕，又是升平署中二百多位名伶，显示高超艺术和惊人活力的一幕。

同治二年，咸丰帝服期已满。七月二十日，由内阁抄出两宫太后的"懿旨"，遣散了所有外籍名伶的内廷演出，升平署的戏剧演出仍由太监担任，恢复了嘉庆时期的节制状态。从光绪九年开始，宫廷戏曲又升温回潮，慈禧太后频传民间戏班进宫演出，以示对咸丰思想的发扬光大。当时的戏班如三庆、四喜、双奎、双合、春台、福寿、小丹桂、小天仙、同春、广和成、玉成、宝胜和、义顺和、万顺奎、万顺和、永胜奎、吉利、全胜和、太平和、鸿顺等多家戏班，都曾有全班被传进宫享受过"内廷供奉"的荣幸。然而，他们却没有"供奉"

的头衔，也没有"俸米"，只有和一份营业收入不同名义的"赏金"。这种赏金形式，一直贯穿于整个慈禧时代。不过，赏金的多少没有定制，全在赐赏人的掌握之中。

从地位和影响而言，谭鑫培可谓清代内廷供奉中的第一人。无论是赏赐的银两抑或珍宝，还有令人不敢奢望的四品顶戴，可谓无人能及。在畅音阁戏楼的戏台前，至今还悬挂着谭鑫培和杨小楼的巨幅画像。生逢华夏大地惨遭列强侵略与凌辱，是为谭鑫培的不幸。而适逢戏曲的繁荣昌盛，却是他的大幸。

京剧之外

生活是立体的，世人都有爱好。谭鑫培也一样，他在对京剧如命的深爱中同时也喜欢上了斗蛐蛐（蟋蟀）。他只有在唱戏的时候才忘记了蛐蛐，又在斗蛐蛐的刹那间而忘记了戏曲。

清朝末期，北京斗蛐蛐的风气盛行，上至王公大臣，下至平民百姓，很多人均有此嗜好。比如在京剧行当里，谭鑫培、余叔岩和红豆馆主等名家，都不失为场中好手。还有一种专门以此经营为生的人，人们管他们叫把式。他们替主人挑选、饲养和管理蛐蛐，每当上场时便侍在一旁照料和助威，一旦主人赢了，他们即会得到丰厚的彩钱。

中国蟋蟀文化，历史悠久，源远流长，具有浓厚的东方色彩，主要发源于长江与黄河流域中下游。蟋蟀名产地首推山东齐鲁大平原，而宁津县所产蟋蟀尤为著名。宁津种的蟋蟀头大、项大、腿大、皮色好，它相比北方干旱区的蟋蟀，体质、斗性、耐力具有较强的优势。在当时全国蟋蟀大赛中，宁津种的蟋蟀多获冠军。历史上，宁津蟋蟀为历代进贡帝王的名品，因而才有了宁津蟋蟀斗慈禧的民间传说。斗蟋蟀虽说是一种休闲方式却很残酷，斗蟋都为雄性，它们为保卫自己的领地或争夺配偶而相互撕咬。二虫鏖战，战败一方或是逃之夭夭，或是退出争斗，鲜有"战死沙场"的现象。

蟋蟀在昆虫系统的分类中属直翅目蟋蟀科，为昼伏夜出的杂食昆虫，人们赏玩的只是其中的斗蟋。斗蟋的别名很多，如蛐蛐、促织、蝈蝈、斗鸡等。据记载，中国斗蟋蟀的历史已有 1800 多年，历代文学作品中对此都曾有过描述。蟋蟀散产于田野、树枝裂缝或落叶下，初孵出的幼虫呈蛆状，慢慢发育蜕皮成若虫，俗称白娃娃，得蜕皮多次才发育成成虫。斗蟋的品种大多根据色彩而定，如大紫牙、琥珀黄等。

挑选蛐蛐具有很多讲究，必须看它的个头、颜色、牙齿，有红牙青、黑牙黄、白牙紫、正紫等。北京的蛐蛐称"伏地"，大多来自京城近郊，也有部分来自山东的乐陵和肥城。一般的好蛐蛐，均被贩子们居为奇货，在争相抢购的讨价还价中随风看涨。

上好的蛐蛐必须养在名罐里，让它们生活舒适，斗志昂扬。北方的赵子玉和万里张，堪称明代的制罐高手。据说赵子玉的罐有八种，颜色深浅有别，盖里或盆底均刻有"古燕赵子玉制""敬斋主人""淡园主人"等阳文款识。万里张的罐均为马蹄形，上窄下宽，盖与罐上刻有奇缝图章款，仿佛商标，又如字画的奇缝收藏章。赵子玉的罐是硬胎，万里张的罐为软胎。大凡上面刻印"大明宣德年制""大清康熙御制"的蛐蛐罐更为名贵。

慈禧太后也有斗蛐蛐的爱好，不知多少官员为此升迁或削职。她知道谭鑫培酷爱斗蛐蛐，为此，曾以一对十分珍贵且有品相的蛐蛐罐相赠。每只罐上都有一百只蝴蝶，每只眼睛上嵌的都是珍珠。平时，谭鑫培一般都不舍得用，总用黄绸缎细心地包裹着，每逢年节或风和日丽时，才从里屋搬到院子中来晒晒，并派专人看守。一为此罐名贵、价值不菲，二为老佛爷亲赠，在那份皇家品相之外，还深深地承寄着一份敬仰和情感。慈禧对谭鑫培青睐有加，每次封赏，都无人能与其媲美，包括蛐蛐罐。在那对名贵的蝴蝶罐之外，还赠有很多产自景德镇的瓷罐，底面上均印有赵子玉的字样，为蛐蛐罐中上品。

北京斗蛐蛐一般都在瓦罐里斗。瓦罐里有一个小小的瓦房，名叫瓦笼。把蛐蛐装在过笼里，交给管理人员过秤，在登记表格里分别记明分量和名号，就像今天的体育比赛中有些项目按重量划分等级一样。通过过秤登记，尔后参斗的各方再把蛐蛐放进斗盆里。由主人或把式用"探子"（象牙或竹片等材料制成的细签，上安鼠须）在蛐蛐牙部轻拂，将双方引到一起，再让它们拼搏对咬，如一方退却即算输，胜者则开牙鸣叫。

斗蛐蛐由头家出帖，被邀的一方按时间、地点，带着自己的蛐蛐前往，每家自由选定一个字作为代号。携虫前来的有王爷、官宦、巨商、文人雅士、梨园行的名角等，也不乏平民斗场，只是蛐蛐的级别与投注的价码高低不同。在蛐蛐斗场上，没有尊卑贵贱之分，只以名号为称，唯以输赢而论。

每当两只蛐蛐确定为对手而被赶入斗盆之后，斗手们颤动草叶引逗着蛐蛐的触须，使它变得张牙舞爪，怒气冲冲。为了表示它们已经做好战斗准备，对战双方都会摩擦翅膀，发出唧唧声，正是这种声音让蟋蟀得名为"蛐蛐"。当分隔双方的类似于塑料片隔挡物最终被拿起时，这两只小小的角斗士便开始兵戎相见。蛐蛐们快速地撕咬着对方的尖齿、腿脚和脑袋，有的蛐蛐被咬得缺肢断腿，被对手用职业摔跤的姿势甩过斗盆。每轮比赛将持续一两分钟，几轮过后，经裁判判定谁的蛐蛐斗败了。角斗是激烈的，但很少致命。通常会有一只蛐蛐认输并逃跑——跳出斗盆。斗败的蛐蛐，往往会被生气的主人扔到大街上。

谭鑫培大多时候都应邀去宫中参斗，有时候也在大外廊营设局，邀王爷们移驾参与。有一天是在谭宅开场，他的蛐蛐正好与庆亲王的蛐蛐配对争斗。经过几番苦战，终究是王爷的蛐蛐在鸣叫中取胜，谭鑫培则露出一脸的懊丧。王爷说："怎么样，输不起吧！"

谭鑫培苦笑作答："哪里，哪里，输赢总是常事，输给王爷自是心服口服。只是这只蛐蛐确为我的心爱之物，平日对它均是精心喂养，并寄托着很大的希望，没想到今天头一场它就输了，太令我失望，亏了我对它的一番养育和苦心。"

王爷说："原来是这样，我说你还不至于一斗输不起吧？这样吧，为了对你那只心爱的蛐蛐有所补偿，我送你一只蛐蛐罐如何。说着便叫过把式，将一只颜色陈旧的蛐蛐罐递到了谭鑫培手里。谭鑫培一看颜色就猜到分量不轻，翻底一看，"大清康熙御制"几个字像金子一样让他的眼睛顿放光芒。王爷说："怎么样？这下总不吃亏了吧。"谭鑫培忙躬身回答："谢谢王爷赏赐。"王爷伸手将谭鑫培的肩膀一拍说："走，今天不斗了，你陪我去喝几杯。"在一阵笑声里，两人相携而去。

斗蛐蛐最好的时节为重阳节过后的一个月之内，被人称为"乐哉九秋"。那几天天气特别好，秋高气爽中谭鑫培一连几天都进出蟋蟀斗场，将所有的戏演都延后安排。那天，他从斗场凯旋，一路上没舍得让他的把式侍候，自己亲手提着蛐蛐罐，一边走一边嘴里吹着口哨。这只蛐蛐太英武了，一连替他赢了四场，打败了场中几只赫赫有名的高手，太让人扬眉吐气了。他对着蛐蛐爱抚地吹一口气，心想，真不亏我当时高价买了你回来。他甚至在心中感激那位当初引荐他买下这只蛐蛐的人，只待明日与红豆馆主的蛐蛐相斗再赢一场，让自己的蛐蛐封得"将军"之后，一定要请他好好地喝一餐酒。

　　谭鑫培的那只"青头"，它把所有与之相斗的大小蛐蛐咬得丢胳膊断腿，成了场中被人疯传的王牌，一想想心里就来劲。每次出征前，谭鑫培都会用眼药瓶里装着的自来水，狠狠地朝着蛐蛐喷一下。受了刺激的"青头"，简直像疯了一样地冲出去，大有一副不获胜毋宁死的将军气概！很多高手都争相与谭鑫培相约明天一斗，且彩头特别重，但他都未允。因为他已经约好了红豆馆主，决定明天让"青头"与他的那只"霸王"一较高下。红豆馆主那只蛐蛐，貌若蝴蜂腿脚纤长，腰细项紧两头尖，全身黄色纹理闪闪发光，百中挑一的一口钳子，确实与众不同。当他们那两只蛐蛐开始斗时，起初还是"青头"盛气凌人的率先出击，谭鑫培见此暗暗地为它鼓气，成败在此一举，"将军"的荣耀在等着你啊。几个回合后，"霸王"一直处于守势，"青头"看似胜利在望，谭鑫培越看越兴奋。就在稳操胜券之时，不曾想"霸王"却突然转守为攻，在一阵狂攻猛击之下，"青头"却落荒而逃。谭鑫培甚至不敢相信眼前的结局，而红豆馆主却笑得像春风一样轻盈。谭鑫培二话没说，提起蛐蛐罐就走。红豆馆主连忙赶上赔笑着安慰，谭鑫培虽说嘴上说得轻飘，但神情却颓废至极。第二天，红豆馆主亲自在府中设宴款待谭鑫培，并面赠 300 银元以求教《失空斩》一剧。昨天蛐蛐败场的不快随即烟消云散，他们双双沉浸在京剧艺术的海洋中，此是后话。

红豆馆主学戏

红豆馆主，出生于 1871 年，满族人，清爱新觉罗宗室，道光帝文宁之孙载治第五子，本名溥侗，字厚斋，号西园，别名红豆馆主。红豆馆主喜欢古典文学，通晓书画，自幼受宫廷影响，常在宫中看戏，酷爱京昆艺术，在音韵方面造诣很高。由于家庭环境优越，他不惜重金遍请梨园名师来家授艺，老生谭鑫培、小生王楞仙、武生俞菊笙和姚增禄、昆生陈寿峰、青衣陈德霖、花脸黄润甫、武净钱金福、丑角罗百岁、琴师梅雨田等，都曾被他请来家中授课，常以银元一百和烟土一包酬谢（那时的名艺人多嗜好抽大烟）。红豆馆主对谭鑫培特别崇敬，每逢年节，必定亲往大外廊营"英秀堂"谭鑫培寓所敬送节礼，还将自己心爱的珍贵皮袍赠与谭鑫培。

红豆馆主可说是一位戏曲天才，生、旦、净、丑无一不学，无一不精。老生以谭鑫培为师，一字一腔，一言一笑，举手投足，神情动作，都有规范。他虽然出身皇室，又非以此为业，但学艺极为刻苦，平时练功吊嗓，一如专业艺人；他不仅生、旦、净、丑诸行当都能演，而且对昆腔、场面极为娴熟，能吹笛、弹弦、司鼓，可谓文武昆乱不挡，六场通透。他不但能演京剧谭派的文武老生戏《定军山》《连营寨》《天雷报》《打棍出箱》……还能扮演《金山寺》中的旦角白娘子，《群英会》中的老生鲁肃、小生周瑜、文丑蒋干，《奇双会》中的赵宠、李桂枝和李奇等生旦三个角色，戏路很广，实属一位非常出色的京剧表演艺术家。

深厚的文化修养，有助于红豆馆主深刻理解剧情、表演人物，他对不同人物的内心世界把握精准，塑造的人物形象惟妙惟肖。他的嗓音略带沙哑，不甚脆亮，但唱、念韵味极为醇厚，表演具有一种清新高逸的气质，自然天成，无人能及，被人称为"票界大王"。红豆馆主虽然艺术造诣很高，但限于清廷皇室身份，没有正式下海，平日只在几个好友的票房来回穿走活动。

有一次，一位皇亲出洋留学，众亲贵纷纷设宴饯行，广招名艺人演戏，谭鑫培与红豆馆主即位列其中。红豆馆主首先串演了三出，两出老生戏和青衣戏《金山寺》。谭鑫培看了他演的《金山寺》后，又惊又喜，深深感叹说："如果伶界有了一位溥王爷，我谭鑫培当退避三舍。说真的，我演不了《金山寺》。"红豆馆主笑道："谭大老板演艺早已出神入化，何以如此谦虚？"谭鑫培和红豆馆主之间感情至厚，彼此相惜相敬。尤其是一个皇家血统的人，却对艺术如此青睐且钻研颇深，又与人亲近谦和，深受谭鑫培敬重。

且说那天红豆馆主与谭鑫培斗蛐蛐，将他视为珍宝的未来"大将军"斗败了，弄得谭鑫培一脸的丧气以致不辞而别。虽说蛐蛐场上输赢在所难免，谭鑫培也不是一个输不起的人，只是他对"青头"的期望值太高，却输得那么惨，一为接受不了，二为他的"大将军"之梦而哀叹。红豆馆主是个冰雪聪明的人，看着一步步虚浮地离开场地的谭鑫培，他相信谭鑫培不会被一只蛐蛐所击倒，更相信自己有能力化解。第二天，红豆馆主亲自派人下帖，请谭鑫培晚前来府一叙，且务必赏光。谭鑫培与红豆馆主一向交情颇深，何况他是精忠庙首，管理戏曲行业的最高统领，更是皇家血统，这个面子无论如何都得给。谭鑫培请来人回复，我一定准时到达。

在谭鑫培还没进门之前，早闻红豆馆主快步出门的高声欢迎。两人并肩进入客厅，先润几口茶，再请谭鑫培抽烟。烟土自是上品，谭鑫培是此中高手，入口便知，两袋烟后，不觉劲头十足。红豆馆主命人给谭鑫培送上 300 两纹银。谭鑫培坚持不收，连称："无功不受禄，你我之间有什么事还用得着这钱财之物。只要你招呼一声，只要我鑫培力所能及，无不遵从，真不知侗五爷今天这是为啥？"红豆馆主轻松而神秘地一笑说："我自有送你的道理，我溥侗也不是一个钱多无处用的人。"谭鑫培接着说："那烦请大人还是先把话说明，免得让我一头的雾水。"只见侗五爷笑得更爽朗了："我请谭大王还不是为了场上那些事儿吗？只怕你不肯施教。为表我的一点诚意，特以此作为劳师的酬资，只怕你笑我小气啊！""哪里，哪里，看你客气得让我的坐凳都发热了。馆主自是行中高手，哪敢承请施教一词，有什么事相互切磋不就结了吗？""痛快，痛快！早就知道谭大王不是个吝啬之人。"至此，昨天斗蛐蛐的不快早已烟消云散，且大家都对此只字不提。

一阵客套之后，红豆馆主便直奔主题。"《空城计》中诸葛亮的表演，我总觉得自己出场时的身段有些发僵，没有你的自然，特为此请教。"谭鑫培笑着说："别人走不出来还可以，唯独你不可以。"一向精明的红豆馆主，此时却瞪大一双不解的眼睛直视着鑫培。谭老板接着说："你可以认真地想一想，每到乾清宫请安，你是怎么走路的？开始，我的台步也走不顺，自从进宫之后，便细心琢磨那些王公大臣们上朝时，他们的面部神情和走路的样子，那时就醒悟了，并且有了份儿。因为他们的身份、品级与诸葛亮相近。"得到了谭鑫培的启发，红豆馆主自如醍醐灌顶，他再演《空城计》时，台步就走出了风采。这就是一条亘古不变的体验生活、吸收营养的成就艺术经典之路。

接下来，他们将话题一路引入《失空斩》的剧情之中。谭鑫培在《空城计》中扮演的诸葛亮，出场时的表现与陈宫大相径庭。检场打台帘后，谭鑫培站在台帘里稍作停顿才起步。他右手执鹅毛扇，把左手的水袖挽起，走到"九龙口"用眼睛向两边一扫，然后在台口站定念引子"羽扇纶巾，四轮车，快似风云，阴阳反掌乾坤，保汉家，两代贤臣"。这是一段加二三锣的大引子，他以清亮的音色，沉着的口齿，四声熨帖，抑扬顿挫地表现了剧中人的身份，"贤臣"二字则用了十分苍劲的老音。从音乐声中，他把左手一搭拉（下垂），挽着的水袖像一匹绸子那样轻轻地垂下来，然后转身，缓步入帐。从出台到进帐，除了上述的一个小动作外，没有整冠、抖袖等身段，肃穆中突显出武侯的威严气度，台步庄重而不板，体现出诸葛亮的儒雅之风。

说起《失空斩》，还真有一个不得不说的故事。该戏原是老前辈卢胜奎擅长的戏，谭鑫培即向卢先生学来，在原来的基础上又作了一些改进。早年在大内演唱这出戏时，慈禧看到他扮演的诸葛亮，穿的八卦衣很简单，一时心血来潮，随手把她胸前挂的那串朝珠摘了下来，派太监送到戏台上，让谭鑫培挂在胸前，顿时增添了诸葛亮的气派，慈禧打心眼里满意。帝王将相挂朝珠，是清朝的制度，诸葛亮是蜀汉时丞相，胸前没有挂朝珠的道理，只是当时慈禧金口玉言，说一不二，不能不服从。谭鑫培那次演完戏后，竟将朝珠送还太后。慈禧钦佩谭鑫培的品德，却以另一串朝珠相送，嘱他每逢再演此戏即在八卦衣胸前挂上，从此沿袭下来，已成戏曲定例。这就是诸葛亮胸前挂朝珠的由来。

谭鑫培趁着有兴，依然与红豆馆主切磋戏曲的唱词。诸葛亮进帐后念定场诗："忆昔当年居中卧龙，万里乾坤掌握中，扫净狼烟归汉统，人曰男儿大英雄！老夫复姓诸葛，名亮，字孔明，道号卧龙。先帝爷托孤以来，扫荡中原，扭转汉室。闻得司马懿出兵祁山，定然夺取街亭，我想街亭乃汉中咽喉要地，必须派一能将前去防守。众位将军，哪位愿带领人马镇守街亭，敢当此任？"原来早期的本子，从诸葛亮自报家门后，还有一段冗长的念白。而谭鑫培则从"先帝爷托孤以来，扫荡中原，扭转汉室"两句后即直奔主题，简洁明了。

诸葛亮派将时，对王平与马谡的神情语气各不一样。马谡进帐讨令："启禀丞相，末将不才，愿带一哨人马，镇守街亭。"

"那司马懿用兵如神，此去并非小任，将军不可轻敌。"谭鑫培扮演的诸葛亮的语气和眼神郑重。

"丞相，末将随先帝爷出兵多年，战无不胜，攻无不克，何况这小小的街亭。"

"街亭虽小，干系甚重啊！"谭鑫培念这两句台词时，睁目注视马谡，"重"字念得特别的重语下对马谡的轻敌表示极大的不满。

"倘有疏虞，甘当军令。"

"军中无戏言。"这是在警告马谡，决不可掉以轻心。

"愿立军令状。"

"好！当帐立来。"这时，辞色有所缓和。军令状是战时的保证书，如有差错，真得提头来见。虽说立了军令状，诸葛亮依然对马谡不大放心，二传马谡进帐告诫："今逢大敌，非比寻常，我有一言，将军听了。"下面六句原板腔简而意厚，深切表示了诸葛亮对马谡的关心和爱护。老本子中，马谡二次进帐，诸葛亮还有"靠山近水……"等重复念白，经谭鑫培多次修改而精炼成今天的到此为止。其中三报一节是全剧最难处理的表演，谭鑫培却仔细地、有层次地描写了诸葛亮悔恨疑惧的复杂心理。

在看王平所呈的地图时，谭鑫培扮演的诸葛亮从右往左看，初而平静，当看到后面时，突然抬眼圆睁，神色大变。摇头、摆动髯口、挥扇收图，在大锣"急三枪"的紧张乐声中，这才对军传令："快快去到列柳城，调赵老将军回来，快去，快去。"这句念白尺寸快而字字清楚，充分表现了诸葛亮已料知步入险境的焦急神情。紧接着下面几句，即表示了他难以掩饰的忧虑。"啊！好大胆的马谡哇，临行之时，何等吩咐于你，叫你靠山近水，安营扎寨，怎么偏偏在山顶扎营？哎呀，只恐街亭难保哇。"

第一报："马谡失街亭"。

这时，谭鑫培摊手念："如何！果然把街亭失守了，虽然马谡失街亭，乃诸葛亮之罪也。"这里的神情表明早在他的预料之中，后悔中带有几分怀疑、恐惧，营造出"山雨欲来风满楼"的意境。

第二报：当探子念"司马懿领兵夺取西城"。他念"再探"时，比第一次又加快了语速。"司马懿果然夺取西城来了。"这句却念得比较缓慢，显出回思往事。下面五锤锣念"咳！"字，强烈表现诸葛亮后悔自责，想先帝白帝城托孤之时早已有言在先："马谡言过其实，终无大用。"没听先帝之言，如今错用了马谡，失守街亭，悔之晚矣。谭鑫培在这里连用两个"悔"字，"悔"是上声，重念，突出其后悔心理。

以上两报，谭鑫培有时坐着念，有时站起来念，以此表现诸葛亮心中的忐忑和坐立不安。

第三报：他向左面斜坐，探子从上场门上念："报！"他即转身，以锐利的目光听他念："司马懿大兵离西城不远。"他又以扇指探子，急念："再探。"接着用惊叹语气念："啊！司马懿的兵来得好快呀，唔！"再用惊叹声念："人言司马用兵如神，今日一见，令人可敬，令人可服哪！"这里的身段在"可敬"二字上用扇拱手状，"可服"两字则以扇画圆圈，以演示诸葛亮在赞叹司马时，似乎一时忘却了眼前的险境。接着神色骤变，提气念："哎呀"，便即站起，五锤锣中急念："这西城兵将，俱被老夫调遣在外，所剩下的都是些老弱残兵，倘若司马懿兵临城下，难道叫我束手被擒不成。"在这"束手被擒"下面"乱锤"。这里的身段，他以手中之扇遮八卦巾，台步是来回走S圈，最后立定，再将扇从头上落到左手抱住，同时，眼睛从左往右朝远处看，微微转动眼珠，表现诸葛亮已经想好了面临这场即将到来的生死成败险境的应对之策。这时，他便以镇定的神情念："来，老军们进见。"下面接着就是吩咐老军的话，采用非常亲切的语气念："命尔等四门大开，每门用二十人扫街道，倘若司马懿兵临城下，不可惊慌浮躁，违令者斩。"这个"斩"字，从语气神态，均显得异常平静，无一丝强硬之态，他要稳住老军们与他通力合作，以渡过战争难关。

　　谭鑫培边说边演，尤其在戏段中常停下来与红豆馆主交流，两人谈得酣畅淋漓。时间过得真快，不觉已近午夜时分，红豆馆主怕谭鑫培累着，便暂停了说戏，再行奉茶侍烟以待。他不忘对谭鑫培说："一出《失空斩》今天还未完，你还得抽空将后段补全，否则，我真会找你收账啊。"谭鑫培回说："一定，一定，只等王爷有空，谭某随时听候召唤就是。"侗五爷有心留宿，谭鑫培却坚持回谢了。红豆馆主遂将谭鑫培送出大门，并一直看着他的骡车没去踪影才回身进门。

大家之家

在谭鑫培的戏曲艺术渐入佳境的时候，他下决心买下了前门外观音寺西口李铁拐斜街的大外廊营，从此有了一个较为安静的宽敞之家。这是一处坐西朝东的宅邸，宅门外正上方高悬"英秀堂"匾额，自此后，谭氏一大家在此居住近百年。谭鑫培搬入大外廊营的那一年，正值三子嘉祥出生（字荟荃，小字宝儿，工青衣、武旦，后来改演小生，曾与其父合演《打渔杀家》，与父子演剧中爷女，一时被传为梨园佳话）。

家，一隅乾坤，任性自由，一切自然而然，在家任站、任坐、任卧，不苛求姿势，更无须修饰，一任自我。每当劳累归来，谭鑫培倍觉航船进入港湾之感，远去风浪，不惧暗礁，脱掉一切行头，回归一个完完全全的自我。家里不比戏台，满室的温暖，让人扫除疲惫，一杯茶，一袋烟，几碟小菜，两杯烧酒，享受真切，回味无穷。

侯氏一向温柔体贴，她了解鑫培，疼爱鑫培，对内，偌大的一个家靠鑫培支撑；对外，充满风雨的舞台靠鑫培打拼。她深谙鑫培的爱好与秉性，自从心许鑫培的那一刻起，她便打定主意要尽情地付出，为鑫培做自己所能做的一切。上为父母，中为鑫培，下为儿女，这是她的幸福与担当，也是她的生活理想。

侯氏感觉自己是幸运的，鑫培爱她，生活上体贴入微，超越她当初估量的关怀与慰藉。他从不以老爷自居，即使在平步青云的日子，也不端架子；常常将外面所获的喜悦带回来，与家人一同分享。特别是对妻子，功成名就之时，鑫培不忘内室居当其半。大凡遭遇的挫折与苦难，鑫培则将其深深地藏在内心，一人承受，从不带风雨进门。谭鑫培爱他的侯氏，她不仅为谭家开枝散叶，且将一个家管理得井井有条，从不让他有半点分心，这是谭家几世所修的福缘。

谭鑫培躺在内屋的烟榻上，吞云吐雾中任思想的浪花飞溅。唱戏是他的嗜好，更是此生的命运所载，自小在父亲的影响与带领下，一步一步走入戏中，没有回头，更不愿回头。虽说为戏所受的苦难多如垒土，但他甘愿承受，一丁点成功的滋养，足可疗治他心头所有的创伤。他离不开戏，就像鱼儿离不开水一样。一条小鱼，游入戏曲的海洋，注定了在风浪搏击中寻求生的快乐与畅想。总之，谭鑫培是幸运的，他的路并不比别人坎坷多少。只要是走上戏路的人，谁能一马平川，又有几个能像他这样登上戏曲舞台的顶峰呢？人再有智，也得要人帮衬，还得要有命承载，成功值得自豪，但决不能自傲。在谭鑫培的内心深处，告诫的钟声长久不息。世人切莫高估自己，一天不习学就会落伍，江山代有人才出，不信的人，难免摔跤。看看身边那些名角，哪一个怠慢了练功？成就越高的人越不满足。生活可以平淡与节俭，但事业与奋斗永无止境。

刚刚过足烟瘾，侯氏恰到好处地给他沏来一杯热茶，那种淡淡的幽香沁人心脾，令人好不享受。人生如此，夫复何求呢？烟好，茶好，家好，妻好，生活美好，再苦再累，再难的拼搏算得什么呢？咬一咬牙，挺一挺腰就过去了，几十年来不就如此吗？值得！这茶得自戒台寺方丈所赠，茶汤甘而不涩，清而不浊，对他的嗓音有别样的培补。尤其是第二天清晨，将手指蘸上剩茶揉搓眼睛，顿感神清目明，心尘殆尽。

谭鑫培两眼放着光，伸手捉住妻子的手腕，将她揽入怀里，四目相对，难拒的风情油然而生。自从在天津少小牵手的那一刻起，他便铁定了今生相随，好像她早早地进入了他童年梦中的猜想，也许是前世缘分未能如愿，此生再续前缘吧。那次突遇侯家退婚，谭鑫培不觉心火燃烧，就在他带刀怒闯侯宅时，他的侯氏毅然站到了他这一边，青青少女，哪来的那股力量？如此的情深似海，谭鑫培此身怎能忘怀？侯氏用手轻轻地戳了一下谭鑫培的额头说："厨房里还燃着火嘞。"话一落口便挣脱丈夫的怀抱，将一抹甜得让人醉心的浅笑带出了门外。

对于家和业的温暖和兴盛，谭鑫培曾自撰一副对联以慰心灵：

出门创业天高地阔友谊路；

回家养心水暖茶香天伦乐。

这副对联既通俗易懂，又含义贴切，自己越想越自得意满。

侯氏给谭鑫培共生育了八男二女，贡献之大，吃苦之多，不言而喻。也是谭门家运兴旺，更得侯氏争气，谭鑫培从内心里感谢她。

八个男孩，全按"嘉"字辈排名，依次如下：嘉善、嘉瑞、嘉祥、嘉荣、嘉宾（谭小培）、嘉乐、嘉瑚、嘉禄，加上后来入籍的嘉训（杨小楼），共计九个儿子。平心而言，谭鑫培对待杨小楼绝不亚于自己的亲生儿子，尤其在戏曲培养上，他所耗的心血远胜过一般徒弟，与小培相比有过之而无不及。

两个女儿：一适夏月润（夏工武生，长靠短打，均所擅长，并兼演红净戏），一适王又宸（谭派老生）。

谭鑫培六十不幸丧偶，第一次赴沪，机缘巧合带回一女，名张秀卿，复生一女。谭鑫培平生收入甚丰，为戏行中一般名角难以比拟。他常在宫中演戏，深得慈禧喜爱，获得赏赐的文物珍宝无数，但他并不深蓄家底，乐善好施的性格让他出手十分大方，将所得财物大部分捐给了寺庙和慈善事业。谭鑫培对内以孝严家，对外以德待人，尤其是留德不留财的子女观，为谭氏一门世代德艺双馨树立了光辉典范。正如古语云"蛇大窟窿大"，收得多出得也多。据说他的身后钱财包括不动产，合计共三万余金，仅供一大家自给而已。

谭鑫培曾经略有伤感地说："我八个儿子，没有一个令我满意，杨月楼就一个儿子，却那么优秀。"金秀山却对他说："望子成龙之心，皆为天下父母心。其实，你的儿子都不错，只是你的要求太高了。你也不必着急，有根就会有苗，说不定你的孙子将来比你还行，也未可知。再说，你们谭家代代优秀，人家不就没有空间了吗？总该给人家留一点嘛。"如此说得谭鑫培也点头称是。

谭鑫培除了大外廊营一处家产外，再未添置第二套房产，他说："留德比留财好。"谭家世代孝道，家规特别严。以谭鑫培的地位和收入论，足够他享受，社会也能接受。

谭鑫培的小女婿王又宸，嗓音宽厚清亮，声腔圆润颇有韵味。所学谭腔不仅得到观众称赞，亦受谭鑫培赏识。他甚得谭鑫培青睐，并邀其加入了"同春班"，曾为谭配戏多出。

在一次宫演后，有人无意中提起谭鑫培的小女长得乖巧伶俐，甚逗人喜爱。慈禧即接口说："明儿带进宫来让我瞧瞧。"谭鑫培只得礼节性地应诺："好，好，好，一等时间有便，我便带小女前来向太后请安。"事后几日，谭鑫培早将该事置之脑后。但那天宫中戏前见面，慈禧却突然又旧话重提："小叫天，你不是答应把小女带来让哀家看看吗？怎么还不来啊！"谭鑫培只得继续应付说："禀告老佛爷，小女偶感风寒，一待好转即带她进宫给太后请安！""啊，偶感风寒，一定要好好诊治啊，要不抱进宫来，让太医给看看？"谭鑫培忙上前跪谢。"多谢老佛爷天恩，小女哪经得起如此高遇呢？家中自有郎中把诊，现已有所好转，不敢让老佛爷挂心。"慈禧说："有所好转那就好。你别忘了带来让我看看啊。"谭鑫培连连点头称是，心中暗忖，不知如何是好。其实，推说小女偶感风寒，全为托辞。他怕小女年幼不谙世事，如一哭闹惊了驾，那还得了。心说，老佛爷也不过顺时顺世提提而已，应付一下不就过去了吗？谁知她对此事还认起真来，已多次重提，如再不带小女进宫，恐有抗旨之嫌。看来只能遵旨照办，但愿上天保佑，一切平安吧。

那天，难得的阳光微风的好天气，谭鑫培几乎是战战兢兢地将小女带进宫来，一路上紧叮慢嘱："千万要听话，不能哭闹，父亲一定给你买好吃的。"当谭鑫培带着小女给慈禧请安时，老佛爷一看，果真长得清丽脱俗，这哪像是谭鑫培的女儿哪，活脱脱的一个格格嘛！不论慈禧的地位多高，看到这样逗人喜爱的女孩，平日藏在体内深处的母性被激活，她伸手硬要亲自抱抱。这下，使没有心理准备的谭鑫培更慌了，双手有些颤抖地将小女抱起，送到老佛爷身前。老佛爷一伸双手，便将小女孩抱在怀中，并用右手轻轻捏着女孩的脸蛋说："真逗人疼。"没想到的是，小女孩不仅没有认生，且咯咯地笑出声来。看到如此愉快的场面，谭鑫培笑了，大家都笑了。老佛爷从怀中掏出一个红色的小布袋，不知是何物事，却鼓鼓地装满了一袋子。她将小袋子递到小女孩手里，小女孩也喜欢地双手捧着。至此，谭鑫培赶快趁谢恩之时，将小女儿从慈禧手中接过，一颗悬着的心，终于放了下来。也许是天恩感怀，也许是小女的福分，她不仅没有认生和哭闹，尤其适时地对老佛爷的一笑，真是天意所助啊！慈禧所赐的那个红袋子中，究竟装着什么，谭鑫培一直没敢打开，直至小女出阁时随嫁而往。谭鑫培还将慈禧恩赐的几件珠宝都给了小女儿。

谭鑫培的妻子逝世以后，他深有感触地对小女儿（小翠）说："你是苦，我是孤。"父爱溢于言表。谭鑫培曾带小女儿进宫，颇得慈禧厚爱，出嫁时慈禧还特赐一个平底宽边的铜盆作为妆奁，铜盆边上刻有"慈禧端佑康颐昭豫庄诚寿恭钦宪熙皇太后上赏谭鑫培之女嫁妆铜盆"。

艺德佛心

Yide Foxin

戒台寺进香

　　谭鑫培的母亲一生信佛，每天清晨起床的第一件事就是净手敬香，虔心祈求亲人幸福安康，永葆心灵的一块静土。他深受妈妈影响，幼小身躯常伴妈妈佛前一起跪拜，佛缘早结，善根早植。他一生悉心奉佛，笃信禅宗，无论踏上哪方土地，谭鑫培几乎是逢寺叩拜，从不敢忘，北京周围的大寺院没有一座受到他的香火冷遇。自从与戒台寺方丈相识的那天起，一种前世相约的故知深入魂灵，无数次的往返，亲切感与日俱增。尤其是每次未约去戒台寺，总与方丈得愿相遇，不是方丈云游刚刚归来，就是临近外出的前朝。

　　禅可意译为"思惟修"。思即"审思""彻虑"。不管是"口念佛号"还是"实相念佛"，都是以"修行"为终宿。参禅使谭鑫培神游佛国，一种潜在的引领使谭鑫培步入禅境，悟觉与触摸艺术与人生的真谛。谭鑫培栖心禅学：养禅心、精禅理、造禅境、传禅意，以禅入戏，在戏中不时透露出"出尘""脱俗"的禅性，对京剧艺术的发展产生了积极的意义。参禅重在启发人的悟性，谭鑫培将悟性渗透到谭派艺术的审美领域，升华了谭派艺术的特征。谭派的形成与发展，与禅宗美学的影响不无关联。"自具本心、自成佛道"的自力精神，为谭鑫培走向成功的基石。他用"心"观照艺术，流观往复，使谭派艺术进入一种别人不易进入的境界（禅境），使自己的唱念做打"进界"，使自己塑造的人物"入境"，终达至善至美。

　　"听经"不碍"磨戏"。谭鑫培把对佛的虔诚变成对京剧艺术的挚诚。他静坐入定，揣摩人物、角色、戏情、戏理，深得戏中三昧。受"佛禅"的影响，谭戏中"一颦一笑，一腔一调"皆有佛门"一花一世界，一叶一如来"的真情。他顿觉"人性即我性，戏情亦我情"的人生妙理；悟出"以阴寓阳、以柔克刚"的奥秘。谭鑫培一生广结佛缘，广修善德，恤孤怜贫，扶忧解难；他曾为少林寺修葺大雄宝殿勇谏慈禧，募捐义款；他经常参加赈灾义演，终身致力于慈善事业。

　　谭鑫培对戒台寺向往已久，那天，自然起了个大早，前晚便让管家套好了骡车，凌晨早起一路奔戒台寺而去。月明星稀，清风朗朗，嘚嘚的马蹄声给空旷沉寂的春夜带来更声般的敲打。这匹马乃庆亲王相赐，是谭鑫培的挚爱，一身乌黑，四脚带白，人称"四蹄飞雪"。那次，庆亲王乘着豪华的马车，赶着"四蹄飞雪"进城，那种风华神采，自让谭鑫培赞不绝口。庆亲王一高兴，索性连车带马相赠。看谭鑫培一脸的受宠若惊的表情，庆亲王得意而潇洒地说："过几天进府，给我加唱一曲《定军山》就行。"不待谭鑫培回话，庆亲王的笑声早已远在数丈之外。

数着上山的弯道，确知戒台寺近在里距之内，谭鑫培忙嘱咐随从停车放马，他从不将马车赶到山门之前，不愿给佛门带来半点侵扰。他下车一路步行，虔敬之心静对星月，每次来戒台寺，他都亲手燃起寺中的第一炷长香。

东方的鱼肚白渐渐地拉开了黑夜的窗帘，坐落在半山之上的戒台寺，依然寂寥无声，昨夜的暮鼓已不停歇地归向西土，晨钟还来不及呼唤空山的鸟鸣。淡淡的晨雾，收起润湿物象的潜为，奉还宏华而悄静的戒台寺以丰满的轮廓，奉还苍天一处安详的佛光宅院。

每当走进戒台寺，谭鑫培就感到心灵得到洗涤，是那般的欢畅，确有了几分佛的境界。那天，当他一脚踏进寺门之时，恰遇方丈在院中云步。一见谭鑫培进庙，一向以平静著称的方丈，不由得提高了嗓门，快步如风地抢前迎候。"谭施主，什么风将你吹进敝寺，又未提前知会，自给老衲带来春风惠赐啊！"谭鑫培忙稽首还礼说："早就期盼来贵寺进香还愿，愿闻方丈开悟指引，为吾驱除满身的愚昧与阴霾，一解平生景仰之渴。""哪里，哪里，这样高抬则置贫僧于获罪之地，谭施主自是通达致远之士，今得机缘，使老衲喜得面人世珠玑，感恩不及啊。快快进室待茶，以免佛主降我怠慢之罪！"一番客套之后，谭鑫培被前来迎接的几个小沙弥簇拥进方丈后室。一杯清茶之后，谭鑫培和方丈不约而同地起身，趁这难得的风和日丽，同游佛域胜景。

戒台寺的松树最为著名，不仅劲朗挺拔，且姿态万千，人们给它们冠上诸多雅名，如卧龙松、自在松、通天松、活动松等等。我想叫得最好的还是"自在松"，它叫出了那份潜在的佛性与淡定。很多人都爱看那棵卧龙松，它出土后不争朝天上长，竟一味地往下垂，尽往横里发展。卧龙松弯弯曲曲的枝干特别繁茂健壮，连小枝也有碗口粗细，树上长满了碧绿的松针，好像撑开的一把大伞，树身高不过一丈，占地面积约莫有十来丈宽。好一棵卧龙松！

在山门与大殿当中，筑有一座硕大的台地，那便是该寺因而得名的戒坛。在很多大寺中都有戒台，它是僧人传戒的地方，形状有点类似北京的天坛，全用砖砌筑，坛上雕刻着许多精细的花纹。走上戒台，举头向天，好像苍天触手可及。戒台寺广场可容纳数百人，据说，当年各地寺院常常派僧人前来这里参禅受戒。

在方丈无言的陪同下，两人漫步游历于若大的佛寺中，一花一草一木都是有缘之景，淡雅亲切地相融，无一丝尘扰。他们在静观中时而四目相对，灵光慧触中含笑于风，那座灵犀的桥梁在无形中架设通畅，于两位超然世俗的智者而言，无声胜似有声，恍惚前世今生的相遇与相知。

到了晚年，谭鑫培一切归于幽寂澹泊。他更加追求"空灵淡远"的美学风格。他的戏曲表演艺术达炉火纯青、随心所欲之境，善于在简练中求索机趣。

在他演出的剧目中，诸如《举鼎观画》《搜孤救孤》《南天门》《一捧雪》《骂曹》《洪羊洞》等剧，愈显庄重、苍劲、深沉、老到，不难让人从中感受到佛的光影。

受佛教"戒、定、慧"的影响，谭鑫培毕生追求对人世扭曲异化的超越：超越时空、超越尘俗、超越苦乐、超越传统、超越自我。在他创造的艺术风格中，那种"悲怨哀凉"与"诸行无常，诸法无我"的佛家教义无所不在一汇流通之中。

谭鑫培的"自性顿悟"，是由感知、理解、情愫、联想诸种心理因素（机制）积极参与而融合，彼此渗透中带有某种神秘的直觉感受（心理现象），铸就了谭派艺术"涅槃寂静"的哲学色彩与"天竺清歌"的文化特征。

谭鑫培为戒台寺的老主顾，寺内专门为他打扫出一进后院，即使再忙，他每年都得前往该院住上一两回。谭鑫培曾对寺院主持说："待我百年之后，就让我埋在这里，以永受佛门香火。"1894 年春，谭鑫培在戒台寺住持盛老和尚座下求受了五支净戒，因其深谙佛理，被僧人们称为"谭居士"。盛老和尚的弟子妙老人，许诺将十二亩戒台寺地产无偿出让给谭居士，以修千年之屋。1917年，妙老人的弟子、戒台寺住持达文和尚从诺师尊，亲自主持为谭鑫培修墓。这于一个寺外之人而言，无疑是极高的恩惠。

谭梅合演《汾河湾》

TANMEI HEYAN FENHEWAN

梅兰芳出道不久，即有幸获得与谭鑫培合演《汾河湾》的机遇，年轻后小能得谭鑫培首肯与他同台，这对一般伶人是终生难有的荣幸，梅兰芳在极度兴奋中难免小心翼翼。他常听人说，谭大老板个性突出，常常在戏台上让对手难堪，如遇那种情况唯有勇敢而机智地面对。尽管如此，梅兰芳在与谭鑫培的合作中，的确被谭鑫培"捉弄"过。其中一场戏中的人物对话原词应该是：

薛仁贵："口内饥渴，可有香茶？拿来我用。"

柳迎春："寒窑之内，哪里来的香茶，只有白滚水。"

薛仁贵："拿来我用。"

第二段：

薛仁贵："为夫的腹中饥饿，可有好菜好饭？拿来我用。"

柳迎春："寒窑之内，哪里来的好菜好饭，只有鱼羹。"

薛仁贵："什么叫做鱼羹？"

柳迎春："就是鲜鱼做成的羹。"

薛仁贵："快快拿来我用。"

也不知是有意为之，还是随兴所至，当梅兰芳所饰演的柳迎春念完"……只有白滚水"时，谭鑫培竟临时增加了一句"什么叫白滚水？"的发问。梅兰芳不由心里一惊，但机灵的他却不动声色地接道："白滚水就是白开水。"谭鑫培没想到梅兰芳反应这么快，他无话可说，心中不免萌生几分赞赏。于是，自然回到"拿来我用"的戏词上。也许，谭鑫培想借此试试梅兰芳，看其是否真如他所想的是通精应变之才。在接下来的第二段中，当柳迎春念"寒窑之内，哪里来的好菜好饭"还未及念出"只有鱼羹"时，谭鑫培随即抢白道："你与我做一碗'抄手'来。"这次，梅兰芳依然无半点唐突之态，脱口便问："什么叫做'抄手'呀？"谭鑫培转脸冲着台下观众，手指着梅兰芳不无嘲弄地道："真是乡下人，连'抄手'都不懂。'抄手'就是馄饨呀。"他看看梅兰芳还能不能稳稳地接下。不料梅兰芳却接着他的话头简单地加上一句"无有，只有鱼羹"，竟巧妙得如行云流水一样自然，将离谱的台词念得复归原位。

梅兰芳知道，谭鑫培与他的爷爷和父亲在戏台之下且有交情往来，尤其对他的奶奶更具有感恩之情。他将年长他 40 多岁的谭鑫培一直当着隔代的长辈，每逢见面总乖巧而笑称一声"爷爷"。从戏台的表面上看，谭鑫培确实随意加词，具有"捉弄"梅兰芳的嫌疑。但于谭鑫培的内心而言，"逗逗"梅家小子的同时，亦有试探中激发潜智的提携之意。虽然因此不免带来一些"谭鑫培倚老卖老，打压后辈"的负面议论，只是谭鑫培从不对人解释而泰然自若地听之任之。

在谭鑫培与梅兰芳合演《汾河湾》归来的那天晚上，他依旧沉浸在愉悦和满足中。小培习惯地给父亲沏上一杯热茶，装上一袋烟，他那异乎寻常而隐含于眶的泪水却没能避开父亲的洞察。看着儿子莫名的愁绪，他禁不住关切地问："儿子哎，今天是怎么哪？"不问则好，这么一问小培终于忍不住泪水外流，竟而伴随着轻声的啜泣。谭鑫培伸手将儿子拉近身边，小培乖巧地贴伏在父亲的膝盖上，身体还在微微抖动。谭鑫培不住地用手抚摸着儿子的头，只想用内在的温热来化解儿子不明的哀伤。"有什么苦和怨，不妨给父亲说说，一室之内，父子之间还有什么剥不开的硬茧吗？"听了父亲的话，小培抬起头带着泪光鼓起勇气说："父亲，您能不能别在舞台上再'捉弄'他人了呢？特别像兰芳这样的孩子，您都是他爷爷辈的人了！一个被世人尊称为伶界大王的人，犯得着吗？"虽说这句话来得十分突兀，却一下揭穿了谭鑫培心中的疑团与谜底。他用双手扶着儿子的双肩，用几分不解而又赞赏的目光望着儿子，但没有即刻回答，而是片刻无言的相视。

谭鑫培慢步走到窗前，注目街道上往来的人流，背对着在期待回复的儿子说："你知道我为什么有时'捉弄'别人吗？"小培小心翼翼地鼓足勇气回答："我只知道大家背地里的议论和指责，说您以高高在上的资历排斥和打压后辈而令人不齿。"说完这句似乎触犯天条的忤逆之言，小培作好了面临重责的准备。谭鑫培没有动怒，也没有高声，继续问道："不管别人怎么说，你难道就附和他们的观点吗？"小培不敢隐瞒地说："差不多吧。""怎么叫差不多，是就是，不是就不是。父亲不怪你，因为你还嫩了点。"小培听出父亲话中有话，没再插言，静耳细听父亲的下文。谭鑫培轻轻地咳了两声说："知我者为智，不知我者是愚。"稍停片刻，儿子没有辩驳也没有接茬。他继续着自己的话："你回想一下，这多年来，能被我'捉弄'的有几人，知道为什么吗？难道我就真的是借此炫耀而自娱，犯得着吗？"他摇了摇头说："真不是人人都能有资格让我'捉弄'的。"这句话使小培听出一头雾水，他的"捉弄"好像不是打压，对被受者反而还是一种关爱与荣耀。一向为父是从的小培，更无从接话了。谭鑫培继续说："我天生就不喜欢那种陈旧刻板的套式，一切都得在变化中创新，尤其是戏曲，唯有在创新中才能获取脱胎换骨的进步。"

谭鑫培转过身来走到儿子身边，用右手轻拍小培的左肩说："多看、多学、多思，切莫人云亦云，任何事都得要有自己的思维与主张。父亲并非如有些人眼中的自视高大，今天的地位是在一步一步中走上来的，没有在学习中思变，再优秀的传承，充其量是个守旧者，永远不能走在时代的前头。我表面上的'捉弄'别人，其实是在爱惜中探测，看看在逼迫之下能否激发他的潜智，以助其将来走得更远。远的不说，就说你三胜爷爷和程大老板吧。那次他们少有的一场《凤鸣关》同台合作，余三胜竟将诸葛亮原有的四句台词直加唱到六十句以上，一直到天黑无灯，使顶替唱大轴的程大老板，只得委屈地将赵云的角色在草草收场中淹没了。而结果呢？程大老板不仅没有怪罪和妒忌余三胜，相反从内心里敬佩三胜的才能，还破格地亲自主持了让为父（他的徒弟）去拜师余三胜的酒宴。这种打破世俗的超然胸襟和智慧，敢问当今天下几人能有？所以说，他们都能成为"老生三鼎甲"之一，并非偶然。兰芳与我的关系非同一般，他的爷爷和父亲都与我相处得近，尤其是他奶奶更于我有恩。虽说我与他同台合演前从没见过他，却很早就听人说这个孩子天赋异秉，自想给他制造一点机会，有意设置一点关碍，如能助他冲开茅塞，不出我所料，也许他真能成为未来戏剧界一颗璀璨的明星。凡属遭逢我的"捉弄"而不能脱俗且淤塞的人，就莫怪我不助他了。"小培睁着一双大眼，以鲜有的眼神望着父亲说："你为什么不给人言明而自背积怨呢？"谭鑫培关爱地望着儿子说："傻孩子，天下很多事均在只能意会不能言传之中。假如说穿了，不免被人说我故作高深，抑或当事人以虚假的接受与感恩来逢迎我，岂不有违初心吗？清者自清，浊者自浊嘛！"通过今天的一席话，小培似乎这才真的读懂了父亲，小培心中顿感豁然通明，心亮了，世界就亮了，原来不解间为父所背的那份负疚感即被清风吹过，天高云淡！

陈十二爷在《旧剧丛谈》里曾有这样一段记载：民初段宅堂会，外串鑫培和兰芳的《汾河湾》。由于第一次合作，事前又未对戏，当演至《闹窑》《杀过河》时，两人里外相走时不免对面相撞，仓促之间无人理会，谭鑫培却于场白中忽加"叫他这边躲，他偏要往那边去"一语，即景生情、妙语解颐，入情入理间给人带来一笑之娱，令人忍俊不禁。

有些人说，凡与谭老板同台演唱一旦出错，他绝不肯替人遮盖，更不愿为人托着。在谭鑫培一生的演艺生涯中，不敢说没有出现过这样的场面。但于梅兰芳而言，他说谭爷爷真为此当了冤大头了。你想，这《杀过河》是两个演员对做的身段，一个往里边走，一个准往外边过去，谁唱也不会走错。梅兰芳常说他是一个极笨的人，但在台上向来不敢大意，尤其是与谭大老板配戏，更是处处留神，所以，根本没有对面撞车这回事。但陈十二爷这段风趣的记载，倒符合谭鑫培幽默风趣的性格。所以，梅兰芳没有反对。

梅兰芳小时的生活境况很差，受尽了冷淡与漠视，生活在贫穷与阴森的环境里，得不到童年的温暖，十岁之前几乎是一个没人管束的孩子。他小时并不见聪明，八岁时，家里为他请了名小生朱素云的哥哥来替他说戏。大凡启蒙的无非是《二进宫》或《三娘教子》一类老调老腔的戏。没曾想到，三四句唱腔，教了多时还不能上口。朱先生嫌他太慢，似乎有点愚笨，一点信心都没有，说了一句：祖师爷不给饭吃，一赌气再也不肯来教了。后来在梅兰芳成名之后，一天在后台碰着，朱先生不好意思地说："我那时真是有眼不识泰山。"梅兰芳更不好意思地说："您快别说了，我受您的教益自是太大了。"梅兰芳小时的身材也很平常，一张小圆脸，两只眼睛，眼皮老垂着，不见精神。他平日少言寡语，可谓是"言不出众，貌不惊人"。令人惊奇的是，他从十八岁开始，竟一天天地长好看了，脑瓜子也越来越灵光。到了二十岁，那才让人不敢相信，一副水灵的可爱，对艺术的领悟也日益精进。人说女人十八变，作为男性的梅兰芳，也许天生就是为旦角而来到人世的。

设计前推杨小楼

杨小楼的父亲杨月楼，他与谭鑫培同事三庆班多年，虽说存在诸多的艺术竞争和不同的艺术观点，还有大家公认的程长庚交班对杨月楼的偏颇之嫌，这些沟壑均未能影响他俩之间的相交与相惜，私交一直很好。尤其是杨月楼临终托孤，一诺千金的承担，是为谭鑫培的终生之责。后来，他索性将杨小楼收为义子，并入谭门宗系，起名为嘉训。

杨小楼天赋极高，嗓子特别亮，以梅兰芳的话说，大凡武生，经过刻苦的练功，均对身体尤其是嗓子造成不同程度的损伤。但杨小楼却是罕见的例外，他精微的演艺和唱功，绝对是京城的武生第一，为梅兰芳平生所仅见，深得谭鑫培青睐。杨小楼与谭鑫培同场演出很多，但他的戏码经常是倒手第二的"压轴"，谭鑫培几次有意让他唱大轴，都被杨小楼婉拒。他对谭鑫培的仰望为心中永久的依托，敬重下的唯唯诺诺有时真正像儿子面对父亲一样，他总怕压不住座，一直不敢接受干爹的提议。

北京一年一度的蟠桃宫庙会，总在三月三如期举行。那天，谭鑫培和杨小楼又一次同场演出，杨小楼依然排的倒手第二，大轴还是谭鑫培。有心提携让杨小楼唱一回大轴，却几次未能实现，谭鑫培的确心有不甘。他觉得杨小楼早已具备唱大轴的能力，时机早到了，也该抬抬，"我不挺他谁挺他呢？"回想身在三庆班唱老生的请求，缕缕不为程长庚所允之苦，他理解培养下辈的责任与功德，铁心要扶一扶小楼，一定要他唱回大轴。但必须要想个办法，不然，又被他推却而自己的好意恰似一江春水向东流。正当他冥思苦想之际，突然眉头一皱，计上心来，心头的块垒一去，感觉轻松无比，谭鑫培的脸上不由得露出了阳光。演出的前一天，他就对杨小楼说："小楼啊，明天我要去蟠桃宫，唱完大轴再去恐怕赶不上了，你要替为父担一担，咱们换换戏码。"杨小楼知道老爷子喜欢看赛马（蟠桃宫里的赛马盛会挺有场面），他年年必去，没有一场落下，回来后还会津津乐道赛马的盛况。今天，面对老爷子如是说，杨小楼欲言又止，虽说有些畏难，又不愿伤了老爷子的赛马之瘾，不得已应承下来。他请示老爷子："您看我明儿贴什么戏好呢？"谭鑫培说："你就贴《铁笼山》吧。"整个对话过程十分畅快，谭鑫培一副轻松自然的状态，其真实心意不为杨小楼所察。

第二天，谭鑫培在前面唱了一出《洪羊洞》，接着就是杨小楼的姜维上场。台下观众的情绪十分热烈，掌声响，喊声也高，杨小楼被整场的气势所鼓动，真的是铆上了，他使出浑身解数，一鼓作气，始终不懈，很圆满地结束了这出大轴戏，成就了谭鑫培的多日护犊之梦。谭鑫培没有看错杨小楼，观众的认可就是目标，这是戏曲艺术永恒的尺码。

其实，谭鑫培那天根本没有去蟠桃宫，看赛马只是托辞，想捧捧杨小楼才是真的。谭鑫培唱完《洪羊洞》急急退身后台，他悄悄地躲在台帘里边，看完了杨小楼的一出《铁笼山》，相当满意。背着杨小楼，他狠狠地夸了几句，这才一声不响地离开戏场。后来，有人把谭老板那天夸奖的话转述给杨小楼，他是既感动又感激。从此，杨小楼的人生戏路又踏上了一个新的台阶。

大家可以想象，一个后辈艺人，听到一位老前辈于背后的夸赞，那该多么令人兴奋啊！尤其是得到谭鑫培的赞许，他不仅是义父，更是伶界大王啊！杨小楼卸完装，一路轻风地走回家，刚一进门就听人说，谭老板已经派人来过，让你过去一趟。这下正中下怀，真该去看看老爷子，虽说谢在心里，也得去照照面吧，老爷子对他用心良苦啊！杨小楼扭头就走，一路急风骤雨似的赶到谭宅。进门见了老爷子，只是收不住满脸的笑，行前打好腹稿的好多话，一句都没说出来。谭鑫培见了小楼就说："你今儿个《铁笼山》真不含糊，快坐，快坐。"谭鑫培关切地问："小楼啊，我要问你《观星》那一场，有牌子你怎么不唱呢？"杨小楼不假思索地直率回答"我不会"，一副憨憨的表情。谭鑫培接着说："这个牌子的名儿叫《八声甘州歌》。它的词儿是：扬威奋勇，看愁云惨惨，杀气蒙蒙。鞭梢指处，神鬼尽觉惊恐。三关怒冲千里振，八寨雄兵已成空。旌旗摇，剑戟动，将军八面展威风。人似虎，马如龙，且看一点便成功。声上的名儿叫'三换头'。这里面包含《风入松》《泣颜回》《排歌》三种牌子的打法。去姜维的不仅要会唱牌子（行内人说"去"就是"扮"的意思），而且'锣经'也要熟。这儿的身段和唱词紧密联系，少唱两句可以，如果根本不会唱，那你的身段也就只能比划两下，没有准地方了，精彩不免就淡了些。本应该将激情冲到顶的，艺无止境，要锦上添花，越高越有奔头，浪花回落也是为了下一波的飞溅。来吧，今儿我就给你说说。"

那天，谭鑫培特别高兴，拿过一双筷子，嘴里连唱牌子带锣经，手上不停地打给杨小楼听。最后又站起身来说："唱完了这句'扬威奋勇'等场面打的冲头收住，这才接着唱，看愁云……同时从上场门领着龙套走到台的中间。牌子里'杀气蒙蒙''鞭梢指处……'都要有一定的身段、步位。"他耐心地一一给杨小楼示范。这样认真地指点，杨小楼还有学不会的道理吗？有人常说谭鑫培不肯教人，这话并不尽然，就像杨小楼这样，没有主动请教，他还自动来教，竟然教得那样仔细。看来，谭鑫培不是不肯教人，而是要看人教。谭鑫培教杨小楼，也并非全为了谭杨两家的关系，更重要的还是艺术所承载的责任与希望。大凡一个拥有高超艺术的人，如果让他去教启蒙学生，他不一定教得合适。这如同让大学的教授去教幼儿园的孩子，不仅是知识浪费，其教育本身往往难得收到理想的效果。要是程度高的演员，经大师级的人物一点拨，真可起到"画龙点睛"之妙，收效不言而喻。那一次谭鑫培设计将杨小楼推上大轴，且获得圆满成功，于杨小楼而言，感激之情是任何物质与言语都难以表达的，那种铭刻于心底的印痕，终生不可磨灭。那回杨小楼与茹莱卿私话，一时又不自觉地沉浸于对往事的愉悦回顾中，情不自禁地与对方生动地讲述了这一段经过。后来，茹莱卿又将此情告诉了梅兰芳，这就是一段真实而动人的历史。

谭鑫培与杨月楼同为程长庚的弟子，虽说程大老板终将班主之位传给了杨月楼，而非大家原本认为更有希望的谭鑫培，谭鑫培当时确有几分想不通的怨言。其实，大家知道，谭鑫培更加清楚，在程长庚心里，谭鑫培的地位一直至高无上无人能及，不然，他便不会成为程长庚众多弟子中唯一被收为义子的人。程长庚在他重病期间，将那乘最心爱之车执意送给了谭鑫培，颇受班内人羡慕。程长庚多次预言，将来的老生之主定属谭鑫培无疑，而不是未来老生三杰中的孙菊仙和汪桂芬，他的预言是何等的坚定和精准啊！程长庚唯一觉得谭鑫培不合其意的是他的声音过于柔美，有失传统高声大嗓的英雄阳刚之气，甚至于因一时之气将他说成是"亡国之音"。程长庚一语成谶，大清朝的确亡于谭鑫培的艺术鼎盛之期，但这种巧合并无任何理论支撑。程长庚只是众多守旧艺人中的一员，并无不可接受和理解之处。

自从杨月楼接任三庆班班主之后，谭鑫培就离开了三庆班，直至杨月楼离世，三庆班解散，他再也没回三庆班。但杨月楼与谭鑫培的私交，从未因三庆班主的传承而疏远。1890 年杨月楼去世，在他弥留之际用力握住谭鑫培的手，将杨小楼托付给他，在谭鑫培用力相握的点头回应中，这才安心地撒手人寰。谭鑫培不负杨月楼之托，把小楼当儿子一样爱护和培养，并将他收为义子，入籍谭门，起名"杨嘉训"。于情、于义、于业，杨小楼成为了一代大师，足以证明杨月楼所托精明，谭鑫培受托无愧！回顾历史，谭杨两家的渊源与交往，不失为一段可歌可泣的佳话。

善心德艺

谭鑫培一生钟爱慈善事业，凡是赈灾或为同行们募捐，他从不缺席，常常积极领头。有一次，由王君直、丁辅生组织出演义务戏，谭鑫培接下连演两天的戏码，均由陈彦衡操琴，谭鑫培唱得十分卖力。第二天的《桑园寄子》，王瑶卿的嗓子已不能唱二黄，那句"走青山望白云家乡何在……"慢板，老生、青衣、娃娃唱，末句青衣唱"何日里到潼关才放心怀"，"心怀"二字叫散，有个上翻的高腔。谭鑫培的调门高，王瑶卿够不上，一向由陈德霖陪他唱，恰遇陈德霖有事不能前来。王君直便问计于谭，青衣找谁演。谭鑫培随手一指说"到东边去问问"。王一听便心知肚明让他去梅家。谭鑫培家住大外廊营，梅兰芳住鞭子巷。于是王君直出门径直朝梅家走去，事情很顺，梅兰芳一口答应。那时，梅兰芳很小，但与伶界大王谭鑫培搭戏，却看不出一点拘谨与胆怯，唱得轻松，演得自如，大家十分高兴。

光绪末年的一天，大外廊营外突然来了一位年轻的和尚，他看见谭小培从家中出来连忙跪下磕头，小培急忙双手将他扶起，问他是否化缘，他答不是。和尚不为化缘，又为什么呢？小培感到有些茫然不解，便继续探询，年轻的和尚则说，他要请谭贝勒救他一救。一个和尚来谭宅求救，究竟因从何起，弄得一向冰雪聪明的谭小培一头雾水，不由得将一双目光对准了和尚。和尚却一副坚毅的模样闭口不答，看来是铁了心要见父亲，不得已谭小培转身走向内屋秉陈父亲。一会儿，谭鑫培走出门外亲切地对和尚说：我就是谭鑫培，有什么难事向我说吧。和尚又立刻跪地连连磕头，眼见额头上瞬间冒起一个紫色的血包。谭鑫培慌忙将其扶起，轻声问询："有什么事请说事，别只顾叩头。只要我老谭办得到的，自当尽力，何必如此呢？"一边说一边看着和尚头上的紫包，怜心之下只能用眼光抚慰。谭鑫培将扶起的小和尚请到屋里，让人给他沏上一碗热茶。和尚说："我是江西一寺庙的和尚，因为庙宇烧毁重建，疏头上须盖一块御玺，方才允许外出化缘。方丈让我带上两千纹银来北京，设法盖上御玺。因我初到北京，人生地不熟，只得先在店里住下，再慢慢打听门路。因与人谈起，有一人说他能找人办通，于是，我给了他几百两银子，那人答应三天之内自有消息回复，可是一去十多天再不见踪影。后来便有了第二个人、第三个人，都说我前面上了当，要是早找到他就好了，一个个将胸脯拍得鼓响，还是要先拿银子去运作。结果，他们拿了钱，一样的再不见回来。我心急如焚，便照着他们留下的地址一个个去找，却全部都是假址。如此一晃，半年就过去了，钱也花得差不多了，回去又交不了差，真想找根绳子悬梁自尽了结残生。店主得知后，看我可怜，便告知我说：'大外廊营有个谭贝勒，他是宫中的红差，如能求得他应允，准能办成。'请您救救我吧。否则，小僧丢一命并不可惜，但寺庙重建就无望了，那我只有来生再赎罪了。"那小和尚的声音带着几分强抑的颤抖，眼里含着僧人少有的泪花。他一说完又下跪叩头，谭鑫培一下没拦住，看见和尚的头上鲜血顿时直往下流，令人心痛不已。谭鑫培一边叫家人拿东西来帮和尚止血，一边对他说："你先在店里等两天，待我联络后再给你回复。"

谭鑫培先找到崇文门的监督商量，他对谭说："这件事只有找'皮硝李'，他定能办通。不过你也晓得，他一向只认钱，预备三千两银子，我去找他办。"可是和尚身上现在仅剩有三百两银子，只够个零头。于是，谭鑫培便想办法帮他募捐，理由是重修某某古刹。经过几天筹集，募得两千多两银子，总共一凑，还差五百两。正当谭鑫培为钱着急，恰遇天津有人来请他唱戏，收了三百多两，再自掏一百多两给监督送去。不过三天，御玺盖下来了。小和尚拿了盖上御玺的疏头，欢天喜地一路狂奔出京回寺，心中充满了对谭鑫培天高地厚的感激之情。因谭鑫培一生乐于助人，从不愿留名，更不事张扬，小培曾问过父亲两次，那个寺庙是何名称，崇文门的监督是谁，他总是摇头一笑，从不吐露。所以，谭家后人只知其事，却不知具体的名与人。

有一年，谭小培带谭富英去上海演戏，坐轮船回程，他们坐的头等舱，在大餐间里，同席而坐的有一位老者，闲聊中得知他们是北京谭家之后便对其说："你家老爷曾帮我们江西做了一件功德无量的善事。那还是我任县官时，当地有一座大庙，我常去寺里与方丈聊天。因经常出入，看到寺庙里的后边一进院落总是上着锁，从不开启。有一天，我禁不住好奇便问方丈，'你们的后院究竟供着什么菩萨，能否让我进去拜拜？'方丈却说，'既然大人问起，今天就破例让您进去看看，平日里只有我一人进里间上香，其他人从不让进。'说着，方丈便从身上掏出一把铜钥匙，轻轻地将后进门打开，随即将门掩上。只见偌大的一个院子，里面竟空荡荡的，中间有一座供桌，神龛里供着一座朱红的金字牌位，我走近前细看，上书着'施主谭鑫培长生禄位'。我说，'谭鑫培为内廷供奉，他是伶界大王，寺庙里专供他的牌位，所为何来。'方丈意味深长地对我说，'谭供奉曾救过我一命，不然，不仅我可能早已不在人世，这座庙可能也难得以重修。'于是，他跟我讲述了谭鑫培当年在北京帮他募捐，并去宫里找人盖上御玺的事。他说老方丈圆寂时衣钵相传，当他做了方丈后，便在后院里专门供上了谭施主的金字牌位。"因为专心听讲，谭小培又一次忘了探明该寺庙的名称。

谭鑫培信奉佛教，与寺庙关系良好，早年曾拜过嵩山少林寺的方丈；庚子年两宫西走，亦曾到该寺进香。后来佛寺失火，烧了保存的经书，少林寺拟修大雄宝殿，重刻经书，方丈便进京化缘以求捐助。寓京近一年，多次求内务府转奏无效，后托人找到谭鑫培。谭鑫培借演戏谢赏时，将此事面奏慈禧，慈禧当即令内务府支库银五万给方丈。方丈大为感动，无以为报，竟以一套撒手锏和两套兵刃武功回授，以报玉成之德。谭鑫培得此少林真传，即用于《翠屏山》和《天堂州》两戏中，颇获盛誉，《谭鑫培升平署承值杂记》中亦有所记载。

1905 年（光绪三十一年），杭州贞文女校的校长惠兴，因向将军瑞兴募款兴学被辱而自杀。这件事曾引起全国波动，因为维新运动惨遭清廷镇压后，虽说保守势力一时占了上风，但大多数民众心中依然赞成维新所提倡的一些内容。当时，尤其以南方上海、杭州兴起的女学为最前沿，他们热烈提倡男女平等思想，成为社会的一种新思潮。而北京作为清廷所在地，思想禁锢，女学更是不被接受。惠兴被辱自杀一事，被贾润田先生编成了京剧《惠兴女士》，在福寿堂为惠兴所创办的学校作捐助演出，产生了很大影响。于是，田际云联合谭鑫培在北京公演几天，公开揭露瑞兴的罪恶，他们把演出票款收入三千六百多两银子全部汇往杭州，捐赠给贞文女校。谭鑫培在义演中积极主动带头，借舞台表演喷发心中对邪恶的愤恨与反抗，此举开创了以京剧表现当代生活的最早尝试。谭鑫培之举足以证明他敢于与黑暗势力斗争的勇气，他对男女平权的新思想不但接受，而且付之于积极支持的行动之中。谭鑫培在京剧艺术上不纯为艺术而艺术，的确为一位具有正义思想的革新派与改革家。58 岁的谭鑫培，在那个时代已属老年之身，而他的思想并不老。他支持兴办女学，同情惠兴募捐之举的遭遇，愤恨和反抗摧残新生事物的万恶势力，具有民主主义思想，在当时的戏剧界中，也不愧为头牌地位。在欢迎黄兴进京时，谭鑫培领头在湖广会馆唱戏，坚决拥护共和。谭鑫培并非一个顽固于传统的旧时戏曲艺人，在行善积德之外，在诸多社会事件中，他的行动证实了他具备在改革中进步的新潮思想，这正是他不同于一般守旧艺人的可贵之处。

又进戒台寺

　　上海的行程已定，过三天就出发，随从告知一切准备就绪之后，谭鑫培还事无巨细地过问一遍，这才放下心来。上海不比北京，家门口地近人熟，没有夜灯，也能从前门不弯一步地回到大外廊营。

　　近段时间演出太多，好久没去佛寺进香了。无论身处何地，无论戏务安排多满，躬身佛寺，礼佛捐赠，是谭鑫培必做的功课，他与佛自有一种难以言说的心灵亲近。昨晚他便向家人传话，明晨早起套上马车，去戒台寺进香。这么多年来，他自把戒台寺当作了家庙，每次去往戒台寺归来，风尘的洗却使他倍感神清气爽。

戒台寺离城较远，那时还没有动力车，一般得坐骡车前往，且当天难得往返，得安心住上一宿。戒台寺大殿中间供着几尊大佛，两边相伴着无数尊佛，所以又名千佛殿。殿堂特别高大，比一般的佛寺显得气派与巍然。

谭鑫培每次到达戒台寺均踏雾而行，在晓色似开未开之际登山礼佛，以行净心之举。远远看见方丈立于寺前，不免放轻又放缓脚步，他不忍给大师带来一丝清扰。

"谭施主几月未曾光顾，不妨移步前来，以解老衲渴念之盼。"

谭鑫培双手合于胸前忙说："阿弥陀佛！不想还是打扰了方丈的晨工之课，万望大师宽恕。"

"谭施主言重了，老衲一介僧人，哪敢当你大师之礼呢，唯有你谭施主，艺冠四海，才是众生眼里与心里景仰的大师啊！"

"方丈的话使我深感汗颜，随口几句哼哼，岂敢污大师法耳？"

与方丈言来语去间，总让谭鑫培收获一份舞台之外的松弛与亲切，无须努力的笑颜，瞬息让他褪去生活和艺术所有的包装，就像劳累中走进家门一样，任温馨漫流全身。不知多少回，谭鑫培曾莫名地产生过疑惑，戒台寺好像就是他命中的精神家园，这是否是佛对他的感召，该不该剃度入寺呢？他曾不止一次地向心灵发问。假如不是太痴迷于戏曲不能自拔，轻易放不下那些热情飞扬的戏迷，说不定戒台寺中早添了一名跪伏蒲团诵经的沙弥。

"谭施主，请！"

"方丈，请！"

在相互礼让中，他们双双走进佛门。

"清晨，太白之下，骤见一抹青云飞动，我猜到谭施主今天必来。"

"啊！"谭鑫培望着方丈，惊讶之状写于眉宇之上。

"青云谓之青龙也，试想谁能有此龙凤之身，不为你这个王帽加身的谭施主，还舍其谁呢？敝寺与之有缘分者，更无他属了。"

话声一落，两人的笑声早已淹没了行进的脚步。

"方丈的玄机妙语，总使我在豁然惊悟中倍感佛域渊深。"

"这与你的艺术之奥乃异曲同工之妙。"方丈散淡地回答。

谭鑫培被方丈热情地引入佛寺，每当走进一道山门，就像新笋去壳一样地得到释放，浑身舒泰而轻盈，似乎已与佛赤诚相见，心无半点私蔽。但与方丈在寺后的茶室交流中，依然感觉身处尘埃的混浊之中，纠缠太多，负累太重。怪不得当人两手空空地站于佛前时，依然听见佛在说让你放下。原来，人生世相其实具有表象和心象之别，果真俗人难度啊！

谭鑫培不仅与佛有缘，且与佛亲近，无论去何地演出，不论多少场次，都不忘在戏场的间隙里进寺礼佛，他把自己视作身在佛寺之外而心在佛寺之中的一名特殊的修行之人。他心中潜存一种说不清而道不明的微妙之感，戏曲之艺与佛光相映的隔世之觉，总给他以莫明的召唤。每遇心存困惑，抑或尘念浮动之时，只要走进佛寺，在佛座香火前闭目祷告，即获云卷云舒的朗照之明，脚步也轻了许多。北京近城的几座佛寺，没有他未曾去过的，去年就曾两进潭柘寺，只是自觉戒台寺与他更亲近，即使长住半月，依然不舍与方丈作别。是私交之甚，还是佛光朗照，谭鑫培说不清楚，也不想说清楚，任凭感觉牵引，不问风雨前行。这么多年来，他似乎越走越坦然，越走越清明，所以义无反顾地来去。

方丈曾对他说，世人都生有两只手，一只手执掌杀戮，一只手执掌拯救，两手互博，胜败无常。因人而论，因性而行，因缘而注，因修而定。好人、坏人，好事、坏事，均在一念之间，无常地存在，有常地抉择，均于人性考量。凡人凡事均无绝对的好，也无绝对的坏，既无绝对的善，也无绝对的恶。好坏骤变，善恶相连，亦如日月轮转，阴阳互补之理。只要有缘，放下屠刀，立地成佛，至中之理常存天地，有时人力难为，自在定数之中。是人都涉足尘埃，世上没有一双不沾泥的鞋，唯有自净才得净。方丈看着谭鑫培晴朗无云的脸庞，不觉已径直来到后院门前。

后院的门锁着，当谭鑫培与方丈走近之时，一位少年僧人不唤自来，麻利地开锁，尔后是烧水沏茶，不见有第二个人出现。那个小僧只是见面时对谭鑫培露齿一笑，从头到尾再无一句言语，进出就像一阵清风。从门锁的灰尘上不难看出，此院并不常开。

方丈似乎早有觉察。"谭施主，此后院，原来是供僧人栽花种草的一处工房，自从那年春天陪你观看牡丹，在你一句'真美真静'的感叹之后，我便将此处辟为茶室，专为你设。你不来，我从不入此室，也不为他人供座，只是隔三差五地派人清扫而已。"方丈手指出门小僧的背影，"他是专职，一人施事，从不让他人替换，我不愿让谭施主的心爱之处蒙尘。"

谭鑫培顿感愕然，心存谢意，根本不用出口。

此院远离经堂，开窗即遥望山外景物，看鸟飞兽行，听叶落花开，任漫山的春夏秋冬着装变换。佛寺似如一处天国净土，坐拥自然风色，得赐凡间香火，为众生诵读，解劫难于既倒，度有缘于山门，真乃一块扫除世俗蒙尘之福地。室中窗明几净，清香萦绕，一方楠木茶海，一套景德镇细瓷茶具，一把被茶水养出柔和光泽的陶壶，不在行内也可认知为极品。茶室门外的一方小院，栽种着诸多盆景花卉，几株牡丹不失时节地尽情绽放，不以佛钟传递的清心寡欲之声而羞色于春光流放。入眼骤见滴滴露珠闪闪，伸手接来缕缕阳光灿灿，人与花相近，花与人相亲……方丈竟将此间辟为静室，专供我享用，恩高德厚，何以为报啊？谭鑫培不禁沉入无尽的感思之中，是方丈中气平和的话语，才将他拉回对茶畅叙之中。

方丈一笑，"你还记不记得，我们在此共饮几回茶？你在寺中安歇过多少天吗？"见谭鑫培一片茫然，方丈继续说，"截至今天，你我共处此间对饮而论了一十六回，你在此间共住了九九八十一天，不曾记住吧。"

"大师真的好记性。"谭鑫培的眼里放射出一道炽热的光芒。他个字不识，从不读本，自认能戏几百曲，全凭记忆，此中之能，均不输人。怎么就没记住这项数字呢？

方丈将右手轻轻地在茶碗之上左右两拂，有如挥去茶雾，又如挥去鑫培之思。"要说比记忆，你肯定不输于我，只是你的心中唯有戏而已。"

谭鑫培对方丈清明的洞察十分佩服，有时，他好像没有观看，就知道你在想些什么。他每次跟方丈交谈，从不保留，敞开心扉，不让一沃溪水阻流。唯有在寺中，他才获得月夜下独处花园的宁静与安详，一任洗却世俗铅华，在自然中还己于自然。

"其实，你根本不必钦佩我，只是你在动，我在静而已。仅凭你的天赋和才华，让世人羡慕都来不及。你也不必留念佛寺，这儿只是你的一处精神驿站，你今生皆不属佛寺中人，凡事都具有定数。你唱戏，我念经，都是一个理，为己，也为人，既为存在，更为需要。有时，老僧真想多留你几日，从施主身上采摘些许域外灵光，但直觉告诉我，决不能以一己之私将星光占为己有，不然，面对众生就是一种罪过，因为你是属于万千观众的。"

"方丈真是太抬举我了，高下之隔，我从不敢论，只觉平生知音难求，更有求知解惑之念，唯有大师之处总让我一如所愿。每次作别佛寺，心中无一不在暗定下一次入寺的期许。每次在与你交谈的求诉中，我的戏业便获得一分无形的精进，势如渴中饮泉，旱中降露，真乃及时也。"

"如是说，老衲倒真愿领受。终没因敝寺而荒废你的艺业，一处远离人间繁华欢笑之地，还当得谭施主惦记，真乃荣幸之至。"

谭鑫培似乎还在回味某种不愿褪尽的思索，"怪不得那么多高人能舍却万千荣耀与奢华，遁入空门，长伴青灯古佛。佛寺中清雅淡泊的潜在之力，像无形的巨大磁场，难以抗拒地吸引有缘之众来聚，神妙之处，非我戏曲能唱出的真谛，佛学玄机，也非我辈伶人能悟觉吞吐。"

"佛学源发于庸常，却超越常理，正如你谭施主一样，生于凡世，却超越凡人。"方丈的话语极其平淡，却寓意浩瀚，面似无风无雨的脸庞，内在包罗万象。有常的释义，无常的变幻，无边无界，生生不息，穷毕生之智，方能打开门窗一二。

"佛学的博大精深，谭某恐怕今生无缘涉足溪底，而戏曲，恕我引用佛界的话说，只是众生喜闻乐见的娱悦，两般难以相提并论。伶人卑贱，苦海深沉，敝人爱于不能自拔，擅发心声于众，是为至大追求。深得大师抬爱，从不轻贱，在生感激不尽。"谭鑫培心中似有无限难与人言的感慨，平日一再隐忍，唯有在寺中与大师相向，才无遮无挡地释放，扫却心尘，焕然一新。

"谭施主此言差矣。佛学出于教化和善与，救人于难，给人以活，予心以静，给世间以光芒，给众生以福祉。戏曲被世人所爱，为众生而演唱，将生活移至舞台，以古喻今，以典说事，弘善惩恶，一样行教化之德，并兼有营造愉悦之能，何来卑贱之说？吸万千而化于无，无中生有而万千，脱胎于原形，雅俗共融，至高至大，似是而非，这就是佛说与戏唱的共同之道。"

听闻方丈的话，谭鑫培深怀感激之情，如世人都像大师这般，戏曲的发展与兴旺，何止这般田地。"大师是何等修为，高人高论，非常人可及。看那些自命不凡于座台上的人，他们一边聆听，一边贬损，将伶人划入下九流之内，任其蹂躏，天理何在？"谭鑫培的言语已不自觉地带有几分嗔怒。

方丈心界于渊，自没有被对方的话激起风浪。他体贴伶人之苦，感佩谭鑫培的天赋，敬重他身在伶界而不自贱，身誉大王而不自傲，为艺奉献而终生不移，实为人中龙凤。"望谭施主勿躁。人生追求各异，只为喜爱，为人也为己。百行百业，只要天地间存在，自有它的道理，在贫僧眼内没有贵贱之分，人为地划分，是一种等级制造，也是治人者食于人的理论萌生。时下，你安心唱好你的戏，不负万千听众，何顾那些王公贵族之言。在我佛眼里，众生平等，百业可兴。佛教与戏曲，一为苍生从善于修，一为万民寓教于乐；佛域伶界，禅意艺理，两归一统，既无上下之分，更无雅俗之别。我敢断言，戏曲的发展不可止歇，历史自有公论，将来总有还你伶人清誉的一天。"

方丈的话总能让谭鑫培如饮甘泉，内在的潜力与信心无与伦比地增长。"请方丈放心，我不会怠慢，更不会舍弃，只是心中一时积存阴霾，无法驱散，每每祈望大师予我解惑，望恕我不恭之罪。"

"谭施主此话就有些客套了，你我多年交往，彼此从不相瞒，你常来敝寺敬香，求得的是心静，慷慨地捐赠，培育的是善根，我感激都来不及，岂有怪罪之理。再说，老衲有时也不免请你为我演唱一两段，身在佛寺也不脱世俗，听听戏又有何妨，你的唱腔，真还让老衲听出些许佛缘之分。谭施主应该听得出来，我对伶人的恭谨，并非世俗谦套。"

"哪里，哪里，我从不敢将大师的真言听虚，只是仰慕佛域而怀童言无忌罢了。"

"好一个童言无忌，仅凭这句话，我佛自可将你视为俗家弟子。"方丈笑了，谭鑫培也笑了。整个院落都融合于自然天趣之中，远去了一切尔虞我诈，清静无崖，欢乐无边，佛寺净土，极乐之国。

每遇谭鑫培来访，不逢呼唤，方丈从不让人踏进后院，两人世界，言来语去，无声无息的时光被窗外的花香带走。寺中之人只知方丈与谭鑫培交情甚深，但不知他们闭室所谈何事，从不私自打探，只偶尔聆听从门缝中传出来的笑声。小和尚早早将室内的炭炉生起，壶水冲盖而动，热气弥漫，春寒渐退。方丈亲自给谭鑫培加水，相互之间无须谦让。

谭鑫培似有所感，"自从大师教我《心经》，虽说不得全真化解，但无时无刻都不敢忘。色即是空，空即是色，一心企求减轻世俗名利的负担，有相的戏曲演出，无相的理念追求，不管理解程度达到什么等级，只求尽心而已。"

"谭施主何等聪悟，老衲只念一次，你便烂熟于心，那次，你一字不漏地背诵全文，令我十分惊诧。假如你我一同起步默习经文，待得登坛开讲之日，你肯定将老衲抛却老远。"

谭鑫培受捧得太多了，但每当得到大师评价，那种戏场之外的受用，自比如雷的掌声来得经久与深远。

方丈喝了一口茶，"色即是相，相即是色，无色便无相，无相便无色，人形色相无可遁形。但心相则不同，它可与佛一样超越，无相无形，又无处不在。如修炼到至诚金刚的境界，你便能得见佛相或与佛对语，即使身在佛域之外，一样可在佛念之中。"

方丈朝谭鑫培投来一抹探询的目光，"不知谭施主的嗓音恢复得如何？"

"劳大师挂念，近期确有很大好转，逐渐恢复，应该不成问题。只是微微觉得，声音与原来相比，少去了一分劲道。"

"上次你没能多带些走的茶叶，前几天对方又托人给我送来两大袋，这次可保施主满载而归。"方丈继续说，"此茶乃普陀岛山上所生，为润喉养肺的极品，天生与伶人为益，长喝为佳。谭施主如果得闲亲往普陀一行，借宿十天半月，以该地之水煮该地之茶，其效倍增，保你音复如初，抑或超越也未可知。"谭鑫培兴奋地望着方丈，心感关顾外，早已暗定前往普陀的成念，一为拜佛，二为疗伤。后来六下上海时的普陀之行，前因实为戒台寺方丈之荐。

兰芳眼中的谭大王

在戏曲世家中，谭梅两家渊源颇深，从梅巧玲开始，几代人不仅具有同台同班的经历，且日常往来较密，无论是史料记载还是人文传播均为戏剧界人所共晓。真正最知名和最被人津津乐道的，莫过于谭鑫培和梅兰芳两位伶界大王之间合作的趣闻轶事。梅兰芳和谭鑫培相隔 40 多岁，他们的合作正值谭鑫培晚年和梅兰芳刚出道泛红的阶段，似如旭日东升和晚霞满天的隔空对照。梅兰芳与谭鑫培共计合演过三部戏《汾河湾》《桑园寄子》和《四郎探母》，第一次同台并非大多人口传的《汾河湾》，而是《桑园寄子》，只不过《汾河湾》的趣谈色彩更浓。

梅兰芳和谭鑫培搭戏，那都是民国以后的事。民国六年以前，梅兰芳和谭鑫培搭过同一戏班，同台演出一些义务戏或堂会戏，每次大约唱一两天。第一次在戏馆里合唱《桑园寄子》，演出较为成功。有一次，梅兰芳在开乐园给谭老板配《探母》，真让梅兰芳够急的，几十年以后，梅兰芳依然记忆犹新。那天，《探母》的戏报早贴出去了，但谭大老板早晨起床觉得身体不适，嗓子也不得劲，想要回戏，派人前往接洽。来人回复谭鑫培，园子早已满座，无法回戏。谭鑫培深深地吸了一口气说："这真是要我的老命哪！"谭鑫培晚年，许多人都爱跟着他，只要他一出台就是钱，他不得不唱。

头天晚上，梅兰芳略感谭大老板的精神不太好，轻问是否对戏（一般演员同台前，均先将台词对念和身段对做一遍，行内称为对戏）。谭鑫培说，这是大路戏，用不着对。梅兰芳再三托谭爷爷在台一定要替他兜着点。谭鑫培笑笑说："孩子，没事，一切都有我哪。"谭鑫培上场后，把大段的西皮唱完，台下的反映却没有往常那么好。等梅兰芳的公主誓盟以后，轮到由谭唱"未开言，不由人泪流满面"这句倒板时，他竟突然哑嗓一个字也吐不出。梅兰芳坐在谭鑫培的对面，一脸的干着急，没有一点办法。这一场"坐宫"只得草草了事（像这样的情况，在谭鑫培的演艺生涯中当属首例）。当唱到出关就擒那一段时，他突然抖擞精神，翻了一个"吊毛"，既干净又利落，真是好看，得到了一个满堂彩，这才收了个圆场。

梅兰芳在后台看他进来，心里非常难过，可一时找不出安慰老人家的话语，唯有投以温暖的目光。卸完装的谭鑫培拍着兰芳的肩膀说："孩子，不要紧，等我养息几天再来这出戏。"他的话里充满了坚定，梅兰芳知道谭老板暗定了挽回的决心。为此，谭鑫培休息一个月没出台。有一天，他让管事的去通知梅兰芳，决定在丹桂花园重演《探母》。得知这个消息，梅兰芳兴奋地跳起来，不仅是又有了同台的机会，更为谭大老板的身体恢复而高兴！

演出的那天，场子里早已座无虚席。观众早知谭大老板好胜的脾气，这次病后复出绝对非同小可，都争着来看这场盛会。梅兰芳早早上了戏馆，正精心地扮着戏，看谭大老板进来，他忙站起高喊："爷爷！"谭鑫培慈爱一笑，仍拍着梅兰芳的肩膀，"你不必招呼我，好好扮戏就行。"看今天的谭大老板两眼炯炯有神，知道他做好了临战的十足准备。一会儿，台上打着小锣，他刚一上场，就听到台下轰的一声全场爆响，首先就收了一个碰头好，接着，满场静得鸦雀无声。头一段西皮慢板，他直唱得聚精会神，一丝不苟，似乎把积蓄了几十年的精华一齐倾泻出来，一段慢板唱得十分舒泰。等又唱到"未开言……"那句倒板时，谭老板真好记性，上次不就是这儿砸了吗？今儿还真得从这儿翻回来。他使出浑身解数，直唱得锋芒转折，自跟往常大不相同。既大方又好听，加上他那一条云遮月的嗓子，好像月亮从云层露出笑脸，用"余音绕梁，三日不绝"来形容，再恰当不过了。不仅听戏的听傻了，连唱戏的也听入了神。往下"扭过头来叫小番"一句嘎调，他一口气唱完，高亢的嗓音里带着一点沙沙的磁性，真让人享受。后面的场子一段接一段，严密紧凑，始终让观众处在高昂的情绪中，圆满地结束了这场《探母》。梅兰芳与谭鑫培几次同台演过《探母》，唯有那一次，由衷的愉悦为笔墨难以形容，让他终生难忘。

民国六年，梅兰芳在桐馨社搭班，基本演夜戏，为了力邀谭鑫培参演，便临时成立"春合社"，他与谭鑫培又有了两次合作的机会，每次最多不超过十天，因考虑到谭大老板的年纪，在吉祥园的演出都是白天戏。谭鑫培晚年不常登台露演，每演也不过几天，如要邀请必得用一个无主的旧班社之名，先向"正乐育化会"申报开业。正乐育化会成立于民国元年，它的前称即"精忠庙"，后改成"梨园公益会""国剧公会""京剧公会"等。在精忠庙时代，要想组班演戏，首先必须经过"庙首"的严格审批，不可能允许有临时性的组织。到了正乐育化会时代，申请开业的手续相对简单得多，对班组的演出期限，基本没有硬性规定。

那年，谭鑫培71岁，在春合社的演出，是他一生最末的两期登台。在谭老板之外的演员有路三宝、黄润卿、陈德琳、增长胜、周瑞安、德（君）如、张宝昆、姜妙香……梅兰芳的戏码排倒数第二，依然是谭鑫培的大轴。如《捉放》《骂曹》《碰碑》《洪羊洞》，这些戏梅兰芳都喜欢看，观众更是百看不厌。谭鑫培60年的舞台经验，对于剧中人的性格琢磨得十分透彻，哪怕是一个极普通的身段，只要到了他的身上，不单是边式好看，且入情入理。譬如《探母》里的杨延辉出头被擒，他照例要翻一个吊毛，三鞭之后紧靠跟着翻了过去，既敏捷又自然，他比别人翻的速度要快得多，观众更明白这个身段是因为绊马索的缘故，杨延辉才从马上翻了下来。

《打棍出箱》的范仲禹在寻找妻子的时候，谭鑫培照例也有个吊毛。只是他晚年不使了，改用"老头钻被窝"（手脚朝天躺下），非常符合一个神经错乱的书生在路途上跟跄摔倒的形态。他吸收许多宝贵的传统演技，根据剧情的需要，灵活运用，不管怎么用，都达到随心所欲出彩的化境。梅兰芳说，他很幸运地跟上了与谭鑫培老前辈同台演出的人生机遇，虽说合作的戏只有三出，但谭鑫培总在台上启发他，不知不觉就将他带入了戏中。跟谭鑫培配一次戏，就有一次新的体会与提高，对梅兰芳的演技产生了巨大的影响。

还有一次两人又逢合作《汾河湾》，《窑门》一段引得观众掌声阵阵。演出结束，谭鑫培对人说："那一段，我说我唱的那几句并不如何，怎么有人叫好呢？留神一看，敢情是兰芳在那儿作身段呢。"按照以往的表演程式，梅兰芳在这一场戏里没有任何动作，但他接受了戏外人士齐如山的建议，大胆地打破陈规，为角色新增了身段。谭鑫培一贯倡导"演"戏而非单纯的"唱"戏，梅兰芳此举实则符合谭的表演精神。但客观上抢了谭老板的风头，这在辈分高于一切的梨园是难以容忍的。梅兰芳心中也不免打鼓，担心谭前辈因此怪罪于他。然而，谭鑫培却不仅善待梅兰芳的这一行为，且极力地鼓励他，这是一般人难以做到的。接近梅兰芳者以其初次合演，面托谭鑫培格外关照。谭鑫培说："有诸位如此热心，余敢不竭力，况且兰芳晚我两辈，理应护持。"

外界对梅兰芳跟谭老板合演的《汾河湾》有过误传，说是谭老板故意在台上跟梅开玩笑使其窘迫。梅兰芳曾多次对人说，你想想，谭是久负盛名的老前辈，我是初出茅庐的后生，在戏里除了一个小孩儿之外，就只有我们两人，他是主角，我是陪他唱，如果把我窘住了，台下一起哄，不等于开他自己的玩笑吗，哪有这种道理呢？有时，他站在剧中人的立场上，临时加一点科诨博众一笑，那倒是常有的事。其实，像这样的即景生情，随话随答，凡有舞台经验的演员，都能随机从容应付，没有什么稀奇。谭老板那天的问话，以剧中一对久别的夫妻而言，会增加一点调笑取乐的气氛，这样在剧情以内加些科诨，利于益智取乐，根本谈不上跟我开玩笑的意思。

梅兰芳说，《桑园会》《武家坡》《汾河湾》这几出戏，我比较喜欢看《汾河湾》。谭大老板和王大爷都是唱做的"好老"（后台称名角为好老），我最初看了就发生了兴趣，与他合演这出戏当然高兴。后来，每次他贴演《汾河湾》我必定去看，且看得非常认真，所以，印象颇深。每次看完回家，我就揣摸他的动作表情，再把自己在台上的经验揉进去，渐渐地才有了新的领会。到了谭老板的晚年，我还陪他唱过几次。

每年大年初一，谭鑫培必须去跟梅奶奶拜年，在他有生之年从没间断，即使在晚年都是亲自前往，从不委托儿女相代。这是大家都知道的事实，但几乎没有人知道内在根由。谭鑫培在三庆倒仓时，避着父亲和程大老板，擅离戏班出走京东。因囊中羞涩，又不敢声张，行前的那天晚上，特来梅家禀告实情。梅兰芳的奶奶二话没说，即将一张房契交给鑫培典当。如此难中救急，谭鑫培终生不会忘怀。

成名上海
Chengming Shanghai

神秘的女人

　　庚子劫难之后，谭鑫培失去了内廷供奉之职。从亲身的体验中感受到帝国主义列强入侵中国，枪炮下的强盗罪恶给中华民族带来了深重的灾难。国内也是豺狼当道，恶吏鱼肉百姓，广大民众包括演员都饱受生活之苦和忍辱之痛，积压于心中的一腔愤怒，像火山一样孕育着爆发的力量。谭鑫培结集一批艺人，演出于临时戏场"元明寺"，他不得不转道寻求生活与艺术出路。几次赴沪演出，对他的艺术创造带来了进步与光明。他接触了一批优秀的"海派"伶人，加速了艺术革新，丰富了演出剧目。比如《战宛城》，他在上海得到剧本而排演，原在北京从未演过此戏。经过循环演出，形成了一批成熟的具有典型谭派风格的成熟剧目。如《李陵碑》《卖马》《定军山》《打渔杀家》《状元谱》《战太平》《天雷报》《空城计》《琼林宴》《四郎探母》《捉放曹》《八大锤》《乌龙院》《洪羊洞》……能戏数百出的谭大王，在岁月之光和智慧锋芒的磨砺中，终于精雕细琢出一批谭派的代表剧目，留下了戏曲艺术的历史瑰宝。

光绪五年（1879 年），时年三十三岁的谭鑫培，应上海盛军小班翟善之金桂园之约，偕青衣孙彩珠、丑角真秃扁等，第一次南下上海演出，包银三千元，所演各剧，文武昆乱俱全。武戏有《挑滑车》《冀州城》《长坂坡》；做工戏有《琼林宴》《盗宗卷》《王佐断臂》等。五十余日无一重复，后来又入吴蟾青的大观园，前后共演半载，至光绪庚辰（1880 年）年携一女佣回京。虽说效果并未达到在北京时的巨大影响，但这次赴沪，的确使他开阔了眼界，且接连演出这么多剧目，观众始终不减，即使在京城也不可想象。那次赴沪演出，无疑是他戏曲人生的一次大检阅，更是拓宽舞台的跨域实践。最大的收获，莫过于结识了演员孙小六（孙春恒），对谭派韵味唱腔的形成，起到了春风催草绿的作用，为谭鑫培迎来走出低谷的转机，对他直上云巅的艺术成就具有根本性的影响。尤其令他感动的是，临别上海时，竟想不到有数百人前来送行。

孙小六，天津人，仅长谭鑫培一岁，属同代文武老生。据说他

曾拜师张二奎，在京城并不见多大名气，后赴上海改革唱腔，一时名
噪沪地。他擅长《空城计》《捉放曹》《法场换子》《一捧雪》《打严
嵩》等戏。孙春恒根据自己倒仓后的嗓音条件，和鼓师、琴师共同研
究了一整套适应于他嗓音条件的新腔，演出获得了出人意料的成功，
受到普遍赞扬。谭鑫培主动向他请教，孙小六毫无保留地将自己的体
会和经验倾囊相授。他主张唱工上要依据自己之长，化劣为优，巧为
利用，以长补拙，创造新腔，对谭鑫培启迪很大。谭鑫培和孙小六一
样，自从倒仓后，虽说已恢复八九分，却再也冲不上像程长庚和张二
奎那样直调大嗓的激昂之顶。他那一套还不见成熟的低婉柔沁的韵味
唱腔，虽然得到了京城戏迷的狂热追捧，也不免遭到传统势力"亡国
之音"的贬斥。而上海则与京都不同，外邦文化集中传入，无疑成为
中国新潮改革的前沿。东海之滨，吴侬软语，地理与民风的本性，天
然地接收了像孙小六那样低回婉转的唱腔风格。谭鑫培相信，时代的
风潮必将席卷华夏大地，从理论上找到了自信的依据。从此，再不在
曲折的弯道中自我徘徊。

　　自清代同治六年起，上海的"满庭芳"戏园和"丹桂茶园"开始
派人赴天津、北京邀角来沪，当时津、京一些名角，如夏奎章、景四
宝、大奎官、杨月楼等人应邀携艺南下，把北方的京剧艺术传到了上
海。上海观众感到非常新鲜，争相观赏，一时出现了"沪人初见，趋
之若鹜"的热烈场面。上海观众对这种艺术形式和声腔来源感到陌生，
只知道戏班来自京城，所以被上海人统称为"京班戏"。不久，"南丹

桂""升平轩""金桂轩"等戏园相继崛起，都以"京班戏"为号角，吸引了大量观众。沪上人士竟把这些戏园都称为"京班戏园"，曾有人写诗为赞"一有京班百不如，昆徽杂剧概删除"。当时，这些"京班戏园"都在戏园门口或大街上张贴海报，醒目地大书特书"今日上演京班戏"，标明上演剧目名称和登台献艺的名角，借以招徕顾客。1876年3月2日，《申报》一篇名为《图绘伶伦》的文章写道：京剧（即源于北京来的戏剧的简称）最重老生，各部必有能唱之老生一二人始能成班，俗呼为台柱子。于是，"京剧"这个名词便开始由时尚的上海人叫响，尔后传遍中国，铸就了历史。谭鑫培踏着京剧诞生的过门来沪，一而再再而三地将京剧唱响上海，唱响中国，最终唱成了国剧，乃至成为中华文明传播于世界的文化符号。

谭鑫培第一次到上海，带回了一个年轻漂亮的女人。有人说是花300银元买的一个乡下女，有人说是谭鑫培的戏迷……谭鑫培的戏，她逢场必赶。那个陌生而奇怪的女人，几次守在谭鑫培下榻的门前，主动介绍说自己是一个乡下女，因生活无计，却深爱谭老板的戏，愿意不计报酬地进谭府终生做佣。头两天真弄得谭鑫培有点漠然以对，不管怎样，面对一个如此桃花盛开的窈窕淑女，于情于理他都不能无动于衷。于女色风流而言，赫赫有名的谭鑫培，在戏剧界却不仅没有掀起过风浪，即使是涟漪也没有过一圈。谭鑫培便掏出十两纹银给予安抚，让她回家好好生活，不要再做傻事，并告诉她，谭家不缺佣人，更无意拖累她。但她总是低头不语，银子不肯接。她轻轻地像是自言自语地说:"不管你愿不愿意收我,奴家这一生都跟定你了。假如你回北京不带我,就是没有路费,我走都会走到北京去。"于此一说,谭鑫培真感到有些新奇,但他宁愿相信,这只是她一时冲动而已。于是,谭老板让人领她去找一个干净的馆子吃了一顿饭,再给她买一身新衣服劝其回家,以不辜负她的一片赤诚的追随之心。不曾想到的是,她既不领情,也不反抗,只是摇摇头,依然纹丝不动地每天站在门外,直到谭鑫培进屋后,她才慢慢地转身缓缓离去。在她回头的一瞬间,晶莹的泪光闪烁着一股抹不去的坚毅。

第四天、第五天,一连七天,她天天都在离开戏场之后,坐着骡车来到谭老板下榻的门前,无语地站着,就像一株花坛中的花朵,天生就长在那里一样。她一不占道,二不相求,自顾自地望着谭鑫培没去进屋的影子,她才在回头一瞥中悄然离开,明天继续再来。谭鑫培一点办法也没有,大约是第十天吧,谭老板真不忍心,便将她让进屋中,好茶相待,好语相劝。她在没有听到让她留下来的话之前,仍然一言不发地坐着。那天,谭鑫培让人安排腾出一间房让她住下。她则既主动又大胆地走进了谭鑫培的烟室,接过仆人的烟枪,十分娴熟地给谭鑫培烧起烟泡来。以此看来,她不应该是一个乡下女人,却又看不出一丝风尘的浸染,一向观人如镜的谭老板也不觉坠入云雾之中。自从进了谭榻之后,她再也不跟进戏场了。她一个人在谭鑫培下榻之处将里里外外打理得一尘不染,尤其是谭鑫培的烟室,座椅和卧榻不擦六遍绝不罢手。她不仅会烧烟,凡是女工一应做得让人无可挑

剔，时而还悄悄地哼唱几声谭鑫培的京剧唱腔。谭鑫培多次询问过
她的具体身世和家庭景况，但她的答案永远不变的是"乡下女，家无
亲人，靠在上海帮人家务为生"。至此，无论是真话，还是心有隐情，
谭鑫培不再询问，且越来越怜惜和喜欢起她来。好像她天生就属于谭
家，日久之后，竟不觉地滋生情愫。结束上海之行，谭鑫培回京的队
伍中，自然多了一人。

　　一进北京的家门，满心盼望丈夫归来的侯氏，却突然看到一个
陌生的女人进了家门，一向修养得体的侯氏，未作任何反应，依然热
络地做着迎接丈夫归来的一切事务。虽说谭鑫培与侯氏半生的婚姻从
未有过风浪，但平白无故地从上海带回一个女人，总归有个说法吧。
她一等几天也没问，谭鑫培也不作解说，只是给她安排了一间卧室，
另告知妻子，这只是一个帮他烧烟和帮做家务的人。那个女人更是自
然得像到了家一样，除了每天按时给谭鑫培烧烟之外，天天不闲地做
着家务。她做家务手脚麻利，笑脸迎人。她看着侯氏却像见到亲姐姐
一样，眼睛里饱含着无邪的神光，让人无法捉摸和不解。她就像一朵
小小的山花一样，自我芳香地开放着，既不为物喜，也不为事悲，更
无一分生疏和隐忧，没有人能看得出或猜得出，她究竟是一个怎样的
女人。无论谁来问，无论什么时间问，她依然如故地解说，就像戏里
的唱词一样，一个多余的字都没有。善良而贤淑的侯氏碰到了一个如
此热情开朗，而举止间又无一点瑕疵的女人，久而久之，侯氏也不再
去打听与捉摸，渐渐地从心里接受了她，竟有几分挥之不去的感觉，

她的确为谭鑫培身边一个不可缺少的女人。她聪颖灵巧，还常轻轻地哼唱谭氏声腔。侯氏想，假如谭鑫培当初一同遇见她和这个女人，她宁愿替让。对于这个上海的外来女，谭家人对外就像那个女人的自述一样地对人介绍。她究竟是谭家的佣人，还是谭鑫培的内室，年深月久之后，再无人去关注了。这个带着几分神奇与让人不解的女人，自从进了谭家，再无心涉足与关注社会与他人，全身心地系于谭家。后来，侯氏去世之后，她也没有被谭鑫培正式收房，自己也从未对此提出过要求，就像谭鑫培生活的影子一样，依然乐观自在地日月轮转。

提前辞沪返京

　　上海古称"松江府"，轻歌曼舞，历代不衰。受东西方思潮及商业化的冲击和影响，南派京剧贵在创新，在剧本、舞台、服装、表演上善于打破成规，显得清新而有活力，与京师相比，上海自是另一番景象。京城的名角纷纷南下，频频在沪登台献艺，从而活跃了戏曲市场，丰富了民众艺术生活，促进了戏曲文化的融会贯通，完成了京剧最终成为国剧的命名，打磨出中华文明中一颗璀璨夺目的宝石。

　　1884 年 8 月，应刘维忠续开新丹桂的邀请，谭鑫培偕同配角大奎官（即刘万义）等二次启动上海之行。时年，正值谭鑫培成立同春班，奠定了谭派最早的根基，演艺事业蒸蒸日上，在刘维忠的邀请下，加速了谭鑫培再行上海的计划。第一次上海之行，带着希望和风险而去，应该说携着成功而回。当然，谭鑫培显然非指那个随队返京的女人——张秀卿。

鉴于第一次上海之行携女而归的教训，其妻侯氏这次执意同往。虽说谭鑫培第一次从上海带一女人回京实属偶然，并非本意，更无花海冲浪之心，可事实却摆在眼前。幸好那个女人乖巧而备受大家喜欢，侯氏也从内心里接纳了她，家中依然平静无风。但上海自古风流之地，女人多的是，也许谭鑫培又桃花盛开，与一个、两个结缘也说不定。于是侯氏坚定了随夫前往上海一行的决心，理由十足，谁不羡慕东方之珠的十里洋场呢？谭鑫培知道侯氏跟定的心思，正所谓心正不怕鬼敲门，跟就跟吧。但回头一想，真还有些放不下家。他走了，妻子再一走，北京的家谁来操持呢？那么多的儿女，谭门的大本营啊！所以，他再三劝说妻子不必同往。而一贯顺从的妻子，这回似乎吃了秤砣铁了心一样不为所动。这回，大家却异口同声地帮着劝说谭老板，不如就带夫人去一回吧。她一生为你谭家生儿育女，从来没有过要求，就这一回，你不该顺她一顺吗？再说，带着夫人前往，让她帮忙管管账务和内事，不是更方便吗？不如就将北京的家暂时交给秀卿管一管，你应该放心吧。谭鑫培不管是被说服了还是出于无奈，侯氏随行上海已成定局。

谭鑫培这次在上海，比第一次多演了二十几出新戏码。像《战盘河》《别母乱箭》《阳平关》《八大锤》《白马坡》《茂州庙》《审头刺汤》《御碑亭》《辕门斩子》《八义图》《取帅印》《太平庄》《鱼藏剑》《李陵碑》《天雷报》《朱砂痣》等。但《金水桥》《取城都》《回龙阁》等王帽戏依然没有露面。演得最多的还是《卖马》，因为观众不厌地一再要求。《卖马》不失为谭派经典代表作之一，那句"店主东带过了黄膘马"让京城人几至疯狂地流行于街头巷尾，上海也一样迅速被带热了。谭鑫培在丹桂园演出的时候，汪大头（汪桂芬）正好挂牌新开的咏霓茶园，京城名角同来上海，可谓戏场热闹之极。汪桂芬往返循演十多出戏码，如《樊城长亭》《文昭关》《鱼藏剑》《取帅印》《群臣宴》《四郎探母》《洪羊洞》《二进宫》《三娘教子》《天水关》《桑园会》《审刺客》，不几天就得翻过戏码。孙春恒那年长签天仙茶园，却不幸仙逝，谭鑫培为此而忧伤落泪。他不仅为谭鑫培的戏界知己，且有提携引导之恩。感伤之中，他不免深为伶人叹惜，凡唱戏的主儿，命好的真是太少了。孙小六也算红过了，不枉此生啊！

刘维忠续开的新丹桂，位于福州路上（即今雅聚园地址），仲秋时月，上海繁花似锦，正是演戏好时节。没想到的是谭鑫培在此登台不到两月，因演出事宜与园主意见分歧难合，刘维忠则付清包银，合同期未满，谭鑫培一行提前返京。对此，哀梨老人曾说，谭鑫培性格乖张，与刘维忠两人性格不合，诸事难以说圆，以致合同未满就两双手拍散，这种说法倒也有可能。但谭鑫培的老搭档、唱青衫的孙怡云曾对徐凌霄说，老谭就是唱戏好，此外人情世故，一切都皆模模糊糊。别看他台上是个精灵，但台下却是个懵懂人，自然与八面玲珑、交友广泛的刘维忠难以融合。如是说，像谭鑫培这样的艺术精英，确实需要一个优秀的经纪人来打理业务，可惜那年月还没有这个行业。所以，戏唱得好，不一定经营得好。假如有一个好的经营之人打理，谭鑫培的上海之路，也许会更添几分精彩。

第二次上海之行，除了与台主意见难以统一之外，整体戏场较为满意，收入颇丰，总算不枉上海一行吧。那天离别上海时，老朋友、老戏迷依然浩浩荡荡地前来送行，对谭老板而言，也不失为戏外的一份温情慰藉吧。

在京剧红火的年代，戏班是一个令人羡慕的团体，它散发着前所未有的光芒。学艺在北京，唱红在天津，赚钱在上海，这是京剧艺人由来已久的共识与路径。成名成角之后外出淘金，十里洋场的大上海，属众望所归的最大码头，同样的戏份，上海所挣最低也要高于北京的三倍。巨大的演出酬劳，刺激着每一个科班子弟成名成角的梦想，也因酬劳的丰薄，使同行在跑码头长路上的京剧艺人，其生活境况落差巨大。在京剧兴盛的黄金岁月里，纷至沓来的演出邀约，密集如云的堂会，一层一层地镀亮着京剧的发展历史，使一部分顶红的京剧艺人，拥有了无边的风光和富足。

天津毗邻京畿，是北方重要的商贸中心，是旧时中国艺人跑码头的必经之地。早在道光年间，京剧即在天津开始广为流传。清末民初，大量前朝遗老纷纷迁居天津，于是有了今天著名的天津五大道。天津，这个水陆相通的北方码头，随着城市经济的快速发展，一些社会新贵和富豪绅商云拥而集，人们对文化艺术生活的需求日益强烈，京剧在天津风行盛极，当地戏迷听戏看戏的水平由此水涨船高。人们需要，同行认可，京剧窝在天津，演员们要想走红，必须首先在天津打响，天津一响，必能红遍全国。只要你演得好，天津的戏迷真捧你，哪怕你出一点差错，毫不包容的倒好声即时响起。即使你唱错一个字或音、念错一句白，立马就有人喝倒彩。爱之深，责之切，这是艺术水准之外的一种京剧情怀。

在天津一炮走红的名演员大有人在，但在倒好声中黯然收场者也不在少数。天津既是京剧演员的试验场，也是艺术水准的检验场。面对高水平的戏迷，在巨大心的理压力下，纵然大牌也难免有那么一丝丝紧张。如马连良和谭富英等京师名角，都在天津得到过为其大红大紫助推的热烈掌声，却也曾在天津的舞台上留下过各自的尴尬。有捧必有哄，观众意识，真性自然，剧场规律，虚假不存。失败与成功终归是过眼云烟，对于一个真正的艺人，绝不会在一次失挫中颓废，只能是越挫越勇。而江湖路上难以跨越的沟坎，往往是隐藏在艺人风光与浮华背后的黑手或暗流。

在京剧捧角成风的年代，很多戏迷在散场之后纷纷涌向后台，一睹心中偶像铅华洗尽后的容貌。特别是在社会开放中，女性观众走进剧场之后，这种倾向更为流行。1926 年年底，海派武生名伶刘汉臣，以一出拿手好戏《济公传》一炮走红于天津的新明大戏院。皆因扮相英俊，做打出色，每当散场，挤向后台讨要刘汉臣小像的女戏迷络绎不绝。1927 年 1 月 9 日，在北京跑码头的刘汉臣，被驻守天津的奉系军阀褚玉璞的部下五花大绑押解回天津，办案军警宣称，刘汉臣假借演戏宣传赤化，而真正的原因，仅仅缘于褚玉璞五姨太私藏他的小像，被疑有偷奸艺人的不伦之恋。在褚玉璞内府一声枪响之下，褚玉璞年轻的五姨太倒在血泊之中，鲜血浸染了飘落身旁的那张刘汉臣的小像。1 月 19 日，刘汉臣也难逃被秘密枪决的厄运。直至十年之后，一出以刘汉臣屈死为原型的话剧《秋海棠》在沪上舞台火热上演，一代名伶神秘失踪的真相，最终大白于天下。

谭鑫培起步于天津，不敢说唱红，却凭着年少英勇，以本身武功家底，在天津粥班崭露头角，垫定了戏曲人生的基础。于北京成名，一句"国家兴亡谁管得，满城争说叫天儿"，竟将谭鑫培推到中国戏曲历史上第一人之位。他六次赴沪，赢得了"伶界大王"的至高荣誉，为中国京剧贡献了自己毕生智慧与力量，创造了令人无法复制的奇迹。

两异戏园

　　1901 年夏季，谭鑫培应马夫阿六所开三马路大新街三庆（即今新孟渊地址）的邀请，以两千元一月的包银戏码，率领侯氏和张秀卿并子女一并同行，第三次赴上海。先后在三庆、丹桂、天仙三家戏园登台，虽说戏场风光，却也由此惹下一些风波。时正六月，海风吹来，润湿中依然带着难消的暑气。七月初登台，唱满一月，场面红火，观众如潮，售洋达一万二千元以上。因谭鑫培携带演员、家眷人手众多，开销很大，不免有人提说，丹桂园相比三庆位置更好，上座率会更高，不如与三庆改约，更为划算。相较之下，侯氏也嫌包银太少，即建议夫君借赴杭州进香为由，以此顺解三庆之约，返沪后再行议事。虽说谭鑫培觉察有些不妥，终究经不住枕风吹拂。再说，他历来只管登台，从不理台后包银之事，于是，没有深究。杭州临行前，阿六虽然风闻谭鑫培有改约丹桂园之信，却依然为其饯行。阿六借敬酒之便，直言谭老板不该中途毁约有谋改签之意，如嫌阿某有甚不周之处，亦可提出商议。谭鑫培闻言甚感惊讶（谭家内部的秘议，根本未向任何人提及，阿六怎么这快就知道了呢？但碍于面子，自不能认可），当即表示，绝无改签之意，如继续返沪，依然来三庆出演。因谭大老板当面表态，阿六对此深信不疑。谭鑫培一行去杭州敬香，其实真正只是为了走走过场，七日即返回上海，应新女婿夏月润之邀，签约丹桂园演出。当时，夏月润新娶谭鑫培之女，适掌丹桂园前后台事。

在杭州旅行期间，谭鑫培终于经不起其妻侯氏之劝，故致电女婿夏月润，令其通知乃兄夏月恒挂牌。平心说，改签丹桂园真不是谭鑫培的本意，一开始他就觉得不妥，即使最后决定，也是被身边人所逼无奈。夏月恒虽然有些不太赞成谭鑫培原本应三庆之约前来，转道一趟杭州而改签丹桂，但鉴于其弟心意已定，又于谭老板风行上海戏场的飓风诱惑，也想借此扩大一些剧场影响，当然表示热烈欢迎。他一面挂牌，一面在泥城桥福缘里租下一栋三层洋房，请谭鑫培全家安居新寓，相较之前三庆阿六所安置的德人里房屋，确有云泥之判。夏月恒特雇请三辆马车，专供谭老板一行每天往返出行。除早餐外，每日两餐异常丰盛，虽然没有三日一小宴五日一大宴，招待规格之高，确使谭鑫培感动。馆内还特留包厢一间，以备谭家接待子女与宾客往来之用。每天，夏月恒亲自到馆一应其事。每逢开戏前，他令众管事及大小角色，均在馆门口恭立相迎，戏散之后，亦列队相送，自是风光无限。

阿六见谭鑫培在杭州回沪挂牌丹桂，不满其言而无信，即托名人呈信控告。丹桂园却对此早有准备，随即请人居中调停，同意让谭鑫培在三庆园再唱三日，以作为补偿。阿六见丹桂园给了台阶，自认找回了面子，即便顺台而下。

1901 年 8 月 12 日丹桂园演出日场戏。

大轴：《朱砂痣》（带卖子）（谭鑫培饰韩员外，陈德霖饰江氏，谢宝云饰金氏，贾洪林饰吴惠泉）。海报一出，又是谭门代表剧，大家争相抢票，戏场里连走道上都无站人空隙，一阵掌声响起，满场似如黄浦江外的海潮轰响连天。

谭鑫培在丹桂园唱满一月后，侯氏一干人等仍嫌包银供给不足，依然仿照一月之前的做法，准备由沪赴苏一行，回后计划签约答应提供更好条件的天仙园续演。夏月恒、夏月珊闻讯心中不平，责备天仙园主冒昧行事，拟严重交涉。天仙园主自知鲁莽理亏，即请薛瑶卿出面调处，一再向夏氏兄弟道歉，并贴还丹桂园前次与三庆园的诉讼费。

谭鑫培两次悔约，且还与夏家沾亲，一时传遍申城。那天，在天仙园第一个夜场演出《定军山》，不知是谁的用意，在海报上特别写了"刀劈夏侯渊"五个字，其用意在于借"夏"字以泄私愤。夏氏兄弟见此后，亦于丹桂园门口挂牌："特编戏中戏，土地捉老谭。"还请街口纸店扎一硕大无朋的纸模老翁，使往来行人指点议论："这就是那个被捉的老谭！"两边一时拉开了纸面之战。于戏曲而言，谭鑫培确系大智大慧，而于生活与经营而言，他则不太通透，全凭手下一干人糊弄。虽说两次改约之初，他均提出过异议，却经不住旁人七说与八说而随波逐流。

见此情景，天仙园园主怕两家弄僵，又特请周来全代谭鑫培出面道歉。谭鑫培在天仙园登台，已是十一月中旬，天寒岁暮，又有纠纷在前，一直情绪低落，不免郁郁寡欢。至次年正月初三夜，遂萌发收班回京之意。春节后正月初三开始补演，夫人侯氏又值此提出，是否可再搭春仙园出演。谭鑫培已对前两次改约十分后悔，再不想听从那些一心计算包银的改换计划。虽说面上难以说服一干人等，却心意已决，便撒个谎说，刘永春曾经给我排过八字，说我今年流年不好，故对此颇有戒心。这次上海之行反复搭班，矛盾诸多，恐怕与流年有关，我看上海不宜久留，遂决定速返北京，免得在异乡被人取笑，当即返回京城。这次来沪，因两次改约而引纠纷，送行时即失去了前两次数百人相拥的火热场面，仅有沈韵秋父子二人，连女婿也不见前来。

谭鑫培第三次赴沪，演出获得了巨大成功，收入也较前两次丰厚。假如谭家人善于经营，不仅收入还可以增加，演出效果还可以扩大，只因为缺乏经营理念与策略，两次改签剧场，使原本为不合理的演出报酬而自我尝试的改变，反而弄得自己似乎有失体面。由主动而变成被动的受人指责，确有些得不偿失。谭家人虽说不擅经营之道，却都会算账，剧场的收入和谭家的报酬，确实不成应有的比例。只是谭家人知道理在却不擅经营，更无改变良法，结果成了哑巴吃黄连——有苦说不出。谭鑫培是一个凭艺术和人格获取报酬的人，却不得将利益更大化的经营之法，终究不在行内。他不仅是在上海演出时不会，恐怕终生也不会。

大上海的二十世纪初叶，即使是洋行买办也成了京剧艺人的乐园。据不完全统计，上海滩仅从宝善街至四马路一带，茶楼戏院就有五十余家。从登临这座城市的舞台开始，短短三十年内，京剧便成为人们最时尚和最通用的交际话语。在人流如织的茶楼戏院，暗流着越来越多留日归来的革命党人，这里便成了开展革命宣传的最佳场所。他们在此秘密散发传单和报章，后来竟然发展到在戏台上公开演讲。由此，革命渐渐与京剧联姻。从 1903 年起，梁启超、蔡元培、陈独秀等一大批知识分子，他们相继在《新民丛报》等媒体发表文章，着力宣传戏曲改良主张，阐发戏曲对社会所具有的高度教化作用，以宣传戏曲作为改良社会的不二法门，以此辟为国人皆醒的大学堂。他们极力提倡破除倡优并列的世俗偏见，将伶人从下九流中拯救出来，为伶人理当"天下人大教师"的身份而疾呼。这些进步人士慧眼得识中国戏曲艺术于推动中国社会前进和社会改革而发挥的积极作用。这一观念的确立，从根本上扭转了将戏曲视为低级玩物的陈腐概念，而戏曲是为现代文化的重要形态之一。

《二十世纪大舞台》戏曲专刊，从 1904 年 10 月开始，在沪上伶界广泛流传。刊物公然发文号召沪上伶界用戏曲演唱来激奋民情，以推翻大清王朝的专制统治。南社诗人柳亚子，在发刊词中，痛陈清朝统治下的张目四顾、河山如死的时局悲状。他号召上海伶界以戏曲改良为武器，率先在黑暗世界里点燃革命的火光，吹响令封建王朝崩塌的号角。

上海春仙茶园，适时上演一部戏名为《瓜种兰因》与之呼应，这一曲强烈抨击卖国通敌的新戏在沪上媒体掀起了巨大波澜。这出新戏的编创、主演，均为《二十世纪大舞台》创办人之一的汪笑侬。对于这曲破天荒的京剧演出，戏迷们于心底感到热烈与亢奋，赞扬之声一片。檀板一声，凄凉幽郁，茫茫大千，几无托足之地，将有心人的深情和盘托出，借他人之酒浇自己之块垒。汪笑侬巧借波兰亡国之恨，以寓中国近世变乱之耻，令沪上保守势力惴惴不安。他们紧紧抓住《瓜种兰因》的外在形式，戏称汪笑侬不懂戏曲，将旧剧界之维新派、新剧界之国粹派的名称尽加其身。有儒伶之誉的汪笑侬当即回应：我之所以成为伶人，没有什么庄严可说，其志不在于卖艺，献身于舞台，陶冶我之性情也。汪笑侬在伶界艺人中为鲜有的举人出身，文化程度很高，虽不属科班出身，但汪笑侬的政治敏感、文化素质皆居上层。他之所以下海，是寄希望于将自己的政治观念、对社会的诸多不满和对未来国家与生活的期望，借文艺为武器来感染观众，达到拯救民族于危难的目的。中国戏剧界的革命觉醒，汪笑侬是为飞扬潮头的一朵浪花。他的戏唱得很有声色，一贯支持改革创新的谭鑫培，曾对汪笑侬大加赞赏。

因宣传声调与时政不符，《二十世纪大舞台》不久即被查封，为躲避风头，汪笑侬离开上海到天津，但时代觉醒无人能遏止。一些有志之士和伶人知己很快聚合到一起，他们充分用戏曲来表达自我的政治主张和对现实的反抗与控诉。一部由留日进步学生主持编排的话剧《黑奴吁天录》，1907 年年底终于在上海租界兰心大戏院登台首演。潘月樵、夏月珊、夏月润等人和当时的革命党人王钟声、刘艺舟走到了一起，共同参与《黑奴吁天录》话剧的排演。京剧艺人参与演西式话剧，这在中国戏剧史上尚属首次，这一源自于西方舞台的话剧艺术形式，得以与中国观众首次见面，即被人们称之为"文明戏"。

与牛相同台

　　同光年间，上海出现了许多仿京式的茶园，集中在今天的福州路、福建路一带。当时沪剧的前身"申曲""滩簧"以及越剧的前身"笃班"等江南地方戏，尚不成气候，昆曲又急剧滑坡。于是，皮黄一时独占鳌头，成为上海滩上最大的剧种。

　　1910年，上海的茶园逐渐落伍，继宣统元年后，潘月樵、夏月润、夏月珊与沪南绅士在十六铺创立新舞台之后，当时的名票友江子丞（人称"江四爷"），在二马路创办了新新舞台，即后来的天蟾舞台。

他们从日本购得大量布景，日、月、风、云、雷、雨、闪电、星星，惟妙惟肖，雇用日本技师坪田虎太郎操作，观众称之为"魔术化"，十分新鲜，夜夜客满。但是不到半年，就逐渐失去了吸引力。

江子丞便以重金，从北京请来一批名角，以"伶界大王"谭鑫培挂头牌，花旦赵君玉、花脸冯志奎、做工老生麒麟童（周信芳）、武生张桂轩等都在被邀同台之列。与此同时，三马路大舞台，也从北京搬请来刘鸿声等名角，对台演出，好不热闹。

新新舞台请的鼓师名叫牛相（张阿牛），因他与谭鑫培从未同台合作，但谭大王的名声早已如雷贯耳，而谭老板对他却不曾相识和相闻，这次台主安排他与谭大王配场面，感到七分信任中又不免暗存三分忧虑，不知他与谭大王是否合拍，更不知谭鑫培能否乐意接受。在谭老板下榻的第二天，后台负责人名演员夏月润急去找牛相。

"老爷子请牛老板对对戏，您要是没空前往，不妨让我先走给您老看一看，免得场上合不上辙。"夏月润谦和地说。

牛相听了这话则淡然一笑说："他会唱么？只要他会唱我就会打，对个啥劲儿？你把心放在肚里吧，没错儿。"牛相一副满具把握的神态，使夏月润真不好再往下说。他只是心中暗想，虽说你在上海算一名顶尖高手，但你要知道这回的对手是谁。虽说心存异议，但话又难说出口。

"那就全仗您老啦！"夏月润听了牛相的话即告辞而去。那天戏场上，牛相真不愧为艺高人胆大，他给部下鼓足了劲，点子出得干净准确，丝丝入扣，前后台人员，包括谭老板在内，都很佩服。平心说，牛相当时还并未享大名，由此可见，能人处处有啊。

那时，恰巧赶上剧团里的娃娃生李长山倒了仓，一时不能发声，无奈之下，周信芳主张让刘斌昆补缺，与谭老板挂出的《桑园寄子》配戏。开戏之前，谭老板看着刘斌昆一脸的精灵，心中顿生几分欢喜，便轻轻地拍拍刘斌昆的肩膀，和蔼地说："上了台可别害怕！你唱你的，不要迁就我，那样我反而不安。我照应你倒挺方便，台下热也好冷也好，你只要沉住气往下唱就行。"

"谢谢爷爷！"虽说刘斌昆时值年少，却已经学会了鞠躬致谢。

在台上，谭老板唱得醇厚苍凉，嗓音极有韵味，在每位演员与听众周围旋转，使得上海一向习惯于昂头细看的观众也大都垂头侧身，池子里没有一点杂音，非常安静。他一面认真表演，一面通过手势眼神向刘斌昆陆续发出信号，台下的观众却看不到一丝雕饰的痕迹，真是妙造自然。当他背对观众的时刻，眼中流露出一道慈祥与欣赏的神光。真正的艺术家台风极为纯净，那种道德的力量，使同台演员的精神得到无形的升华。

第二天晚上，冯志奎先生勾好曹操的大白脸，带着奸笑，特别传神。他把刘斌昆拉到身边悄悄地说："写字，笔画越少越难安排；演戏，台词越少越见功夫。咱们净角勾脸唱做都要干净，要比花旦还漂亮。"刘斌昆即请教冯，谭老表演有什么高招，冯先生接着说："你听过刘鸿声老兄的戏吧？他仗着嗓子亮、冲，'三斩一碰'。谭老爷子天生是'云遮月'的嗓门，不脆不炸，能唱到高处再翻高，可要跟着剧情走，不乱讨好。听他老人家的唱韵味非凡，比如品茶要慢慢咂摸，才能尝出一点妙味来。谭戏百听不厌，越听越奇。后辈可以学得很像，就是唱不出他的神、韵、情、味。有戏你在台上学，没戏就到台边上学，眼看心记，这种机会太少，也许以后不会再有，用功吧！"

有一天在后台，周信芳陪姜梦华唱了一出《御碑亭》，请谭鑫培指点。谭老皱着秀眉说："梦华！我看你别再唱了。上了岁数，扮上戏不好看，开戏园一样能给穷苦同行们办点好事呀，何必惹台下人烦呢？上海的年轻人看花旦戏讲究扮相，懂味儿的人少啊！"

有一回，姜梦华、冯志奎领着刘斌昆与周信芳去看谭鑫培，刘斌昆和周信芳都叫"爷爷"，然后三鞠躬，垂手而立。

"都坐下，"谭鑫培指着信芳说，"这孩子不错，身上挺顺溜，能做戏，就是嗓子差点，还没开窍！"

冯志奎答道："刚倒过仓，还没好过来。老爷子一向栽培后辈，打算给他说点什么呢？"

谭鑫培面露笑容说："你嗓不够用，就奔做派老生，那一路活儿也挺多，一样能走红，明儿我给你说说《打棍出箱》。"

谭老爷子边说边撩起长衫就做，周信芳跟着做，不断点头，领悟极快，谭鑫培特别高兴。

次日准备了茶点和烟，周信芳带着包车到旅馆去接谭鑫培，一进门，周信芳父母诚挚相迎。后来周老太说，简直不敢相信那是真的，"小叫天"会来教他的儿子！

几天后，谭鑫培演出《打棍出箱》。到底是武生出身，功夫到家，唱做都绝。当公差打开箱子盖时，他双手一按箱底，全身腾空一跳，挺得笔直，横落在箱口上，观众已经叫好。谁知公差的棍子拦腰打下去，他一松气，棍子打在箱子口上，人陷了下去，头脚不动，棍子抽掉，人又弹起，在箱口上凭空一个转身，来个三百六十度大圆圈。第三棍落下，他又跳入箱底躲过去，全部过程，几秒钟内做毕，掌声雷动，不愧为一代大师。当时，上海的观众有偏见，称某些京朝派演员为"京棒槌"，讥为"三斩一探，唱完滚蛋"！谭老的表演，却把这些人的窃窃私议全都压下去了。

演出结束，谭鑫培用一只红绸包袱，包了二百块银元，来到后台，双手捧过胸口，递给牛相说："牡丹还要绿叶扶持，我还算不上牡丹，一点小小的敬意。"

牛相接过包袱一抖，银元流落满地，末了连包袱也扔在地上哈哈大笑说："钱是浮财，去了又来，没少见过。咱从来不是财迷，不稀罕！再多也可以送给穷哥儿们！"

"不！请别误会，还有哪！"谭鑫培并不动气，又从口袋里掏出一个鼻烟壶，翡翠雕成，精美绝伦，双手递给牛相："兄弟！谭某人怎敢用钱来酬答知音，那不成了雇人家吗？那是送您吃点心的。这儿有太后老佛爷(慈禧)当年用过的鼻烟壶，她使过，老皇帝咸丰也使过。送您留着玩儿。'老佛爷'是前清的叫法，叫惯了，别见笑！"

谭鑫培南下，据闻每场所得的包银不过六百元，却将三分之一分给了琴师和配角，最后，自己只拿三分之一，还挤出一些给梨园公会捐款，用于周济贫苦同行，真够慷慨，牛相和一干人等深为感动。

这时期，除严肃的艺术家继续进行革新尝试外，帝国主义文化和殖民地文化也在影响着戏曲界。一些"恶性海派"萌动，使戏曲艺术优良的传统受到了伤害。谭鑫培的戏剧活动，在客观上起到了维护戏曲优良传统，和"恶性海派"抗衡的作用，他在传统戏上下功夫，精益求精，使某些京剧剧目得以"规范化"。在健康艺术趣味同庸俗艺术趣味的斗争中，在盲目崇洋、不问青红皂白全面否定民族戏曲传统的错误思潮中，谭鑫培和一些优秀艺术家一起，用自己的艺术实践，直接或间接地为捍卫优秀的戏曲艺术传统，起到了应有的作用。同时，也应看到谭鑫培的巨大声誉，在一定程度上曾被保守者所利用，作为反对革新的口实，这是谭鑫培始料不及的。

《盗魂铃》风波

　　1910 年春夏交际，经新新舞台（即天蟾原址）的后台经理周泳棠（四盏灯）介绍，台主黄楚九，特派遣筱荣祥等人专程北上，诚聘谭鑫培一众人等第五次来沪演出。谭鑫培一路乘船南下，在抵达码头时，新新舞台派出大队人马前往迎接，登岸时，各伶排班请安。寓所安置于小花园西首对面的宝相里，俨然王公大臣的排场，极显伶界大王的风光。与谭鑫培同来的角色有：净角金秀山、武二花金少山、青衣孙怡云、小生德君如、老旦文蓉寿、小丑慈瑞全等。包银一万六千

元，临时需费二千元，供给及杂项约三千元。所演剧目在《空城计》
《琼林宴》《群英会》《李陵碑》《翠屏山》《乌龙院》等脍炙人口的戏
目之外，还有《胭脂虎》《连营寨》《白帝城》等剧，颇受观众欢迎。
谭鑫培与金秀山曾两演《连环套》，以飨观众之望。后经四盏灯建议，
请谭鑫培演出《盗魂铃》一剧。因该剧被慈禧钦定，被定为一曲滑稽
老生剧的范本，观看效果十分火暴。黄楚九、四盏灯（周咏棠）为了
壮大声势，着力动用媒体宣传，于海报上首次刊写"伶界大王"四字，
获得了沪上戏迷的热烈拥戴与欢呼，整个上海为之沸腾，谭鑫培的名
望一下如日中天。

　　不出人们意料，当深情绵邈而气韵沉雄的声腔在十里洋场唱响，
沪上戏迷丝毫没有吝啬最热烈的掌声与最疯狂的叫好，"伶界大王"
的桂冠如期加冕，这是有史以来京剧艺人从未有过的一个最具霸气
的头衔。"伶界大王"的尊号，为上海新新舞台老板黄楚九拟定上报，
这火辣辣的四个字虽然有点俗，而谭鑫培却是当之无愧。在当时的戏
曲界，的确无人能望其项背，称谭鑫培"大王"可算是实至名归。其
间，周信芳入上海新新舞台等剧场，与谭鑫培、李吉瑞、孙菊仙、金
秀山、冯子和、江梦花等名角同台演出，深受熏陶。

　　因受众戏迷鼎呼，经四盏灯建议，谭鑫培应新新舞台安排，依
然贴出了他并不常演的《盗魂铃》。《盗魂铃》中的猪八戒，属丑行应
工，与谭鑫培的老生原本八杆子打不到一处，但历史竟给谭鑫培开了
一个天大的玩笑，致使留下一段千秋佳话。

有一回，谭鑫培进宫演出误卯，经李莲英使坏，被老佛爷罚戏一出，竟点名让他出演丑角戏《盗魂铃》。谭鑫培压根儿就不会这曲，既然老佛爷下旨又绝不能违抗，平日聪明绝顶的谭鑫培一时也觉得无计可施。百般无奈中，急找王长林等钻锅（现场学戏），只好现炒现卖。谭鑫培只是临时受命，却能智慧地超常发挥，营造极乐娱人的效果，让老佛爷笑得前仰后合，确为他的天才与急智而叹服。后经老佛爷一夸，原本谭鑫培反串的《盗魂铃》，自此之后，却成了老生应工戏的版本，竟让老生与丑行两角相抱了。

谭鑫培此次来沪之前，武丑儿杨四立刚刚唱过《盗魂铃》，而且从两张半桌子上干净利落地翻下，众戏迷余意未尽，想再来一睹伶界大王的演出风采。

演出当晚，谭鑫培照旧登上了两张半桌子，首先拿了个顶，接着又做了个跃跃欲试的身段，末了，却冲着台下观众摇摇手说："我还要老命哪。"转过身没翻就直接下来了。虽说没能看到谭鑫培昔日翻飞的风采，但于而今已年过 66 岁的谭鑫培来说，翻两张半桌子实在是勉为其难。何况，今日如此这般处理，也还符合猪八戒的"傻奸"身份，大家颇为谅解与包容，依然赢得了响亮的掌声。不巧的是，台下却有一位醉酒的看客，半醉半醒间竟使劲叫了一声大倒好。当时，谭鑫培并没介意，依旧圆满地唱完了《盗魂铃》。

戏后，新新的前台老板，私下里竟让伙计把这醉鬼捆到账房，厉声质问他懂不懂戏，哪个地方不好？这位看客的酒顿时被吓醒了一半，不得不连连打拱认错，承认自己不懂戏。前台老板认为是他搅了不该搅的局，轻轻地放他过去，总不解恨，便不依不饶地非让醉鬼喝了尿。后经人劝，才将酒鬼放走。

醉鬼的同乡们听说新新舞台的老板侮辱了观众，于是动了公愤。他们串联多位具名，在报纸上发新闻，向新新舞台提出抗议。其他小报便一哄而起，直至闹得第二天的演出搁浅。得知消息，谭鑫培十分愕然，心中像打翻了五味瓶一样，不知是何滋味。他历来将观众视为父母，待戏迷如同上帝，只要有求，只要所能，一并应允，从不怠慢，更不摆架，平民出生的他永不忘本。谭鑫培急找新新舞台的老板和团内的人聚商，再三强调自己的观点："绝不能再激化事态，一定要平息风波，以真诚化解，祈求原谅。确是我们所为不当，如有需要，我可见他一面。"

听了谭老板的一番言语，所有的人都为之感动，没有半点责怪之意，并愿亲身担负，如此风节，让人感动，又深感愧疚。尤其新新舞台的老板忙向谭鑫培请罪，是我没有管好手下，万望谭老板宽恕，不敢劳您大驾出面，我们保证自作自解，不惜动用一切可用之力，也要给您谭老板一个圆满的交代。见此情形，黄楚九、四盏灯赶紧出面交涉，几近半月的多方盘桓，事情才算有了眉目。对方的条件是，新新舞台的老板与谭鑫培必须出面请客赔礼，并临时取消"伶界大王"四字招牌。新新舞台的老板答应置酒赔礼，请谭老板出席，并恳请："事情虽说因谭老板的演出而起，但戏台下面发生的事，谭老板与我一样，事后方才听闻，新新不卸任何责任，万请不要牵累谭老板。"
新新舞台的老板在上海地界上也算得上是一方人物，无论台前台后的
人，遇事都得给几分面子，看他今天能折腰下诚，对方也知见好就
收，答应将谭老板脱开，彼此圆个场就好。至此，一场突如其来的风
波，终得平息。

在叫倒好事件平息的第二天，戏园重新开锣，头场是《托兆碰
碑》。临近谭鑫培登台，四盏灯扒开幕帘一瞧，台前的看客竟是满坑
满谷，心中暗呼："伶界大王真非常人可比，这个倒好竟没有白叫，
人流如潮啊！"心中原有的一缕阴霾，顷刻间烟消云散。台下醉酒观
众的叫倒好，竟成了谭鑫培沪上之行的一段"美丽"插曲。这正如一
句古语"塞翁失马，焉知非福"。世上没有不透风的墙，因事件之后
谭鑫培的大度之风和人格魅力，深深感动了当事人和上海观众，致使
"伶界大王"的声誉和影响不降反升。

谭鑫培一生致力于戏曲的改革与创新，无论是剧本、戏词、唱
腔、表演，他敢于冲破一切旧势力的枷锁，甚至在不见形迹的暗潮
漩涡中拼搏泅渡，坚定朝着目标勇往直前。戏曲是一种为民众喜闻
乐见的艺术形式，尤其在那不具备传播设备的时代，它甚至成为民
众声乐传播的最佳形式，同时肩负着文化教育的使命。艺术来源于
生活，却高于生活，又服务于民众生活。谭鑫培尊重艺术为民众为
时代的必然规律，不落俗套，大胆创新，敢于挑战，以中流砥柱之
势浇铸独具一格的艺术精品。他几次赴沪，使北南戏曲在融合中脱

胎出新，以观众的呼声与掌声作验证，镜照自己的作为与成败。谭鑫培一生不止前行，不遗余力地为戏曲艺术而献身，是为一代宗师与日月同在。

第六次赴上海

谭鑫培几次往返上海，有心去佛门圣地普陀岛均未能成行，平生之愿难了，不免觉得遗憾。想着自己年事已高，真该去一趟，近来的心情竟越来越热烈。这次借着答应长女相求去上海新舞台演出之际，打算先行去普陀再达上海。心中计划既定，便即刻启程，以不误应允的上海之期。当船驶进舟山群岛水域时，谭鑫培不顾年迈之身，迎风站立船头，遥望普陀岛方向，不禁遐思满腹。当船到达普陀岛码头时，谭鑫培依然沉浸在思索之中。是随行人一声"普陀岛到啰"的欢呼，才让他猛然醒来。谭鑫培看刚刚抵达，不能贸然直撞普陀寺，得先找旅店住下来，明天先去观音菩萨前祈福，以静下心来，再往普陀寺敬香。

拜过观音菩萨之后，谭鑫培不急于回店，却领随行二三，竟直步入海边，费力地登上一块巨大的礁石面海而远视。海浪一波接一波地扑打岸边的礁石，乳色的花朵凝成水柱冲起丈高，瞬息散开落下。润湿而绵软的潮声直向山顶蔓延，内在的震撼不绝如缕。谭鑫培似于梦中惊醒，这种自然之声，发于自然之力，呈于自然之态，感于自然之闻，何等妙哉！

不知何时，身边却无声地站着一位慈祥的僧人，"谭施主可感于大海之力与波涛传声么？"

真乃高人，谭鑫培的心思终瞒不过大师的法眼。更不知他是何时到来身边，为何到来身边，又为何知道他的身份？不由得转首凝注大师。

"今天初识，不愿给谭大施主猜哑谜，老衲即普陀寺方丈是也。因你启程之时，戒台寺方丈便与我寺飞鸽传书，掐指算来，如不中途耽误，邻近两天便是施主登临本岛之日。一见大王身形步影，自能洞察其九。"

"高人，高人呐！"谭鑫培由衷地叹服。

"高人实不敢当。于人、于业、于当下，留心观察，心象即身象、隐象即现象，将潜在于透视，在佛门僧人中般般而已。"大师随风而语。

"大师说得轻巧，但功力与心智的积淀与运用，为我等所不及。"

"各入其门，各擅千秋。谭施主对戏曲的研究与创造，老衲平生实难揣度一二。"

谭鑫培回望方丈，深感敬佩，凡学问与谦逊联姻，便入无止境界。内在的修为，外在的平淡，恰似深水静流。

视不为而为，却为而不为所为，常态不衰，常态不朽，如风雨雷电永存常现，自然之态，自然之力，人为难效，但可将精神加身，便获超常之能。方丈的话深藏禅机。

谭鑫培略有所感，也略有所动，愿穷毕生而进，不愿徒费光阴。

方丈与谭鑫培的一席话，旁人听来似懂非懂，而他们之间却如饮甘泉。不知他们谈了多久，似乎猛然间顾及身边之人，这才双双抚肩而笑步下礁石。

谭鑫培婉谢了方丈随行进寺之邀，许诺明晨净手静心去禅寺进香。

第二天，谭鑫培带一二随从去往寺庙，方丈早在门外相候。他们依次拜过佛祖，敬香还愿。谭鑫培一生信佛，曾在戒台寺即许下普陀寺还愿之诺。更有早饮普陀之茶润嗓之德，必当前来致谢！

礼拜毕，谭鑫培即被方丈请进内院，两人闭门而谈，两天两夜未出寺门一步。随行人只得在寺内等候，又不敢擅自叩问。

谭鑫培在普陀寺一住就是一周，因为上海演出之日在即，这才辞别方丈而行。

在寺内几天，方丈特吩咐取普陀泉水给谭鑫培泡茶，临别还送其几大包特制茶叶携带而行。

有一次，满清大臣中以嗜戏如命而著称的那桐（内阁大学士、军机大臣兼户部尚书，与慈禧同为叶赫那拉一脉）问他："怎么你见了赏银就没乐过呢？"谭鑫培回敬道："国家如此积弱，都因一干人等私欲无涯如洞穴填。现在国家危亡之际，我虽然是一个唱戏的，但伶之士声，其为不平之鸣也，何为黄白乎。"虽说谭鑫培在戏界享受的地位至高无上，而金钱地位从来没让他感觉到一分安稳与闲适，唯有在面对佛祖时，才能获得内心无尘的平静。

1915年，谭鑫培第六次赴上海，实为夏月润之妻（谭鑫培长女），用苦肉计相求而去。那时，丹桂园全部迁移至南市十六铺新舞台，适时大舞台落成，恐受影响。于是，月润之兄月珊，央其弟妇来京恳请谭老板来沪，其间往返数次。谭鑫培究因父女之情，也不计前次演出不快，答应赴沪，勉强允唱二十天。于10月26日出台，首日唱《空城计》，由夏月珊、邱治云饰老军，潘月樵饰王平，夏月润饰赵云，毛韵珂、周凤文饰琴童，曹富臣饰司马懿，林树森饰马谡。日后更是好戏连台，如《乌盆记》《天堂州》《黑水国》《群英会》《天雷报》《状元谱》《王佐断臂》《讨鱼税》《黄金台》《定军山》《南阳关》《翠屏山》《朱砂痣》《八义图》《洪羊洞》《李陵碑》《琼林宴》《取帅印》，收尾之日即演《珠帘寨》。当唱《琼林宴》时，因鞋子一跌能落在头上，故满场无一空座，且特别加价。谭鑫培按事前许诺，一连唱了二十天，效果出人意料的好，成就远远超过上次。每天，连戏台的两边都加摆了几排凳子，均按特厅票价，每位大洋一元，观众依然是挤得水泄不通。据说，他每次下场，都得有人招呼，一路"借光"才能从人群中挤进后台。二十天满后，谭鑫培不愿续演，夏氏昆仲知无法强留，即送其北返。虽说那次上海之行是被女儿女婿诚请而往，但演出效果特别好，观众喝彩声不断，如此场面成为了上海戏剧史上的惊艳一笔，更成为上海观众永远难忘的记忆。

从前上海的戏馆老板，在业务上有一句成语"金九银十"，以此表明上海的表演旺季，就九、十两个月生意最火。所以，凡北京的角儿出码头到上海，多半都在冬季，有的演到十二月才回北京，依然误不了来春在北京接洽搭班的手续。有的竟而演到封箱，再赶回北京过年。也有留在上海度岁的，新年初一即在上海重行登台。因为上海戏园的习惯，从正月初一起日夜两工，一直要唱到元宵节边，非常辛苦，也非常来钱。

这次上海之行，却有一档不期而遇的巧合对演，后被很多人讹传为谭梅两家的擂台之争，并不惜为此大肆渲染，竟弄得不明就里者跟着起哄，也有不怕事大而添油加醋炒作的，更有不负历史责任而著笔成影的。1915年夏末，梅兰芳在上海"吉祥戏园"重演他最早的创新戏《孽海波澜》，而久未露面的谭鑫培，此时在上海新舞台演出。起初，梅兰芳并不知道擅长"做"市场的戏院老板此番刻意的安排，意欲造成老谭和小梅的对台，以此噱头来招徕观众。梅兰芳当时风头正劲又新老戏并举，自然卖座颇佳。而有"伶界大王"之称的谭老板这边，亦是观众如潮，这是吉祥戏园老板没有算到的。

事后，梅兰芳很快知道了这一切，内心深感不安，却又不便直接找上门去赔不是。不过回京之后，那一天，他与几个朋友相随去逛戒台寺，于半道上却巧遇谭大老板。想到前些时在上海被人暗中安排的"打对台"，虽说没有得逞，但风潮涌动难平。越想心里越发紧，梅兰芳不由得紧张惶恐起来，他硬着头皮往前紧走几步，双手一伸，大声地喊叫一声"爷爷"便一头扑进谭鑫培的胸前。谭鑫培似乎早已看穿了梅兰芳的心思，很大度地拍了拍梅兰芳的肩头，哈哈笑道："你这好小子，一路紧追，又赶到这儿来了，一会儿上我那儿去坐坐。"看到谭鑫培大度的笑容，梅兰芳顿去惶恐之心。后来，他果真去了谭鑫培的住处，祖孙俩谁也不再提前一档子事。后来一代京剧宗师谭鑫培去世，"京剧大王"的桂冠自然地戴到了梅兰芳头上。但梅兰芳常对人说："我不是梅派，我是谭派。"这就是他内心的真实告白。

七张半唱片

QIZHANGBAN CHANGPIAN

在一个晴朗的上午，谭鑫培的上海下榻之处迎来了一位极其特殊的客人。

因晚场连演两剧，那天谭鑫培起得并不太早，用过早膳，抽过两袋大烟，不觉精神抖擞，抬头却见时钟已过十点。忽闻敲门声，谭鑫培对外挥挥手，示意女佣开门请进。

门房进来递上一封引荐信，并与谭鑫培侧手遮挡耳语。

谭鑫培轻轻打开信封，抽出内页，将其递与门房解读。得知来人系青帮大佬推荐，自不可怠慢，嘱门房赶快引进。

一阵急促的脚步声由远及近，待将进门之际，谭鑫培起坐临门迎接，相互寒暄握手。来人一头金发，蓝色的眼睛，身后还跟随一个年轻漂亮的中国女人，谭鑫培猜想，应该是时尚的女秘书吧。那个法国人似解谭鑫培之意，用并不流畅的华语向主人介绍，谭鑫培这才知道是位女翻译。

谭鑫培与来客相近而坐，茶杯里刚沏的碧螺春冒着乳白色的热雾，缕缕香气诱人。精明的法国人对谭鑫培竖起大拇指，连声说："好茶！好茶！"一串浑厚而醇和的笑声直与茶雾相融。

因来人为青帮大佬引荐，又为外域之民，中国作为礼仪之邦，自不可轻视怠慢，于是，谭鑫培破格让女佣给客人烧上一锅大烟递至跟前。不想法国人两手一摊，头往两边直摇。他连忙掏出衣袋里的纸烟，照例回敬主人一支，谭鑫培也委婉谢辞。

一阵客套过后，书入正题。

法国人递过自己的名片（他不知谭鑫培不识字），经过女翻译介绍，才知他是法国驻上海百代唱片公司的总裁，姓乐，名邦生。此行经友人介绍，特地前来诚请谭鑫培去他的公司录制京剧唱片，且薪酬不薄。今天一为中国式的礼节性拜访，二为谋求合作而探讨。

乐邦生特地带来了一部高质量的留声机和几盘精制的唱片，并亲手摇机在室内放起了唱片。唱片中既有法国民乐，还有中国人熟悉的梁祝和二泉映月等民族音乐。妙曼的音乐，清质的声响，聆听中直让人有飘飘欲仙之感，谭鑫培很容易地被其牵入情境之中。看着谭鑫培似乎陶醉的神态，法国人自有几分得意，脸上洋溢着掩不住的光芒。

因有翻译在旁，法国人不必再涨红脸地憋着腔调与主人说话套近乎，一口流利的法语，让他找回了惯有的商人自信与老练。

看谭鑫培一副凝神静听的样子，法国人恰到火候地把握时机，不免有些自豪地推介说："我百代公司属全球首屈一指的企业，凡我公司录制的唱片不仅在法国，且在全世界都是一流的。如果能得到谭大王青睐，让我公司为你灌制唱片的话，那么，一流的唱片播放中国京剧的顶级唱段，风靡全球只在朝夕之间。我已经作好了充分的准备，随时愿为你谭老板效劳，真诚地期待你的合作。为此，今天特地登门拜望，万望你不要推辞。"

几句话直奔主题，爽快简洁，展示得体，揽事从容，不愧为一个跨国经商的人。

在录制唱片前，谭鑫培就曾听业内有人说。唱戏就是台上唱，台下看，真人真嗓，来得直观，不能有半点虚假。唱得带劲，看得酣畅，图的就是一个爱好与痛快。现在好，竟有人在外国人的鼓动下，想录制唱片，再用机子播放。虽说简单便捷，但观众既看不到人，又不知声音来自何方，是否是原声还是模仿，都不得而知。还有录制的声音毕竟不如当面聆听来得真切，是否失真和变样，谁人能说清楚呢？古来有之的戏曲表演形式，假如被那种唱机所代替，致使观众不见演员身影，演员感受不到观众的热情，更听不到现场如潮的掌声，那还有个什么唱头呢？这种说法表明了演员们对录制唱片的疑虑，也是一种面对新生事物的不解和抵制。任何新生事物都得经受风雨，从来没有一帆风顺。谭鑫培理解上述说法，但并不完全赞同。因为他原本就是一个改革家，他当初在创造新腔时面临的非议和挑战，远远超过录制唱片的压力与疑虑。但实践证明，他的改革顺应了历史潮流，最终得到了观众的肯定与赞赏。

看着谭鑫培片在沉默无语的思考，乐邦生不免有些焦急，唯恐谭鑫培不答应。虽说心里急，但面上还得保持一副泰然自若的绅士风度，他绝不能贸然追问，免得适得其反，唯有静等回音。经过一阵内心的争斗，谭鑫培的脸上似乎透露出一股坚毅的神色。果然，谭鑫培毕竟还是谭鑫培，骨子里的改革精神鼓舞着他勇立潮头的决心。他向乐邦生点点头说，既然你首选了我，那就让我们先行合作一回吧。

法国人忙站起身，热情地伸过手来，谭鑫培也不失礼节地伸手相握，一桩生意顺理成章地在两手相握中大功告成。既然生意已成，法国人再无叨扰之意，即起身告辞。临行前乐邦生不忘告知，为了这次真诚的合作，他特意备办了一桌酒席，诚请谭大王务必移驾光临。谭鑫培借故演出繁忙而婉拒，乐邦生也谢绝了谭老板留客的饭局，他却以留声机和唱片相送，执意陈情之下，谭鑫培难以推却。谭鑫培直将客人送至门外，并招手示意。法国人带着笑容一头钻进了汽车里，看着汽车尾部的烟雾，谭鑫培却陷入无尽的思考。

　　看着法国人远去的身影，谭鑫培记住了约定灌制唱片的地点和时间，内心萌发了一份青春般的热切期盼。后来，随着伶界大王的唱片面世，中国京剧唱片市场开始风潮狂涌，于此火红了百代，也兴旺了中国当代的唱片业。

　　在 20 世纪的 20 年代，随着封建王朝的垮塌，中国社会进入了一个短时的高速发展期，工业经济增长年均达到百分之八，成就斐然，国人庆幸。号称东方巴黎的大上海，更是借助海上香风，一跃成为世界屈指可数的时尚之都。当时，一种名叫留声机的新鲜玩意在上海的十里洋场开始普及与流行。徐徐转动的唱盘，金色的铜管喇叭，优雅而真切的声波传送，京剧名角的迷人唱腔，让那些时髦的太太与小姐们欲罢不能。那些王孙公子和钱袋鼓鼓的阔佬们，更将其当作一种必具的奢华，坐在留声机旁口嗫香茶，或三三两两相聚而听听唱片，成为当时上海人极为热衷的生活时尚与风雅。据说在京剧繁盛的当年，为了买到一张新近唱红的京剧唱片，在英商谋得利洋行上海唱片销售店门前，常常是大排长龙，唱片竟然紧俏得产不供需。当时的北京和上海，唱片公司不下二十多家，年销量高达近百万张。只要拥有一份稳定职业的家庭，至少都有一部手摇的唱机。有无留声机，似乎不成文地成为了时人身份和地位的象征。

　　1908 年，法国人乐邦生，率先在上海成立了东方百代唱片公司，挂牌于上海市衡山路 811 号，那是中国最早的一家唱片录制公司。他想方设法请来了伶界大王谭鑫培，还有当时红极京剧界的刘鸿声和汪笑侬等京沪名角录音，然后运回法国制成唱片返销中国，生意兴隆得如黄浦江的浪潮一浪高过一浪。由此，中国新兴的唱片工业便在法国人经营的风生水起中正式起步。

那时流动于街头播放留声机的活计，是最令人回味的一道商业风景。经商人身上背着一个大匣子，沿街通叫。只要有人听唱，他便放下背后的大匣子，立马临时支架，从那个大盒子中拿出留声机和一沓唱片，在提示性的宣讲中让你挑选唱片。无论是谭鑫培还是汪笑侬，想听谁就听谁，既快捷又方便。一放上唱片，他便开始为你摇动唱机，放一个唱段收一次钱，不同的层次，不同的价码，总之不算太贵，为一般人付得起的价码。尤其是对于那些买不起唱机的人，花点小钱，听戏解馋，生意特别红火。据不完全统计，从谭鑫培开始至1930年，被请进唱片公司录音灌制唱片的京剧艺人已达一百余位。据1936年出版的《大戏考全集》记载，业经灌录唱片的京剧唱段已高达一千五百余段。那时的中国，不论是北京还是上海，京剧为人们不可替代的音乐食粮，丝毫不比现代丰富多彩的艺术门类和繁花似锦的内容逊色。

谭鑫培的七张半唱片，成为中国京剧界最珍贵的历史资料，无论追寻历史足迹，还是现代京剧教学，都希望从谭大王的唱片中吸收丰富的营养。一百多年后的今天，无腔不学谭，早已成为不争的事实。从谭鑫培生前留下的为数不多的录音片段中，我们很难听出像程长庚所述的那份甘甜与柔靡。也许时过境迁，我们不逢戏曲高喉直嗓的现场，也许谭鑫培的人与声无可选择地被历史宠幸，今人、今声在无派不谭的传承中铸成铁卷。在当今京剧回暖的时代艺术传承中，由李瑞环先生主持的音配像工程，让人们在前人的唱腔和今人的演示中，让古今时光在当代舞台上无缝地对接与融合，呈现给人们一桌丰盛的艺术大餐。

百代唱片公司为谭鑫培灌制的七张半宝石唱片，包括《卖马》《托兆碰碑》《捉放曹》《桑园寄子》《乌盆记》《四郎探母》各一张，《洪羊洞》《战太平》《庆顶珠》各半张。其中《洪羊洞》和《卖马》两出为梅雨田的琴师，而其他几张均为谭鑫培的二儿子谭海清抚琴伴奏，其质量优劣内行人不难分辨。有人犹自叹惜，谭鑫培当时原本不该换下梅雨田，以至造成不可弥补的遗憾。谭鑫培知道，唱片不比现场表演，它能将时光和声乐留在永恒的历史里，他不给儿子机会，又有谁给呢？在录音之前，心明的谭鑫培不忘嘱咐儿子，让他将琴声稍放小一点，自己再将声音放大一点，企求以强掩弱，在模糊中营造诗意美。虽说，唱片出来没有完全达到谭鑫培预想的效果，但他的一颗水流之心，日月可鉴。

自从谭鑫培的唱片面市后，像狂风一样席卷民众生活中的每个角落，听众越来越广，更使那些从前没有条件或机会亲临现场聆听谭大王演唱的人，得到了久旱逢甘露的浇灌。于是，追随者与日俱增，影响越来越大。"国家兴亡谁管得，满城争说叫天儿。"那种超越皇朝和历史的赞叹，为他的戏曲生涯书写了崭新的一页。

一派风流

Yipai Fengliu

使命与担当

1882 年，程长庚去世，谭鑫培再无人约束，即可无拘无束地沿着自己的方向，全心于京剧声腔与整体表演艺术的改革创新，推动京剧的发展。他彻底地改变了过去的直腔直调，创造了大量新腔新调与演唱技巧，大大增强了老生唱腔的华丽迂回，使京剧声腔变得细致而更有韵味，抵达"无腔不谭"的境地。经过谭鑫培重新加工编演的一百多个剧目，直到百年后的今天，仍然是京剧传统剧目最核心的部分。

谭鑫培的扮相那么瘦削，嗓音却又那么甘润，因为长期习惯于程长庚式的直腔直调，乍看谭鑫培的戏，不免令人有些失望。然而，你只要继续看下去，就会不知不觉地被他的特殊魅力所折服，让人欲罢不能。有一次，他和金秀山合演《捉放曹》。演到曹操拔剑《杀家》一场时，他那双目光炯炯的眼睛，一下子就把全场观众的精神吸引住了。等唱到《宿店》一场的大段二黄时，声音越来越高，细腻悠扬得有如深山鹤唳，月出云中，将陈宫的一腔悔恨怨愤，渲染得淋漓尽致，满戏园里竟然静得连一点声响都没有。观众们有的于闭目凝神中细听，抑或目不转睛地细瞅，心灵得到了升华和净化。他的嗓音甜润沙亮，刚柔相济，还有一丝"酸鼻音"。所以，在唱腔上能根据各种剧情而运用自如。他无腔不备，尤其善于变化操控。

谭鑫培演什么戏则用什么调门，根据人物剧情的需要而定，如他演《卖马》，即用最高的调门拉开那句"店主东……"犹如穿云裂石，声哀弥长，以示英雄落魄而声泪俱下之景。所以，在清末时北京的大街小巷常能听到那句"店主东……"，可见其唱腔的流行程度，达到了令国人深迷的地步。"无腔不学谭"的诗句流传，绝非令人一时崇尚的偶然。

谭鑫培不但唱工好，做工尤其讲究。可说是"装谁像谁""处处入戏"。差不多在每出戏里他都要研究出一点"绝活"来。所谓"绝活"，就是他独具特色的表演，是别人所没有的。比如他演《连营寨》饰刘备，当《火烧连营》中被火烧的时候，有几番扑火的身段就运用了"吊毛""硬抢背""单腿搓步"等扑跌动作。由于他的面部神色有戏，舞袖扑火身段生动，层次交代清楚，就把烟熏弥漫、走投无路的情节渲染得十分逼真。当关兴和张苞来扶他上马时，他是摸着马而不是看着马，以示眼睛当时已被熏坏。他演《碰碑》饰杨继业，当看到李陵碑时，念"……卸甲又丢盔"的时候，身子微微一抖而卸去铠甲，将头一甩而甩去头盔，运用得干净利落，将杨继业当时的激动情绪，强烈逼真地烘托出来。他演《问樵闹府》饰范仲禹，当寻不到妻子孩儿时，因急而精神失常，用把鞋甩落在头上的身段表现疯汉状态，运用得入化无痕，不生不硬。关于甩鞋落在头上的身段，有人认为很"神秘"。其实是因为谭鑫培的腿功好，自小就有武术功底，腿一抬就可过头顶，把鞋落在头上，于他而言则很是自然。俗语："戏法是假的，功夫是真的。"看我非我，我看我，我也非我；装谁像谁，谁装谁，谁亦非谁。这就是谭鑫培表演艺术的经典总结，也是观众为他描摹画像的理论线条和标准。

谭鑫培在唱腔上集前辈和同辈诸家之长，融会贯通，加以自己的发挥变化，突破老生直腔直调的陈旧局面，创立了风格新颖、去古渐远、灵活多变、婉妙悦耳、圆润自如，以声情并茂取胜的谭派唱腔。谭腔使京剧发音由尖厉而圆润宽亮，从历史发展的趋势看，显然是一种进步。这便是谭鑫培在剧坛争胜中，于老生戏里精纯唱腔和突出表演技巧两相并进的一种探索。

谭鑫培创造新腔根据剧情，从人物性格和既定的情境出发，在前辈唱腔的基础上，巧妙地处理腔调的节奏，自然伸展或压缩，翻新而变化。如《宝莲灯》中刘彦昌所唱的二黄快三眼："昔日里有个孤竹君……"过去的节奏类似慢板，谭鑫培觉得如此唱法与刘当时内心的情绪不太吻合，即将节奏紧缩、尺寸加快，非常得体。谭鑫培善于吸收各剧种、曲种和名演员之长，如梆子郭宝臣、十二红，昆曲汉剧诸多名须生等，谭鑫培在唱腔音调旋律方面大胆吸收、精心糅化。同时，谭鑫培还把老旦、青衣、花脸等唱腔精华融进老生的唱腔中，使老生唱腔既优美又富于表现力。例如《桑园寄子》第四场，谭鑫培饰邓伯道唱"山又高水又深，难以忍耐"的长腔即来自青衣，生动地表现了艰苦跋涉的情境，也是这出戏中独有的唱腔。青衣唱腔帮助了谭鑫培老生腔的发展变化，而谭腔又转过来为后辈青衣腔开启了很多诀窍。再如《打渔杀家》中，当萧恩父女乘船过江杀丁时，桂英白"孩儿舍不得爹爹"后下，接生起"哭头"，"啊……桂英，我的儿吓……"。谭鑫培唱的"儿"字是下行腔，极似梆子中常用的"不好了……"的哭腔，但最后的收音，仍回归到京剧西皮的唱法。这样把梆子唱法吸收、运用到京剧中，大大增加了这段唱腔的悲哀气氛，每每催人泪下。此外，如《碰碑》中的反二黄"我那大郎儿……替宋王"的唱腔，连胡琴小过门均从京韵大鼓里吸收过来。谭鑫培往往在导板、摇板或哭头后，加"啊""呵"等虚字音。如《卖马》中"店主东带过了黄骠马"一句，他就用了"呐""哦""呵"三个变音字。而谭鑫培的这些创造，在当时有些老艺人看来，认为是耍花腔，不守绳墨。讥笑他:"小叫天尽搞些青衣腔来糊弄人,这些唱腔都是外造天魔不归工。"但经过不断的艺术实践检验,这些责难之词慢慢地烟消云散,谭鑫培的革新创造逐渐得到观众的承认和喜爱,并为其他艺术家所学习和宗法。

应该看到,谭鑫培唱腔的革新创造的成功,离不开场面的合作者,与名琴师梅雨田、孙佐臣和名鼓师李五等的音乐创造是分不开的。谭鑫培曾由衷地说过:"琴师与鼓师就是演员的左膀右臂。"

谭鑫培的表演艺术从人物的整体需要出发,改变了过去普遍存在的善唱的只重唱,演武的只重武的现象。他集唱念做打于一体,全方位地再现剧中人应有的面貌与思想。谭鑫培从塑造人物形象、表现人物思想情感出发,把手、眼、身、法、步作为表现人物的手段。他的表演艺术是为"演人"而运用"程式",而不是技与戏分离的"程式表现"。由此,谭鑫培就把京剧表演艺术提高到了那个时代表演艺术的最高水平。

谭鑫培在逆境中不坠青云之志,顺境中亦能保持头脑清醒,不骄不狂。庚子国变之后,他处于演艺巅峰。然而,面对列强入侵,内忧外患,国事日非,他感于时势的变迁和人世的沧桑,内心深处时时感受到难以言传的孤独和苦闷。佛缘有加,亦不为喜;大红大紫,视同浮云。何以解忧,唯有根植于他心中的戏曲。于是,他不停地磨戏,不断地演出,把几十出拿手戏打磨得更加精致,乃至成为谭派戏曲的代表剧目,且成为京剧的教本和经典。

　　谭鑫培活到老，学到老，总在不停地提醒自己，剖析自己，煎熬自己。清末民初以来，风云变幻，时局动荡，京师梨园界变幻出新的风景线，坤角、旦角大量涌现，无数新星腾空而起。谭鑫培面临挑战，也难免偶尔会产生失落感。但他却是一个命运的抗争者，从不肯认老服输。"老骥伏枥，志在千里。"谭鑫培潜心磨艺，精进不止，始终立于不败之地，没有给"谭迷"和观众留下遗憾。

　　历史选择了谭鑫培，京剧艺术造就了谭鑫培。谭鑫培用自己的聪明才智和杰出创造回报了历史，为京剧艺术增添了璀璨的光华。

　　谭鑫培有异于他人，很早就表现出与传统的背离，他的唱腔一直在往甘柔婉转的路上演化。实事求是地说，这是一条代表京剧由乡土转向城市，由听觉转为韵觉的进化之路。

锐意改革的典范

　　谭鑫培从小跟着父亲学戏，一是家学渊源，二是天生喜爱，并非受家庭所逼而学。父亲谭志道一向对他管教甚严，闻鸡起舞，刻苦钻研，勤奋自勉，渐渐变成了他的自觉行为。除了演唱之外，还兼会场面，会吹打拉弹，自是"六场通透"。在多年的戏曲实践中，谭鑫培敢于打破传统，不拘一格地在改革中创新。

　　谭鑫培的戏路很广，不但能演安工、衰派戏，靠把、袍带、箭衣和折子各戏，他也无不擅长，发展全面。他把多出原本不为人所重视的冷门戏，改编成深受人们喜爱的热门戏。还常让剧中角色反客为主，让原剧中居次要地位的角色摇身一变成为主角，大胆的尝试却获得惊人的成功。同时，他在化装、扮相等方面，也做了诸多改革，使之流传到现在。因此，人们称谭鑫培不仅身为京剧表演家且为京剧改革家。

比如《战太平》这出戏，原是一曲比较冷门的开锣戏，经过谭鑫培的改革演出，一跃成为大轴戏。老生华云，连文带武，虎跳干净利落，成为谭派代表作之一。又如《战北原》，那是程长庚从不涉足的一出戏，但编著者卢胜奎却特别钟爱自己的作品，他一想将自己的作品早日搬上舞台，二想借此帮帮他心中看重的未来巨星谭鑫培，在其略施小计中，谭鑫培心领神会地如愿得到了程大老板的首肯，使其不支持谭鑫培唱老生的观点破冰。由于谭鑫培的一出《战北原》出乎意料地得到了普遍的欢迎和称赞，于是，谭鑫培的老生之路便从"山重水复疑无路"骤然"柳暗花明又一村"。由此说，《战北原》一剧成了谭鑫培戏剧人生的分水岭，从此即由山路弯弯而步入一路通天的大道。

《定军山》中的黄忠，扮相原为戴扎巾盔，戴白满髯口，经谭鑫培改革后，戴扎巾而挂白三，大刀也做了一番革新。由谭鑫培扮演的《定军山》中的黄忠，手舞大刀，从容不迫，举重若轻，在紧张的战斗中，显示出久战沙场的老将风度，学到这种地步却非易事。

《卖马》原是一出老生与小丑并重的戏，《连营寨》原是一出老生与武生的并重戏，经过谭鑫培的改革之后，均成为了老生的正工戏。

《搜孤救孤》原是公孙杵臼的重头戏，他却把程婴改为了主角。

《探母回令》原来没有这出戏。清朝咸丰、同治年间，京剧旗装戏很流行，四喜班排演了传统剧目《雁门关》，也叫《南北和》，系宋辽交兵的故事，以旦角梅巧玲饰演的辽邦萧太后为主角。当时，为了与梅巧玲斗智，经卢胜奎改编为《四郎探母》，以老生杨延辉（四郎）为主角，其次公主为旦角，却把萧太后降为了三号人物，仅仅是演到《见娘》为止，没有《回令》。后来经谭鑫培改编，把这出戏引入《回令》的故事情节中，成为一出有头有尾的《探母回令》，不仅突出了老生杨四郎，并使该剧最终成为集老生、青衣、老旦、小生唱做并重的一出群英戏。

《珠帘寨》原是一出花脸戏，李克用由净角扮演，经谭鑫培改编后，改由老生扮演。这出戏，据传曾有过这么一段小过场：民国初年，谭鑫培常在北京大栅栏同乐茶园演出，当时的刘鸿声，绰号"小刀子刘"，正值唱红的季节，演出很叫座。谭鑫培出于戏曲艺术好胜的天性，有意压一压刘鸿声的声势。于是，着力改编了《珠帘寨》，包括解宝收威，前文后武，所有情节适合他文武不挡的特长，贴演之后，观众叫好，威声大振。

从以上这些京剧老生传统剧目中均能一探由谭鑫培改编的痕迹。如《定军山》删去了四将起霸，改为黄忠戴扎巾由下场门出场；《空城计》删去了出场时的慢板，却把城楼大段三眼和二六的唱腔给予了大段丰富。

　　值得大书特书的是，谭鑫培早年曾有过演出大量武戏的事实。人们都知道《同光十三绝》中的谭鑫培以武生形象出场，那时还不曾耳闻他出演老生的点滴趣闻。他早年演过《金钱豹》中的孙悟空和《黄鹤楼》中的赵云，其实，他连《状元印》中的常遇春、《挑滑车》中的高宠、《恶虎村》中的黄天霸等要角都曾演过。甚至他还演过武丑和一般武行，如《五人义》中的周文元，《三岔口》中的刘利华，以及《八蜡庙》中的朱光祖和米龙、窦虎等。这样宽泛的戏路和如此雄厚的根基，是他日后独树一帜，卓然成为一代艺术大师不可或缺的天成之因。在谭鑫培后期，像《战宛城》中的张绣，《战岱州》（一名《对刀步战》，为昆曲《铁冠图》中的一出）中的周遇吉，也还不时上演。至于《南天门》中的甩罗帽，《碰碑》中的甩盔，《卖马》中的耍锏，《翠屏山》中的耍刀，《闹府》中的踢鞋和《打棍出箱》中的铁板桥等，更是举重若轻的家常便饭。即使在谭鑫培晚年，这些戏要么不演，只要出演，一定是一丝不苟，绝不偷工减料。而后辈中的一些演员，如有的老生演《奇冤报》不摔吊毛，演《连营寨》不翻抢背，演《打棍出箱》不使铁板桥。甚至有的人演《战太平》，生怕闷帘正二黄导板的嘎调唱不上去，竟先让胡琴落低调门，等唱完嘎调再把调门升上去……比起谭鑫培和老一辈的艺术家来，这些人的技艺和敬业精神不可同日而语。

　　京师梨园的戏曲改良，几乎与后来的上海一样，均从时装新戏的排演开始，却多了份捧角之士的陪伴与参与。这样的改良虽然没有共赴革命的慷慨激昂，但那份基于市场的平实和持久，更让人经受与回味。比如"你父亲哪里去了？快快与我唤来""过了一朝又一朝，心中好似滚油烧，父母冤仇不能报，腰间空挂雁翎刀""国事乱如麻，忘却戴乌纱"，这些由谭鑫培临场添加的戏词，恰如其分地渲染了氛围，增添了戏曲艺术的光彩。这些启发于智慧和实践中的即时即地飞花，当时戏剧界中人难望其项背。

在清朝末年，一批艺术家锲而不舍地继续着戏剧革新的尝试，但帝国主义的外邦殖民地文化也在影响与侵蚀着戏曲界，这是一个民族反对奴役、争取自由的殊死搏斗。谭鑫培从各个行当和其他剧种中精心采撷，做到兼收并蓄，熔于一炉。加上他高深的演唱技巧，嗓音运用自如，悠扬婉转，韵味浓厚，达到了以声传情、玲珑剔透的境界，具有前人所没有的强烈的艺术感染力。当然，改革和创新的道路绝不会一帆风顺，道路是坎坷的，他在独创新声中曾经遭受过保守势力的极力反对。改变老腔老调，不管内外行都曾有人说过"损话"，冷嘲热讽中说谭的唱法是"油腔滑调"。谭鑫培无惧讽刺和打击，面对流言蜚语而泰然自若，坚持走戏曲的改革之路，他相信自己是对的，他坚守于戏曲艺术的精诚和精纯。后来的谭派艺术终于冲破重重障碍与封锁，被社会公认，被观众热捧。于是，一时群起模仿，最终奠定"无腔不学谭"的崇高地位。

谭派的起源与发展，离不开谭鑫培精湛的戏曲艺术才能和锐意改革的决心和胆量，也得益于谭派后起之秀的继承和弘扬。一个巨星的升起，必须具备穿透云层的能量，才能闪烁于灿烂的星空，发出应有的光辉。世上没有一条路是平坦的，更没有永远晴朗的天空。路是人走出来的，转过一道弯即见一片新景。只要穿过长长的雨幕，阳光就会拥抱着你。谭鑫培的戏曲人生也不是平坦的，他于编著、唱腔和表演的改革，曾经的重重阻力和各种打击，都没能使他妥协，更没能使他却步。他走过了艰难的路程，冲破了一切枷锁，登上了成功的圣殿，他的戏曲艺术永远照亮着中国戏曲的历史。

第一部无声电影

　　影片拍摄，开辟了人类影视文化的长河，丰富了人们的文化生活，它使人们能选择性地将生活中难忘的片段搬上精彩的银幕，让过去的时光在影片中复活，这不能不说是一种创造的神奇。今天无处不在的影视文化，已经成为日常生活的一部分，给人带来无数的启迪、享受，抑或成为一种宣传工具。任何科技在普及之后，在服务于民中便变得习以为常，但它像婴儿一样，有破胎问世的那一天，更有生命最初形成于刹那间的奇妙。

　　影片拍摄技术从域外传入我国，已经到了 20 世纪初叶。将人的身形和景物经过拍摄而在银幕上鲜活重现，人们似乎不敢相信。中国第一部无声影片与京剧结缘，谭鑫培便成了当仁不让的被幸运光照的第一人。北京丰泰照相馆创办人任庆泰，出于好奇与敢为人先的萌动，不惜重金购置了一架法国制造的木壳手摇摄影机和 14 卷电影胶片。于 1905 年由摄影师刘仲伦，在露天场地为伶界大王谭鑫培拍摄了《定军山》中《请缨》《舞刀》《交锋》等几场片段。虽说当时拍摄的仅为无声的黑白片，却是我国最早的影片，无可争议地夺取了该行业的中国第一。历史的记忆，给今天的我们带来了长久的回味和思索。

　　一个风轻云淡的日子，北京丰泰照相馆的老板任庆泰，特地请来了京剧舞台上首屈一指的伶界大王谭鑫培。他将刚刚从法国引进的摄影机的镜头对准了京剧，实在是顺理成章的一件事。在京剧火热的年代，拍摄第一部中国电影，京剧很自然地问鼎潮流。谭鑫培穿着京剧戏装，在京剧艺术的演绎中，用伶界大王的神采和技艺，给五千年的文明古国，留下了银幕艺术的第一影像。当中国的第一部电影《定军山》，在前门大观楼的空场上首次试映时，观影的人潮蜂拥而至，情至酣处，戏迷们齐声高歌，与银幕上谭鑫培的无声表演，形成一场自发的集体配唱。浩大的声势和蒸腾的场面，将北京之夜完全煮沸了。多年后的一场无情大火，令人痛惜地让中国第一部电影《定军山》的胶卷化为灰烬，仅剩一张穿越岁月沧桑的谭鑫培剧照，这瞬间的永恒，当属不易地为京剧和国人留下了第一个不老的容颜。那张谭鑫培京剧戏装剧照，就像断臂的维纳斯一样，献给了世界无比珍贵的残缺之美。

穿了黄靠，戴了白三（胡子），手拿象鼻刀，扮演黄忠的谭鑫培。看着摄影师左右摇着的镜头，在拍摄《定军山》影片的场面中，旋风式地舞弄着手中的大刀。时间的定格，将这一无与伦比的片段变成了艺术的永恒。记忆不会忘记距今已百年之久的 1905 年，由中国人自己拍摄的第一部无声影片，即为谭鑫培演绎的《定军山》。道路是人修筑的，历史是人创造的，但那个勇于捷足先登的智者，便是掌握芝麻开门密语的持钥人。是他引领春风前行的脚步，吹开了寒冬的冰冻，迎来万花争艳中的蜂飞蝶舞。于中国影视的历史而言，永远铭刻着北京丰泰照相馆的老板任庆泰、中国第一个伶界大王谭鑫培、京剧谭派的经典代表作《定军山》。

在拍摄《定军山》之前，北京丰泰照相馆曾协助一名来华的法国人拍摄过纪录片。正因为这一无意而有幸的历练，使丰泰的老板任庆泰萌生自己拍摄电影的想法。任庆泰于 1892 年开设丰泰照相馆，生意日渐兴隆，他与社会各界包括梨园人士过从甚密，根据技术条件，他考虑到在庭院里拍摄演员表演，应比在街头上捕捉对象更容易，尤其适用于初涉者的体验。当时，谭鑫培的一句"店主东带过了黄膘马"无时无刻不响彻北京的上空。任庆泰也是一个京剧迷，谭鑫培的伶界大王形象在他心中无限崇高。由此，将谭鑫培定为他首开纪录的拍摄对象，似乎成了不二的选择。那时的京剧已经成为国剧，在国人心中的影响力与日俱增。任庆泰越想越如意，那种既定的形象目标定格和初尝拍摄艺术的欲望，使他迫不及待地期盼时光快速推移，他为即将创造历史的实践而心潮难平。

1905 年，适逢谭鑫培六十大寿（中国人贯以虚岁计算寿诞之期），任庆泰诚请谭鑫培拍摄电影，亦有庆贺和留念的双层之意。当任庆泰向谭鑫培呈请这一意向时，谭大王竟不假思索地爽朗答应。没有解释，更没有谦让，历史选择斯人，似如前世今生的约定。经过一番交流，两人商定于这年的春夏之交开拍。因为那时还没有留声于影片的技术，任庆泰不免有些顾忌谭鑫培舞台表演的艺术习惯，特别提请谭大王"光演不唱"的片段选择，即以武打动作和舞蹈场面为主要内容。于是，谭鑫培便自选了《请缨》《舞刀》《交锋》等几个片段，并根据自己的脸型、身量、气质，改良了剧中人物黄忠的头盔、穿戴等。虽说只是一段只演不唱的程式，但于艺臻化境的谭鑫培而言，没有任何不畅和阻塞。

为了提高技师们的自信心和拍摄质量，开拍前，任庆泰鼓励摄像技师们说："别让那些洋东西给唬住，没什么了不起，不就是一台活动照相机吗！"任庆泰命人到东交民巷德国人开设的祁罗浮洋行选购了摄影机和电影胶片。开拍当日，在丰泰照相馆的院子里挂上一块白色布幔，在日光照射下进行露天拍摄，由照相技师刘仲伦担任摄影。谭鑫培着戏装站在布幔前开始表演，刘仲伦手摇把柄转动摄影机，二百英尺一盒的胶片，很快就拍摄完成。其间拍拍停停，不断地摸索，不断地成熟，花了几天时间，终于拍下了《请缨》《舞刀》《交锋》三个片段。该影片在大观楼第一次放映，银幕上谭鑫培饰黄忠的人影清楚可辨。但当在舞弄大刀之时，即只见刀光剑影，人影即被遮蔽在光幕里。还有一段，只看见一只靴子登蟒靠，上半截竟没有了。虽然效果有待完善和改进，但当时的人们还是被前所未有的新奇感所淹没，整个场面一片沸腾。

此后，丰泰照相馆对《定军山》影片进行多次补拍和细心剪接，直至自认满意为止。随后，他们陆续拍摄了多部京剧纪录片，基本上为任庆泰所挑的光演不唱的武戏。《定军山》完成不久，又拍摄了谭鑫培的《长坂坡》；俞菊笙和朱文英合演的《青石山》中《对刀》一段；俞菊笙的《艳阳楼》片段；俞振庭的《白水滩》《金钱豹》片段；许德义的《收关胜》片段。继《定军山》之后，一连串的京剧无声影片迅速合集成厚厚的历史记载。直至1908年，他们还拍摄了小麻姑的《杀子报》和《纺棉花》片段，一直延续到有声电影的问世，才完成其历史使命。

谭鑫培是京剧演员中最早拍摄影片留下影像资料的人，而拍摄的又是他擅演的文武老生戏代表作《定军山》。这不仅成为中国电影和中国京剧最早结合的艺术典范，且为后代京剧表演艺术家，如余叔岩、谭富英、李少春、李万春等走文武老生的道路树立了榜样。《定军山》一剧，亦成为谭家几代人久演不衰的保留剧目。所以，只要说起《定军山》，上了年纪的老人，自然会联想到任庆泰拍摄的这部无声影片。而时近中年的人们，即会想到谭富英，继而想到谭元寿、谭孝曾、谭正岩三代同台的精彩表演。根据史料记载，后来的第一部有声京剧电影，恰为谭富英所主演，这种历史的选择，我们无须去探讨它的偶然或必然，确为谭家之幸，亦为艺术之幸！

红花与绿叶

　　梅雨田最为拿手的是胡琴，曾被梨园界誉为"胡琴梅"。他的伴奏，不仅分寸、火候把握得恰到好处，而且将胡琴拉得如泣如诉，传神尽意，甚至能够弥补演唱者嗓音的不足。他曾长期与谭鑫培合作演出，二人配合得十分默契，真正称得上水乳交融，以至后来谁也离不开谁。百代公司曾灌制过由谭鑫培演唱、梅雨田伴奏的《洪羊洞》和《卖马》唱片，当时被梨园内外的行家公认为一绝。

　　《骂曹》一剧，重在击鼓，名角擅长者，在汪桂芬之外唯谭鑫培最精。擂鼓三通，错综变化，五花八门，迥异蹊径。《夜深沉》一段，格律谨严，韵味渊雅，伴以梅雨田的胡琴，音节铿锵如击金石，可称为神品。唯有他们二人合奏，每至尾声，梅雨田的胡琴紧与板连，而谭鑫培的鼓点起于板后，微有参差颇让人疑惑。后来有人曾因此询问过谭鑫培，他答"雨田的琴于收束处尚缺一句，故而不能合拍"。他并将此句的工尺告知，询问者由谭鑫培的话得到解惑，皆为独得之秘。然而，谭鑫培却从不将此告知梅雨田，梅雨田也不曾为此去问过谭鑫培。皆因谭鑫培名重艺高颇自矜贵，虽然是梅雨田为之操琴，如非低首请教，不肯轻易相教。而梅雨田自负聪明，以为声入心通，可不学而能，亦不肯自贬身价而降心相从，其负气好胜的个性固自高人一等。后来，别人曾以谭鑫培的话转告梅雨田，梅雨田则以为老谭杜撰，此句绝无。然而，旧谱正节之中，实有一句收束后的结尾声，工尺虽异，但谭鑫培所说并非无据之论。又如《夜深沉》中段的长擂，旧时分为三段，谭鑫培则一气贯注，不分段落，由来已久。一日，忽再接再厉，出人意表，若非梅雨田应付便捷，几致无所措手足。

梅雨田脾气确有些古怪，性情有些孤傲，但人绝顶聪明，学什么都手到擒来，的确是个天才。他和谭鑫培常常为演奏闹将起来，却一会儿又和好了，公认他俩是一对理想的合作伙伴。当然，他们两人闹，既不为名，也不为利，均为艺术上的各抒己见，只因为开诚布公，无所隐瞒，从不搞阿谀奉承，更不搞阳奉阴违，所以，时有争论。有些艺术观念，唯有通过争论甚至是激烈的争论，最终才达成统一。也许是一方幡然醒悟，要么是双方共融。唯有梅雨田拉胡琴，谭鑫培才唱得痛快，才能全真地唱出味道来。两星拱照，这种天然契合是为至高境界。大家不妨去听听百代公司录制的谭鑫培的七张半唱片中的《洪羊洞》和《卖马》，即为梅雨田拉的胡琴。除此之外，梅雨田和谭鑫培一生再无其他合作的唱片留存。

谭鑫培的演唱，不仅是集众家之长，而且并非一成不变，他根据需要和灵感，常常有所变换，那种登峰造极后的随心所欲，其他人往往无法适应和随机应变，唯有梅雨田和他两心合一。因梅雨田的胡琴天赋和对谭派艺术的洞察，他能跟着谭鑫培的思路灵感走，他俩可说是天生的一对。除了胡琴之外，梅雨田的鼓也打得像天雨一样自然，笛子吹得极具水准。可以说，场上的乐器，他没有一件拿不起的。京城里的许多贵族都常找他学，红豆馆主侗五爷便是他家的常客，按时按节都来看他，还不忘送钱送礼。梅雨田自小喜欢音乐，对能发声的东西特别感兴趣，据说他三岁的时候坐在木桶上，抱着一把破弦子，叮叮咚咚地弹个不停，还不时用手举起胡乱地摇晃，嘴里咿呀有声。

那天为演戏，谭鑫培与梅雨田发生了摩擦，竟一时互不相让。场后梅雨田说："我再不凑他的场面了。"梅雨田对管事的人说："你们明天找人去吧，我再不伺候啦。"说完，连戏份也不拿，便悻悻而去。第二天，为谭鑫培和陈德霖的《桑园寄子》，管事人一清早即赶到梅家，一来送戏份，二来央求梅与谭合作，并代表谭以示歉意。当时，谭鑫培心中也有气，于梅的背后自言自语地说：万一他不来，我教海清（二儿子）给我拉。此话不觉传到了梅的耳内，所以，任凭管事人怎么央告，梅雨田就是两个字"不去"，来人只好无果而回。

第二天，梅雨田真的不来了，无奈只得由谭海清顶替，与梅雨田相比谭鑫培自感大有区别，远去了轻松和谐，真有点累。其实，谭海清的胡琴水平，在京城也位列一流，但与梅雨田相比，自是琴师与琴圣的距离。所以，他为一般名家拉琴倒还不错，只是与谭鑫培这样的顶级大师相配，自然是隔了那么一点点。不管哪行，名家与大师的艺术境界，有时甚至只隔一层窗户纸那么薄，仅此的微距，却成了很多人穷尽终生的努力却未能捅破的隔膜。

次日，谭鑫培的《定军山》，因海清的胡琴难达绝佳效果，管事人仍然前去求梅胖子（因为他的身体确有些微胖，所以，此为行中人对他的昵称），这回，梅雨田索性闭门谢客。万般无奈，管事的只好去鼓楼前的辛寺，求胡琴宗师王云亭。王也不答应："胖子不拉，我怎么好去拉呢？"管事人说："王先生，救场如救火啊，您若不去，这回可真要老头子的命了。"经过死说活说，王云亭算是点了头。管事人即问王云亭何时能到戏园。王云亭说下午三时准到，管事人这才放心离去。

王云亭却未能准时到达戏园，管事的人即赶至他的寓所问询，却不知其去向。台上刘春喜的《宫门带》已演至半出，见场面还没到齐，谭鑫培亲自到后台查问今日何人操琴。管事人说是王云亭。谭鑫培说："小王还可以，怎么还没来呢？约好了吗？"管事人回答："约好了！已经派人去催，少刻就到。"不一刻，场上的《宫门带》已完，仍不见王云亭到来，无法仍令谭海清预备，谭鑫培即装出场。待念到"年迈力刚强"时，王云亭方才赶到后台，即刻上台操琴，趁着起长鎚时，遂铮铮两声速将调门定妥二六板。一路下来，谭唱得非常舒服，知道王云亭已至，觉其手法指音，真不弱于梅雨田。一剧演毕，当王云亭走至后台时，大家都围过来，带着感激的目光对他说："王先生，您受累啦！手法指音真妙，比之梅胖子有过之而无不及，真好！真好！"王云亭则微笑谦逊不已。谭鑫培卸完装，当面向王云亭道谢。

戏演得好不好，除了演员之外，最要紧的就是鼓师和琴师，他们乃是与唱念动作关系最密切的人员，谭鑫培的两位鼓琴师，都是数一数二的高手。打鼓的是李五，在戏曲界极有声望，人人佩服，都说他不但知道得多，且手下极灵活。拉琴的为梅雨田，即梅兰芳的伯父，能吹昆曲四百余出，胡琴拉得尤好，戏界人都说他是百余年来第一人。他们三个人，天天晚上在一起讨论研究，这个说这句应该怎么唱，那个说胡琴怎么托、怎么补；那个又说，鼓该怎么加点。这样的集体研究，三星聚会，怎能不产生出好的腔调呢！这里附带说一个趣事，因为这三人都各拥其技，又各具个性，碍于面子，谁也不肯听命于人，有时讨论半天，竟没有结果。末了必有一人假托说闲话，说：比方某一句，如果要这样唱，胡琴这样托，鼓这样打，可能会好一些。待这句套话说完，再没人提出异议了。可是到了第二天台上演出时，却能三心合拍地如前晚上那一个人比方的意见去办。他们三人都很精明，且都精于此行，对意见优劣的判断能力较强。所以，很多时候，只是碍于面上不接受，其实心里早就记住了，一旦上场，都会自觉地去接受对方的高明见解。为此，只要一遇有人用商量的语气提出来，所提观点便可获得共同的认可。

大凡名人，都是极具个性的人，否则，没有坚韧的毅力与不懈坚持，再高的智慧，也不可能将一门艺术修为至臻至善，更不谈创新了。假如能够在艺术的虔诚中，以个性而服从共性，那么，他的前进步伐必然走得比别人更快。虽说谭、梅、李三人都极具个性而又特别不愿意轻易抹开面子，但内在的艺术认同却常常在默默中达成共识而付诸实践，这是一种聪明的应对之法，并非在虚荣的面子下顽固地坚持错误己见。这就是科学的态度，这就是艺术的需要，这就是大家的成功之路。

乡音犹在

　　谭鑫培祖籍武汉江夏，六岁离开故土随父北上，先住天津跑粥班和入科学艺，后进京城，一直在学戏和演戏。六岁对于谭鑫培来说，早已打开了记忆之门，对于乡音民俗具有相当的印象。特别是突然别离故土和亲人，曾经熟悉的乡情和友情，都在强忍间被隔离，那份童年的依依不舍，铭刻在他稚嫩的记忆里且默默地生长。谭志道属中年离汉，难改的乡音注定伴随他的终生，不想改也难得改。常日里，他们父子之间全用纯正的乡音交流，使谭鑫培习学母语的环境依旧，且在成长中得到巩固。特别是在遭遇极度悲伤与喜悦之时，势必触动谭志道内心深处最柔弱的故土及亲友之念。于是，情不自禁地对儿子倾诉过往的一切，譬如爷爷奶奶与鑫培之间那份既远又近的模糊印象。随着谭鑫培戏曲艺术的不断成熟，在某些唱词中的母语读音，似乎对渲染剧情和刻画人物既感精准，又彰显个性特色。于是，谭鑫培在自觉或不自觉中，即萌生在关键词汇中大胆使用母语的艺术尝试，这也得到了大众的喜爱和专家认同。这也许是谭鑫培对京剧艺术的一份特殊贡献，更是对他童年故乡的一份情感回馈吧。

每个人在幼少时期，如操习母语（方言或民族语）之外的别种语言，两种语言的发音却受同一脑区的功能支配。如若成年后，再习学他方语言，则分别受两个不同的脑区功能所支配。因而成人如习学他方语言，比幼少时期习学他方语言，难度成倍加大。谭鑫培幼少时期因同习京、汉两种方言，是他日后能将京、汉语音有机地融合为一体的语言基础，乃至成为他熟练地用于京剧艺术中的一份天然基因。这一优越的语言基础，继"老生三鼎甲"之后，在与谭鑫培同一时期所成名的较有影响的京剧演员中，似乎鲜有其人。京剧音韵最终选择以京、汉融合为基础，自有其深层的原因所在，一为汉剧对京剧成型的基因影响，二为谭鑫培技巧地使用母语的内在成因。

汉派唱白纯用方音乡语，北京的皮黄，平、仄、阴、阳、尖、团、清、浊，分别甚清，颇有昆曲家法，此其为一证。汉调净角用窄音假嗓，皮黄净角则用阔口堂音，系本诸昆腔而迥非汉调，此其为二证。皮黄剧中吹打曲牌，皆摘自昆曲，如《泣颜回》摘自《起布》、《朱奴儿》摘自《宁武关》、《醉太子》摘自《姑苏台》、《粉孩儿》摘自《埋玉》，诸如此类不胜枚举。而武剧中的整套《醉花阴》《新水令》《斗鹌鹑》《混江龙》等更无须他论，此其为三证。北京皮黄初兴时，尚用双笛随腔，后改用胡琴。今日所指演唱者中的正宫、六字诸调，皆就笛子而言，其为昆班模仿变化无疑，此其为四证。

谭鑫培博采各家之长而归于汉调，是为谭派。京剧派别虽多，但均不外乎徽、汉两种，其实皆出一源。梨园中的老伶们，念字多本楚音，而于阴、阳、平分别尤为清晰，大抵阴平高而阳平低，皆为皮黄中的通例。唯有《捉放曹》二黄中首句"轮"字、"明"字皆阳平。余三胜皆迂回低唱，程长庚则慷慨高歌，虽然唱法各殊，然而各极其妙，实为徽、汉两派字音之高下不尽相同而已。《度曲须知》中说，"字音之阴阳清浊，全在口中之筋节，而不尽拘工尺之高低"，此皆指昆曲而言。昆曲中的阳平字，亦有揭调直出而不失音律，程氏的唱腔原本出自昆曲遗传。时至谭鑫培中晚期，才大量在腔调字音中使用湖广音。直到陈彦衡、余叔岩以至言菊朋，湖广音乃愈用愈多，甚至每个字都必须依照湖广音的四声来唱和念，才算合乎标准。人们听惯了谭派唱腔，以为老生的唱法从来就是这样，那显然是误解，其间自有人为和演变的过程。如溯源追踪，可说来自谭鑫培的改革与运用。若论其功德，亦在于谭派唱腔流行而赢得大众喜爱与行业宗法。

谭腔之所以复杂多样化，与同字音的多变实有着密切的关联，这显然是一大进步。这里列举阳平声的"王"字为例。该字在京戏中共有三种读法：第一种是京音，作阳平读（即普通话的第二声），如刘鸿声唱《斩黄袍》"孤王酒醉桃花宫"的"王"字即是；第二种是湖广音，发音有点儿像来往的"往"（普通话中第三声即上声），如谭派老生唱《乌龙院》"请我到梁山去为王"的"王"字即是；还有第三种，发音有点像兴旺的"旺"（普通话第四声即去声），如《武家坡》薛平贵念白"王丞相之女，薛平贵之妻，王宝钏"等句中的两个"王"字即是。这第三种读法，实际上是受徽调和其他地方剧种影响的结果。总之，每一个字在京戏（主要是老生）的唱、念中，自谭鑫培以来，至少有两种或两种以上的声调。因此，在唱腔设计上，就比其他剧种显得灵活通变。京戏唱腔，之所以远比用其他方言来唱、念的地方剧种更为丰富，这是一个很重要的因素。反言之，如果只用一种声调（例如只用北京音而绝对不用湖广音）来唱现有的传统京戏，那肯定会有唱不成腔的地方，所以事实上也是行不通的。

时代趣味的转换，诉说的也许只是人们对一种异乎往常的全新声腔的偏爱与认同。直来直去，质朴粗犷的高喉大嗓，已不为戏迷所眷恋。"大将难免阵头亡，早知道采石矶被贼抢"，谭鑫培的这种交织融会了中州音韵和湖广方言的声腔，曾经一度被程长庚所忧虑的"亡国之音"，转而成为众声喧哗的京剧舞台的主旋律，也成为那个时代的人们宣泄内心积淤的最强音。如在《空城计》中"我站城头……"一句中的"我"字，如仔细听来，谭鑫培的读音确与众不同，其实他将"我"读成了"偶"字音。因谭鑫培的故乡谭左湾人对"我"和"你"的发音具有格外明显的乡音特点,他则将"我"和"你"读成了"偶"和"柳"(两个字均为第四声),这在其他地方是从未有过的读法。从谭鑫培唱腔中的"偶"和"柳"的发音中可以断定,此种特殊的发声完全来自母语基因的影响,这无法模仿和偶合。尤其那个"偶"的发音,细听起来,似乎跟陕西的发音有些相近。经过查阅家谱,谭左湾的祖先的确从陕西迁来。大家常说的谭鑫培京剧唱腔中的湖广音,其实就是武汉话音,确切地说,更是他故乡流芳街谭左湾的乡音。武汉话完全不同于北方语系,它的发音自成一体。尤其是江夏土语,真正是一去二三里,乡语各不同。谭鑫培在唱腔中所用的母语词汇,江夏人一听就能识别为流芳谭左湾的话音。比如,他在京剧唱词曾用过的"鞋、街、出"三个字。按谭左湾的乡村读音分别读为"鞋,hái",类似普通话中的"孩"字读音,读第三声;"街,gāi",类似普通话中的"该"字读音,读第一声;"出,qū",类似普通话的"屈"字读音,读第四声。

谭鑫培晚年,随着年事增高,演出逐渐减少,但戏迷们的痴情却越来越深,每每在期盼中翘首以待,一听说贴出了谭大老板的戏,无论如何都要去看。很多资深的戏迷并不爱坐台前,稍离远一点听得更为悠扬传神。有的头上戴着一顶小帽,眼眶上架着一副水晶眼镜,每每听到深处竟闭着眼睛,一边聆听,一边将头摇晃,右手在大腿上敲打着节奏。尤其是传统剧目中那些带着湖广音的字眼,别有一番京韵之外的酥脆甜美，越品越深而不能自拔。待一剧收锣后，猛抽一口气站起身来，大拇指一伸："老谭今天唱得挺卖力！"双脚早已步出场外，一颗心却仍还留在戏中，一路走还一路哼唱在谭腔的自迷中。

琴声悠远

　　鼓师李五，名奎林，他为戏场中的名鼓手，被谭鑫培倚为左右手。1910 年，谭鑫培第四次赴沪演出，于百代唱片公司灌制的《秦琼卖马》《洪羊洞》，司鼓即为李五，琴师为梅雨田和谭海清（谭鑫培二子）。

　　李五曾向人说："我给谭老板打一出《空城计》，任凭怎样小心在意，每到从城楼上下去的时候，他总要恶狠狠地瞪我一眼，不知错在何处，我也不敢请问。"有人听了这话，又去看了谭鑫培的演出，才明白，原来，谭鑫培并不是瞪鼓师而是在忠实地做戏。从前的场面都设在戏台的上场门旁，司马懿"兵退四十里"，是为从上场门下去。老军一声报"司马懿兵退四十里"，谭鑫培在《丝鞭》中先往上场门一盯，然后再扫看到城门前，表示诸葛亮关心魏兵是否退远。运用由远而近的看法，这股眼神恰恰触到场面上的鼓师，鼓师还以为谭是在瞪自己。因为谭鑫培名头太大，无论怎样有名的琴师与鼓师与他合作，均有些战战兢兢。只有梅雨田一人例外，他是唯一曾与谭鑫培公开闹过别扭而相请不来的人。一为他的琴技堪称京师第一的本钱，二为他与谭鑫培的关系无人能及，三为他的个性使然。

谭鑫培灌制的七张半唱片，其中于 1907 年由梅雨田操琴、李奎林司鼓录制的《秦琼卖马》和《洪羊洞》两段，最为精彩，这"一张半"唱片，成为老生的"法帖"，整整统领了迄今为止近一个世纪的风骚。梅兰芳后来评价道：谭鑫培和杨小楼的表演显示着中国戏曲的表演体系，他俩的名字代表了中国的京剧。

早年票友出身的名琴师（也是音乐家和剧评家）陈彦衡在《引日剧丛谈》中说："场面有文武之别，武场以鼓为领袖，小锣、大锣次之，文场以胡琴为领袖，月琴、三弦次之。胡琴带笛子、七钹，月琴带大钹，三弦带武剧堂鼓，二人又带唢呐，以六人为限。"

光绪年间，宫廷乐师多半都既是内廷供奉，又是民间戏班子的台柱子，还是名伶的搭档。例如：

刘兆奎（1825—1905）：鼓师（同治十三年入宫），春台班台柱子，俞菊笙搭档。

樊三（樊景泰）（1826—1885）：琴师（光绪五年入宫），三庆班台柱子，程长庚搭档。

浦阿四（1840—1916）：笛师（光绪五年入宫），双奎班台柱子，张二奎搭档。

李四（李春泉）（1855—1897 或 1898）：琴师，四喜班台柱子，梅巧玲、时小福、余紫云搭档。

方秉忠（1856—1927）：笛师（同治十二年为内廷供奉），春台班台柱子，杨小楼搭档。

李五（李奎林）（1857—1914）：鼓师（光绪十六年入宫），四喜班台柱子，杨隆寿、姚增禄、谭鑫培搭档。

孙佐臣（孙光通）（1862—1936）：琴师（光绪十九年入宫），四喜班台柱子，谭鑫培搭档。

梅雨田（1869—1914）：琴师（光绪三十二年入宫），四喜班台柱子，谭鑫培搭档。

鲍桂山（1880—1941）：鼓师（光绪二十八年入宫），杨小楼搭档。

汪福海（1882—?）：鼓师（光绪二十九年入宫），同春班台柱子，谭鑫培搭档。

杭子和（1887—1967）：鼓师，王凤卿、余叔岩搭档。

耿永清（1889—?）：琴师（宣统三年入宫），杨小楼搭档。

徐兰沅（1892—1976）：琴师，谭鑫培、梅兰芳搭档。

同是内廷供奉的谭鑫培，很欣赏孙佐臣的胡琴，于是请面子大的宫中总管太监明心刘为介，聘他为私人琴师，首开名伶自带琴师的先例。值此之后，孙佐臣的搭班就跟随着谭鑫培了。这一时期，孙佐臣既是民间戏班之中名伶的名琴师，同时也是内廷供奉。

谭鑫培是盖世无双的伶界大王，孙佐臣是首屈一指的名琴师，两个人又都是个性强、有自信的人物，他们的合作却没有做到有始有终……谭鑫培中途改聘梅雨田，孙老元也就另寻出路了。

孙佐臣对于自己以铜钱八百文购置的、音色最美、最中意的胡琴视若拱璧，失琴（皇上夺爱）之后，寝食俱废，失而复得之后终生相伴。失琴之后再购得的胡琴，虽然付出了"巨金"，仍然视若鸡肋。

梅雨田比孙佐臣聪明的地方是，在孙佐臣与老谭闹翻之后，他与谭鑫培搭档一直到去世，站稳了地利与人和（虽说中途也曾闹过别扭，那只是插曲而已）。名琴师和第一须生在一起，红花绿叶互相映衬、相辅相成、水涨船高。由于梅雨田正当艺术生命顶峰的时候早逝，所以，他的琴艺就给人留下了悠长的追抚，被著成难忘的神话传说。

谭鑫培选择乐师非常挑剔，他明白红花绿叶的道理，也明白鼓师、琴师必须与演剧者性情息息相通，才能够相互感觉得心应手。他的琴师先是选了孙佐臣，孙佐臣之后是梅雨田，梅雨田之后又是孙佐臣。鼓师他选了李五，他们都为操琴的大家和打鼓的巨擘。

谭鑫培的眼高和骄傲在梨园行名列第一，梅雨田也是自视甚高的人，他们二人能够合作多年，自然都是别无选择。特别是谭鑫培，他在与梅雨田和李五相处时，表现得相当克制，长期合作，没有散伙，很可能是接受了与孙佐臣相互不愉快的教训。

凡唱《碰碑》第一段慢三眼，往往失之散漫，至"大郎儿"急转直下，又不能停留，至前后尺寸悬殊。谭鑫培此段，起句即凝练合度，以下句句精密，宽而不散，紧而不促，至"大郎儿"一气呵成，恰合快三眼尺寸，梅雨田的胡琴，快三眼纯用双弓串合，于细针密缕之中游刃有余。而打鼓的李五又能提纲挈领，相辅而行，其疾徐顿挫，三人若合符节，是为人间绝技……梅雨田和李五死于同一年（1914），谭鑫培感叹："自失梅、李，唱此剧时每觉费力。"惺惺相惜，物伤其类，人之常情。

梅雨田的胡琴之所以冠于四大家，皆为音色纯净、节奏鲜明、板眼严正、随腔垫字，绝不做作，运弓自如有力，能使胡琴清脆、嘹亮的特点，发挥得淋漓尽致。孙佐臣的琴音响亮、尺寸瓷实，拉出花字干净从无噪音，两手刚健，功夫可在梅雨田之上。孙佐臣年长梅雨田7岁，进入升平署也比梅雨田早13年，孙佐臣的成名，得到了民间和宫廷的双重认可。可是，孙佐臣未能一生一世"傍着"谭鑫培，最后浪迹江湖、客死他乡。这可能是性格使然，也应该是他平生最失策的事。

徐兰沅天性聪颖，为人厚道，琴艺好，口碑好，无论是在旧社会还是在新中国，都是好人缘，他是谭鑫培末期的琴师，虽说年纪轻轻，而琴艺绝非泛泛之辈，深得谭鑫培赏识。

谭鑫培的琴师，时间最长的为梅雨田（梅兰芳伯父），最早的是孙佐臣（裘桂仙的叔丈人，裘盛戎的外祖父，人称"孙老元"），最晚的是徐兰沅。关于谭鑫培琴师的变动，还有一段轶事。有一次演《碰碑》，因为这出戏反调多，胡琴的活累一点，操琴的孙佐臣提出要给他开"双份"才行，并表示以后无论什么戏都要开"双份"。当时，谭鑫培的班名为同春社，班主由谭鑫培的三儿子谭嘉祥担任，孙佐臣把这个要求明确地向嘉祥提出来，嘉祥肯定不敢答应，只得向父亲禀报。谭鑫培认为，如果给他开双份，会影响戏班的其他人，不好应允，从此，就与孙佐臣拆了伙。当时的孙佐臣，堪称胡琴第一圣手。他跟谭鑫培合作可谓曲曲都是绝响，一般拉胡琴的都接不了这个活。这时，谭鑫培便想到了徐兰沅。那时的徐兰沅还很年轻，每天到谭家给谭小培吊嗓子，双方相处极为融洽，他当时正给富连成科班操琴，每天只挣几十吊钱（十个大子算一吊），收入很少。谭小培就和三哥商量，想找徐兰沅来为父亲操琴。当谭小培找到徐兰沅提出时，他却不敢接。谭小培说："你不用犹豫和担忧，我让你去拉你就去拉，你到时上场就是。如果老爷子不满意，拉砸了，你把胡琴撅了，我养活你一辈子！"看谭小培这样高看自己，话又说到这步田地，徐兰沅再不好推辞，终于硬着心接了这活。

头一天拉的是《碰碑》，由始至终，圆满地拉了下来，谭鑫培很满意，给了戏份五块大洋，相比富连成翻了好几倍，当时的徐兰沅受宠若惊。从此，他即正式走马上任，接替了孙佐臣。谭鑫培去世后，徐兰沅又被聘给梅兰芳操琴。后来，他自豪地对人说："我这一辈子总算没白拉胡琴，先后侍候过两位'大王'！"

谭派的创建与发展

　　一个艺术流派的产生并不是偶然的，更非某个人想创一个流派闭门造车的结果。往往是在一个剧种的演变与发展过程中，具备了一定的条件，且有卓越才能的艺术家担承，又极大地发挥自己之所长，通过不断地摸索、实践、改进、提高而逐步形成。

　　谭鑫培生于 1847 年，恰逢京剧萌芽的初期。但那时的京剧很不成熟，还没有很好地把原来属于不同剧种的东西融会在一起，表演手段并不完整，有时就和秦腔、梆子等同台演出，互为补充，统统被称为"乱弹"。京剧本身，行当划分得极严，生、旦、净、末、丑各抱本工，即使是老生行也被分为安工老生（即唱工老生）、做工老生（也叫衰派老生）、靠把老生等，能唱者不擅做，能武者不擅文，唱腔基本上是直腔直调，讲究黄钟大吕，拼嗓音和气力。当然，这与当时落后的传播系统有关。但这种状况，显然不利于表现复杂的戏剧情节，不能细致地刻画人物的思想感情。京剧要向前发展，就需要有人消化、吸收各剧种的精华，进一步丰富京剧的表演手段，并且打破行当和分工的生硬界限，在唱腔和表演上进行革命。这样的使命，只有文武全才，人勤业精，而且勇于革新、创造的人才能胜任。于是，谭鑫培在老生行里异军突起，脱颖而出。他的武戏基础为一般老生演员所不能比拟。他把武戏的精华糅进文戏里，经过精细加工整理，形成了后来谭派的代表剧目《战太平》《定军山》《打棍出箱》《珠帘寨》等戏。这些戏唱、念、做、打俱全，往往载歌载舞，要求演员能文能武，缺一不可，恰好发挥了他文武昆乱不挡的特长。这是一场艺术上的竞争，别人不能演的，我能演；别人能演的，我要演得更精彩，这就是谭鑫培的座右铭。

原在南方演出的三庆、四喜、春台、和春四大徽班陆续进入北京，与来自湖北的汉调、陕西和甘肃一带的秦腔以及京腔、昆曲艺人等，同在古都献艺，群星荟萃，各显其能。后来，在徽班和汉调合流的基础上，不断地吸收其他剧种的剧目、曲调和表演方法，逐渐演变成在全国影响最大的戏曲剧种——京剧。谭鑫培开始学戏、演戏的时候，正赶上一大批艺术高超的老艺人的盛世华年，像程长庚、余三胜、王九龄、张二奎等，他们都具有高深的艺术造诣，且各有自己的表演特色，为京剧的形成和问世，立下了不可磨灭的功劳，在口传心授中带出了众多优秀的弟子。谭鑫培生逢其时，具有良好的学习和借鉴机会，得以从前辈艺人身上吸取丰富的艺术营养。

过去把唱戏的比作"斗虫"（即蟋蟀），在艺术上没有个斗劲儿，就没有出息。例如《珠帘寨》这出戏，过去一直是花脸戏，名叫《沙陀国》，李克用勾老脸（老脸，京剧脸谱的一种。老脸的勾法主要是将两道白眉夸大，让两眉梢往下勾至耳间，表示老年人眉长之意，如《群英会》的黄盖、《二进宫》的徐延昭，均勾老脸）。后来怎么变成老生戏了呢？原来是谭鑫培同刘鸿升"斗"出来的。刘鸿升比谭鑫培年轻，原来是小刀铺的一名学徒，外号"小刀子刘"。他有一副高亢挺拔的好嗓子，又爱好京剧，每天晚上，等铺子上了门板，便去票房学戏、清唱，后来受人鼓励正式"下海"，先唱花脸，因嗓音偏窄，后改工老生。由于他嗓音特冲，擅演《辕门斩子》《斩马谡》《斩黄袍》《李陵碑》《碰碑》等唱工戏，一时红遍京都。谭鑫培这里贴的戏码稍微软一些，就会被他压下去。谭鑫培的"斗"劲生来就很强，心说：嚯，这个"小刀子刘"这么红？我非琢磨一出硬戏来，跟他打个对台！于是，他花半年时间没去演戏，整天在家冥思苦想。后来琢磨到花脸戏《沙陀国》，老剧本中只演到《搬兵》为止，能不能将其改成老生戏呢？后来，谭鑫培在原来的结尾加上《解宝》《收威》两段，前面以唱工为主，后面以扎大靠开打对刀，这样便做到了文武兼备，不就可把票友出身、能唱不能打的刘鸿升比下去了吗？于是，老生戏《珠帘寨》就这样问世了。剧名改了，情节多了，李克用从勾脸变为了揉脸（揉脸也是净角演员面部化装的一种方法。演员用手蘸色，在脸上揉染。如《四杰村》中的余千、包公戏中的赵虎等即采用揉脸）。此戏一贴出，果然被唱红，且声名大振，一下子就抢占了小刀子刘的上风。虽然从剧情而言，改编后显得有些不够连贯和拖沓。但这种在艺术上不甘人后的进取精神，完全值得借鉴与赞颂。所谓"斗"，不是搞阴谋诡计，更不是以势压人，而是开展艺术上的公平竞争，各显其能，对艺术的发展具有强劲的推动力。

流派的产生是"青出于蓝而胜于蓝，冰出于水而寒于水"的过程，任何流派绝不会是"无蓝之青，无水之冰"。

新流派的艺术成就，往往是从两三种乃至四五种旧流派中博取精粹、冶于一炉提炼而成精钢。新流派诞生后，欲存在长久而传承，必须不停地在革新中演变，不断地采用新的要素填充展现其先进的姿态。世界一直在这样运动着，艺术流派的发展亦要沿着这一规律运行。先从"像"的必然王国中走出来，踏着再创造的阶梯，从而抵达"不像"的自由王国，这是继承流派的第二阶段（同时又是发展流派的第一阶段）。中国的京剧史证明，这一阶段确属客观存在。尔后，再从"不像"的自由王国中走出来（即完成了一次蜕变而直至成熟的过程），置身于新的境界，创造出"既像又不像"的本色流派中第二代的艺术成果，这样就完成了发展流派的第二阶段。纵观各艺术流派的发展，基本上都是这样一个"三段式"的过程。形成流派的条件，除了上述因素之外，还得后继有人。每一流派，无论多么优秀或曾经多么辉煌，必须具有后来者的继承发展，否则，流派的生命则会戛然而止，抑或沉睡于历史的尘埃中。如果一个艺术流派始终得不到同行的赞成，那也就"派而不流"，结局只会是徒有虚名或孤芳自赏了。就京剧而言，谭鑫培和谭氏一门即为世界少有的艺术奇迹。

在历史上，凡属革新创造无一不曾遭受过保守势力的压抑、打击乃至摧残和破坏，甚至面临灭顶之灾，唯有冲破一切束缚，才能得以新生。人民永远是创造历史的主人，推动艺术发展的根本动力在于人民。在一个流派的极盛时期，它的代表作往往在街头巷尾不胫而走，传唱于各阶层人士中间，这就是艺术流派的根基，这个根基正是艺术流派形成的社会基础。没有这块铜浇铁铸的基石，任何"同业赞许""专家肯定"只不过是空中楼阁。"观众支持"乃是戏曲艺术流派形成的关键条件，唯有深深地扎根于人民大众的沃土，才能迎风逐雨地茁壮成长。

流派的多样化，即为艺术繁荣发展的标志，所以研究流派的多样性及造成流派多样化的原因，使我们在推动京剧艺术的繁荣发展时可科学地掌握更大的主动性。一切流派都具有一定的局限性，而且，无论在思想价值还是艺术成就方面，这种局限性都会普遍存在。从某种程度上说，局限性均属个性范畴，个性一般具有优劣两个层面，如掌握发挥得好，劣即是优，否则，就会走向反面。艺术创作从本质上讲，毕竟是一种主观世界的活动，任何艺术创作都是特定的创作者在待定的社会环境中，运用特定的艺术材料创造出来的特定产物。因此，他们的艺术成果，充其量只不过是各自艺术修养和劳动成果的结晶，绝不会是什么无与伦比空前绝后的顶峰。观众的爱好永远都不会是单一的一成不变，多样化中的超时演变，才能适应生活的需要而符合发展的规律。这也是艺术流派多样化的根本原因。

人们精神世界的需要是百花竞放，而不是一枝独秀，一枝花再艳，也开不出一个春季来。在创新过程中，谭鑫培将唱、念、做、打有机地结合于一体，善于根据剧情需要刻画人物，既注意京剧艺术程式，又富有生活气息。特别是在唱的方面，勇于改革过去凭嗓子、气力，直腔直调的唱法。他一方面刻苦钻研，讲究字声、音律，同时从表达人物思想感情的需要出发，吸收前辈艺人和其他戏曲、曲艺的腔调，融会贯通，大大地丰富了京剧的唱腔。他凭借自己一专多能的条件，通过呕心沥血的反复研究，把京剧不同行当和其他剧种的精华都"化"到老生唱腔里。

谭派艺术从无到有的形成与发展过程说明，一个艺术流派的产生，脱离不开戏曲艺术发展的内在规律，不是孤立和突如其来的现象。谭鑫培走过的艺术道路告诉我们，能够真正自成一家的人，必然首先是继承前人的有成者。要有全面而扎实的基本功，才有条件、有能力消化、吸收别人的东西，归为己用。同时，还要勤奋努力，不满足于现状，并且有胆有识，敢于冲破阻力，逆流而上，对改革、创新持之以恒。

谭鑫培被公认率先开创了京剧中的第一个门派——谭派，且以非凡的艺术才能将京剧艺术推到时代的顶峰，创造了中国京剧史上"无派不学谭"的奇迹！

霜露无声
Shuanglu Wusheng

叔岩用心观谭戏

余叔岩早对谭鑫培崇拜得五体投地，虽然几次尝试拜师不成，依然积极刻苦地自学谭派艺术。在谭鑫培舞台生涯高峰期，他不停地在丹桂园、庆乐园、庆升园、中和园、广和楼等戏园巡演，余叔岩是每戏必看，没有一场漏过。

谭鑫培多与陈德霖合作，看完以后，余叔岩就及时地向陈德霖询问谭鑫培表演上的细节，曲线求取对谭派艺术更深的解读。

那天，谭鑫培应袁克定的安排，在安徽会馆演出《失空斩》，倘若辗转去找袁克定要票进场，起码得少看半场戏。余叔岩仔细琢磨一会儿，便对言菊朋说："根据我对侍卫的经验，越是堂而皇之地进门，卫兵越是不敢阻拦，你敢吗？"言菊朋说："全凭于你。"于是，他俩雇了一辆轿式马车，人却躲在车厢里，满把地拉起车帘遮挡，径自朝大院里冲去。根据事先的吩咐，车夫到了门口，不但不慢下来，反而加快速度，径直往里闯。卫兵一见，真以为是大人物来了，忙不迭地让大门洞开，一个个举枪立正，行注目礼，毕恭毕敬地把余叔岩、言菊朋等一干青年戏迷放进了安徽会馆。

城楼一段中的西皮慢板"二六"，早被京城的观众唱响于街头巷尾。"……散淡的人"如珠走玉盘，悠扬婉转，暖人心脾。"人"是阳平，但谭鑫培阴出阳入的唱法，行腔竟用"疙瘩腔"（据说此腔取自于孙小六即孙春恒的唱法）。"鼎足三分"的"分"字，"博古通今"的"通"字，谭鑫培的喷口用气特别有劲，竟能把髯口吹起几根。还有那句"我面前缺少个知音的人"的"知"字，在此剧中谭鑫培却不上口，照京音唱。但在《鱼肠剑》中，伍子（胥）的"摇板"时，"落魄天涯有谁知"的"知"字却上口，因为要压"衣欺辙"，必须按中州音念才合辙好听。孰此孰彼，最忌千篇一律，活学活用，才是谭派的精髓。谭鑫培的唱腔确守中州韵、湖广音有法度，因为中国戏曲的单字发音，于这两种读音，具有标准的音乐性。而京音中的四声，有时则与中州韵和湖广音相反，在谭鑫培对单字的发音抉择中，最见功力，他在不违反四声的原则下使用京音。

城楼一段中的"二六",谭鑫培站起来唱,有身段,他的对象是敌人司马懿。这个唱段,流利轻快,犹如说话一般,轻巧自然,着力表现了诸葛亮好整以暇。这里的唱腔,四声要熨帖,但又不能"硬山隔栋檀"。谭腔的妙处在于适时的万千变化中引人入胜,决不流入油滑一路。

老军报"司马懿兵退四十余里"。"丝边"鼓点中,他扶桌而站,眼睛投向上场门远眺,又看城下老军,微微摇头下念"险哪",没有拭汗的动作。接着赵云上,诸葛亮念:"老将军回来了,那司马懿被我用空城计将他吓走,他必然前来复取,老将军快快抵挡一阵。"赵云下,诸葛亮即念:"虎豹深山入咸远,蛟龙得水又复还。"重念"险哪"二字,表示难关已过,动作神情稳定了。

斩马谡时,进帐的身段,他是双抖袖,高抬腿,全身颤抖,几步路,走的时间却不短,以此表现他此刻的心情愤怒至极,已经达到无法控制其身的地步。

带王平时,谭鑫培饰演的诸葛亮将扇子交与左手,腾出右手做身段,"将王平责打四十棍",用右手四指比其数,越抬越高。接唱"再带马谡无用的人哪"。当唱到"人哪"二字时,用右手着力拍打惊堂木,愤怒之情溢于言表。下唱快板,"……吩咐两旁刀斧手,快将马谡正军法"。只见他怒容满面,声色俱厉,态度非常坚决。当马谡念到:"家有八旬老母无人侍奉,还望丞相另眼看待,马谡纵死九泉,也感丞相大恩大德。"这时,诸葛亮的态度有所转变,想到马谡也曾立过不少战功，是他多年的得力助手，这里的唱腔便包含着后悔决策、怜惜将才的错综复杂心理。"见马谡只哭得珠泪洒"，"洒"字长腔翻高用半音，出帐接唱："我心中好似乱刀扎。"面对马谡念："马谡，未出兵之时，当着满营众将，立下军令状，今日失守街亭，若不将你斩首，叫我何以服众。"起叫头"马谡，幼常，将军哪"，这时，代表龙套的三军发出声音，诸葛亮在如此压力之下念："来，斩！"接着念："招回来。"按往常的演法，马谡当即跪谢。但在这一天的演出中，却出了一件令人没想到的趣事。演马谡的架子花脸麻穆子，向来有点稀里糊涂，演出时常有随心所欲之性。当演到斩马谡一场，诸葛亮对马谡叫"斩"转而又叫"招回来"，如是两番。当念完第二番"斩"字后，照例马谡应退场问斩完事。谁知麻穆子到了下场门，又回头向前台大笑三声，大家都愣住了，不知他想干什么。只见他一跺脚说："走！"这才正式下场。无疑，如此节外生枝，拖宕了节奏，破坏了全剧严谨的结构。这时，谭鑫培却做出即兴反应，在麻穆子转身走进后台之前，他用手中的羽扇子一招，又喊了一声："招回来！"于是锣鼓大起，麻穆子只得又转过身来。谭鑫培以严肃的口吻问道："你为何发笑？"既像是剧中人诸葛亮的叩问，又像是他"伶界大王"的诘难，麻穆子即被问傻了，竟一时语塞。观众们屏住呼吸，且看僵局如何解决，全场肃静，空气紧张。好在麻穆子情急生智，即用京白回答一句："我笑我该死！"这一下还真有效果，不但使台下观众哄堂大笑，还把台上的诸葛亮——谭鑫培也逗乐了。这场堂会戏结束后，演员、观众皆大欢喜。

谭鑫培以羽扇从马谡头上漫过，并将马谡搀起来，起叫头："马谡，你方才言道，家有八旬老母，无人侍奉。你死之后，将你的兵马钱粮拨与你的家中，以作养老之费。"马谡念："谢丞相。"诸葛亮用手再度将马谡扶起，再起叫头："马谡，幼常，将军哪……"最后用哭音念："斩。"当军士将马谡的人头呈上验证时，谭鑫培遂以扇掩面唱"散板"："我哭，哭一声小马谡，叫，叫一声马幼常呀，未出兵先立下军令状，可怜你为国家刀下身亡，马谡哇，参谋哇，啊啊啊，马幼常呀。"这一节散板极具功力，直唱得动人肝肠，特别是"参谋"二字的低腔，充分表现了诸葛亮调兵遣将不当的后悔心理。因为参谋是马谡的本职，守城却非其所长，理论与实战的区别，诸葛亮应该给予充分考量。

接着剧情，赵云上问："丞相斩马谡，为何落泪?"

诸葛亮答："老将军那里知道，想先帝白帝城托孤之时说过'马谡言过其实，终无大用'。今日错用马谡，失守街亭，我哪里哭的是马谡哇，乃思先帝托孤之言耳。"最后一段念白，诸葛亮的神情又变得严肃而威："也罢！（二字重念接五锣锤）待老夫奏明幼主，贬去武乡侯，歇兵三日，再与司马懿决一死战。后帐摆宴，与老将军贺功。"诸葛亮摆扇让赵云先走，赵云退，诸葛亮上步，回身，微笑，以扇向赵云招手，赵云跟在后面同下。

谭鑫培饰演的诸葛亮在与老将军对答时，有一个用羽扇扇袖口的身段，后来众多名家，包括言菊朋和余叔岩都不敢用，他们自认不具谭老板的功力，那是从生活里化出来的，如刻意照搬，也许会画虎不成反类犬，那就相形见绌了。据说，谭鑫培的《失空斩》学于卢台子（卢胜奎，当时有活诸葛亮之称），卢胜奎去世后多年，谭鑫培才开始出演此戏。谭鑫培晚年技艺大进，渊博潇洒，并能在原来的基础上自辟蹊径，青出于蓝而胜于蓝。

如《空城计》，王平请令曰："王平愿往。"孔明必再问之曰："王将军愿往？"致王平无词以对，只得以"当报国恩"四字作无聊之敷衍，然后孔明再以令箭付之曰："将军此番前去，必须要靠山近水安营扎寨。扎寨之后，画一地图速报我知。"云云。此种俗套，几于千人一面。谭鑫培独不再问王平，只对王平点头说一"好"字，随即拿令箭交王平曰："此番前去靠山近水安营扎寨，画一图形速报我知！"何等简当，何等大方，好手之高于庸手者，正在言简意赅，不多用闲文虚字。然此等处，多无人注意，仅可为知者言。

那天，谭鑫培演得非常精彩，同样在当时不必拉幕的舞台条件下，别人要演五刻钟的《失空斩》，到了谭老板身上，仅四刻钟就结束了。特别紧凑流畅，催着观众看戏，内容、技术，一点不少，但绝无废招，让观众看完以后留下长久回味的余地。总的说来，谭派的尺寸，比别的流派要快些，不仅是唱得快，而且整出戏的节奏都快，配角一齐圆着节奏快。余叔岩、言菊朋对此心领神会。

在回家的路上，余叔岩和言菊朋等在马车里，开心得吱吱嘎嘎直笑。他们为自己能以智慧和勇气成功地看上了这场堂会戏而庆幸，也为刚才谭鑫培的即兴表演而佩服不已。慕谭、观谭、追谭、学谭，带给他们的不仅是艺术精进，更是无穷的乐趣。

虔诚以进

谭鑫培一生虔诚于京剧艺术，无论初学当年还是成名以后，为了艺术精益求精，他不仅求教于名家和同行，即使是乡野市民也任人为师，不耻下问。

有一次，他演《击鼓骂曹》，当唱至"昔日太公曾垂钓，张良进履在圯桥"时，台下忽有人大声叫起倒好来，弄得谭鑫培一头雾水。他自认唱腔与身段应该没有出错，此剧又是他的常演剧目，何况今天也没有一点马虎松懈的意思啊！怎么就叫起倒好了呢？他没有反感，更没有愤怒，只是一时莫名其妙而已。谭鑫培是何等聪明之人，真正是一时疏忽出错，哪有人家叫起倒好来他还不知错在哪里的道理呢？说不定今天真是遇到奇人了。谭鑫培一眼就将台下那人认定，同时用眼暗示伙计，一定要留住台下那个喝倒彩的人，我待演毕必有请教。那个喝倒彩的人为一年过六旬的老者，他坦然地接受了伙计的挽留说："好，戏后我不走。"待戏终场，那位老人果然未走。谭鑫培速派伙计将其请到后台，躬身请教方才错在何处。却不曾想到那老者说："你的错并非一两句话能说明，如你真心相询，请约定时间地点，待我携带证据前来讨论如何？"这一下使谭鑫培更觉得神奇了，便带着不解的笑容与老人约定了会面时日与地点。为了表示真诚以对，那天，谭鑫培提前到达指定地点，不想那老者比他来得更早。见礼之后，谭鑫培即询那日唱错之处，那老者却反问道："你前日所唱'张良进履在圯桥'？"谭鑫培点点头。那老者接着说："你将'圯'念成了'吉'，以切上声，不对。此处的'圯'字乃为'亦离'切，属阳平。"那老者边说边将带来的几本字典打开，查出"圯"字的注音，均为"亦离"切。其实，谭鑫培不识字，但他看得出来老者的认真态度，也从他的读音示范中得到确认，并不住地点头。只听那老者又说，我以你身为当代名伶，堪为后辈宗师，却对一等闲之字也念错，实出我之所料。更何况"圯"字乃为典故中的桥名。谭鑫培听到此便急躬身下拜，俗语说一字为师，老先生真乃我的一字之师也，往后仍请不吝赐教。由此，谭鑫培特将老者请至家中，与其继续考订音韵。

还有一日，谭鑫培演《状元谱》，直至命家院取板打大官时（按现时演出，多有自行去取竹板的，并非谭氏演法），饰家院者却做局促不安状，犹自兀立不动，挨谭鑫培再逼，饰家院者才将竹板取来。谭鑫培正欲接板时，不料那家院急持板回身往上场门而跑。谭鑫培见状大怒，急赶上将板夺回，方能开始责打大官。待演完到了后台，谭鑫培怒询饰家院的演员："你唱过这出戏吗？"饰家院者从容回答："我当年陪大老板（程长庚）唱过多次。"谭鑫培闻听此言，心知必有来历，便细询程氏此处的演法。那饰家院者说："当年大老板告知，此戏中的陈芝，原为大官的家院，当时见陈伯儒要打少主人，岂有不心痛之理，故逼之再三，方能将板取来。又怕伯儒盛怒之时重责，少主人受不了，故而急持板往上场门跑去。此时的伯儒须双手夺板，同时需踢陈芝一脚，陈芝便一屁股坐在台上，方合戏情。"谭鑫培听此即拱手称谢，并赠银数两于饰家院者，谢其指导之意。

在谭鑫培成名伶界大王之后，有一次他与红豆馆主酒后交谈，竟一时感慨万千说：我这一生有负观众赋予的盛名啊。红豆馆主以为谭老板酒已过量，抑或偶遇烦恼之事而言。其实，谭鑫培是由衷的感叹。他说：论女的，我演不过刘喜奎；论男的，我演不过梅兰芳；论新人，我演不过汪笑侬；论武生，我演不过杨小楼。话至此，红豆馆主这才感知谭老板是真正发自内心的谦逊。

著名戏剧大师曹禺，1980年曾著文说："如今戏剧界很少有人提到刘喜奎了，在20世纪一二十年代，她可是红透半边天的名坤伶。是唯一能跟谭鑫培、杨小楼唱对台戏的女演员。"传说中的刘喜奎身材窈窕，清丽脱俗。但凡得见真容者皆惊为天人，以一出传统旦角戏独占花魁。民国早年的刘喜奎，从城南游艺园，演到了京师著名戏园三庆园，又从三庆园演到广德楼戏园，"花魁"之誉迅速风靡京城。美艳亲王刘喜奎，梨园界都知道。刘喜奎出道比梅兰芳还早，戏份还高。花魁刘喜奎舞台之上的技艺到底如何？如今的人们已无从谈起。然而一个花字，却道出了当年万紫千红的这位传奇女性，舞台之下无奈的全部缘起。

1918 年，京城《顺天时报》主持评选伶界大王，刘喜奎以超过当红花旦梅兰芳近六千票荣膺桂冠，迅速成为京城戏台演出的第一红伶。从袁世凯到黎元洪，从冯国璋到徐世昌、曹锟，民国五任总统的邀宠献媚结伴而来。一次夜场散戏后，刘喜奎一如往常卸妆回家，一个身影迅速地向刘喜奎袭来。调戏间，警察很快赶到。犯案之人竟是民国总理段祺瑞的侄子，依例掏完五十块大洋罚款之后，得偿所愿的段氏公子欣然离去。留于身后的除了当时惊魂未定的刘喜奎，则是著名京剧票友张伯驹的一首七绝："独占花魁三庆园，望梅难解口垂涎。此生一吻真如愿，顺手掏来五十元。"权贵欲望的恣意泛滥，男权法则的一如既往，为京剧舞台上脱颖而出的女子，早早织就的已是一张无形的命运之网。对一位天生丽质的女性艺人而言，大红大紫此时已是一件远比籍籍无名、贫寒落魄更令人绝望的事情。欲海苦渡或隐姓埋名、息影嫁人，这也许就是当时女艺人的共同宿命。刘喜奎自然也不例外。后来，刘喜奎息影舞台，和河北某地的一个普通人结了婚。整整三十年后，当刘喜奎这个名字重现梨园时，她已是新生的中国戏曲学院礼聘的十大教授之一。

汪笑侬为北京翠峰庵票房的名票，曾得孙菊仙、安静之等人指点，技艺猛进。一日票房应邀演出《四进士》，临场扮演宋士杰的演员因故未到，众人推举由他代演，而他却未演过此戏，只得临时钻锅，结果大受赞誉。自知嗓音不适宜学程长庚，便私淑汪桂芬，恰遇汪桂芬亦在上海，听了他的演唱后，轻蔑地冷笑道："谈何容易。"此事对他刺激甚大，暗下决心勤学苦练，定要唱出个样来，为了奋发自勉，遂改艺名为"汪笑侬"，即为被汪取笑的意思。

光绪二十年（1894年），日本武装侵略朝鲜和中国，中日甲午战争爆发。李鸿章的妥协求和路线，激起朝野上下的愤怒和申讨。就在刘赶三在演出中编词予以揭露斥责之后，另一位集编、导、演于一身的京剧大家汪笑侬，也在舞台上号召国民，怒斥卖国行径。

光绪二十一年（1895年），清政府签订了丧权辱国的《中日马关条约》。神州变色，举国震惊。汪笑侬以其忧国悲愤之心，自编、自导、自演了取材于《三国演义》的《哭祖庙》。他在剧中痛斥了怕死贪生、卖国投降的后主刘禅，"今日堂堂天子尚称朕，明朝就是亡国君！天下后事看公论……"满怀激情地讴歌了拒不降魏、以身殉国的北地王刘谌。他借刘谌之口，厉声疾呼："自古以来，哪有将大好的江山，白送人家的道理！"在他为刘谌设计的长达近百句的唱腔里，分五个层次，将刘谌的一腔悲愤，表现得淋漓尽致。《哭祖庙》等剧引起了社会各界极大的反响。汪笑侬在大连公演此剧，大受欢迎。其中，刘谌的一句念白："国破家亡，死了干净！"大连全市，人人皆学说此句，遂成为一时的口头禅。汪笑侬此剧深刻的用意在于激励民众，救亡图存。这也正如他在诗中所说："拼身为国作牺牲，志士无家问死生"，"痛哭问天天不管，惟将铁血贯精诚"！

此外，汪笑侬还根据当时形势的发展，编演了一系列的爱国剧，如《洗耳记》《喜封侯》《将相和》《党人碑》《骂阎罗》《瓜种兰因》（《波兰亡国恨》）等剧。有关上述剧目的轰动效应，史不绝书。

汪笑侬老当益壮，只身奔走北京，以二十年的辛苦所得贡献于京人，意欲达到社会教育的目的。在专制政府之下，汪笑侬竟能排演革命戏，不仅胆壮，其心也苦。他在晚年"贫病较昔尤甚"，与此同时，他还热情参与《黑籍冤魂》等时装新戏。宣统三年（1911 年），戏剧改革家、著名话剧演员王钟声，因组织推翻清廷的斗争而惨遭杀害。汪笑侬满怀义愤写出了话剧《问天》，既表达了他对辛亥革命前后资产阶级革命运动的支持和对王钟声的赞颂与痛悼之情，又无情地鞭挞了腐朽的清政府和祸国殃民的袁世凯之流。

时光远去，刘喜奎和汪笑侬的名字渐渐淡出人们的记忆，现为京剧记，为谭鑫培的一片心慕之情记，特将二人在此记述（梅兰芳和杨小楼另有详述）。

春阳友会

　　"春阳友会"成立于 1913 年，地点在三里河东大市淅慈馆，那时还没有电灯，每逢星期日白天彩排。所用班底，均按余叔岩授意，基本都是陪谭鑫培唱过戏的老人，这样有利于余叔岩学习谭派戏。余叔岩在"春阳友会"票房走票，收获颇丰。这个票房聚集好多知名的票友，老生如恩禹之、郭仲衡、乔盖臣，老旦如松介眉，武生如世哲生、孙庆堂，小生如王又全，花脸如贾福堂，旦角如林钧甫等，都是下过功夫并延请老师教戏的，具有一定的水准。凡遇堂会、义务戏，所约配角，大半是曾与谭鑫培配过戏的老角。会长樊棣生，单鼓打得很不错，所以，全堂场面很讲究，而听戏的大半都是行家。余叔岩在这样的一个票房里借台唱戏，是既聪明又实惠。他进步很快，在观众中颇具影响，给他后来戏剧事业的发展打下了良好的基础。

谭鑫培晚年，艺术已入化境，招式和生活融为一体，令人难于琢磨与仿效。一个不满三十岁的年轻人，要想学他那是十分不容易的。余叔岩却是个例外。他天资聪颖，加上睡梦里都在揣度，真正达到了专心致志。所以，他能够将其吸收与融合而自成一派。有一次，余叔岩在家里放唱片，独自聆听谭老板的《洪羊洞》和《卖马》，突见梅兰芳来访，忙停下机子面对梅先生说："这是我的法帖，'学而实习之'，但到了台上，我却不能完全照着他这样唱，我的嗓子和老师的不一样，得找到自己的俏头。"

谭鑫培晚年没唱过《上天台》。民国四五年间，谭鑫培有时在总统府清唱。有一次，余叔岩暗托义父王文卿（王在总统府任职，余叔岩倒仓后，因他的关系，曾在总统府挂个名，谭鑫培每次出入府里唱戏，余叔岩必尽力照顾他的饮食休息），这回要想办法请谭老板唱唱《上天台》。唱完以后谭鑫培说："这是谁出的主意，要我唱这出哎？"其实，他心里早知道，肯定是余叔岩的主意。因未从听过谭老板的《上天台》，学无法旨。于是，暗中出个点子，由总统府里点唱这出戏，终遂叔岩之愿。余叔岩《上天台》的谭派唱腔，就是这样在清唱里听会的。所以，他调嗓时，总爱唱这出。余叔岩说："谭老板在清唱时，往往唱一些不常唱的冷戏，因为离得近，没有嘈杂的人声，让人听得真真切切，可以静静地琢磨出吐字、收音、行腔用气的窍门，自是获益匪浅。"

钱金福与谭鑫培配戏很多，又深爱谭派艺术，用心揣摩，默记于心，像《定军山》《阳平关》《战太平》等靠把戏都有准谱。余叔岩常和他一起研究，学的时候往往很吃力，一旦到了台上，就能得心应手。

与谭鑫培配戏多年的文武丑王长林，也是余叔岩瞄准重点学习的对象。《琼林宴》《问樵》《打棍出箱》，樵夫带报录与范仲禹对做的身段；《打渔杀家》教师爷与萧恩同场的地方和把子；《天雷报》的老旦，一向是丑行扮演，他和张元秀始终同场，这点更为重要。余叔岩与王长林仔细琢磨谭鑫培的身段与神情，再根据自身条件，进行有益的加工和改进，从而得到发展。

余叔岩爱谭腔爱得无法形容，不说与谭鑫培共过戏的角色，但凡只要在谭鑫培身边做过事的人，他一个都不放过，逮到谁就向谁请教，哪怕一句腔也行，连检场刘十也被他聘请为顾问，真真正正的是不耻下问。

当余叔岩和陈彦衡闹翻以后，再不便找他研究谭腔，于是，他去找夏山楼主韩慎先学《南阳关》。他对韩慎先说："你教我《南阳关》，我就教你《战太平》。"他们从汽车里哼到饭店，再从饭店哼到家里，他学谭腔，更多的是从聆听中间接学熟的。《定军山》里"我主爷攻打葭萌关……"一段，他找同庆班的杨中和，仔细打听谭老板的挥鞭、抡刀、驰马等身段神情。因为这场戏里，黄忠身边只有四个上手，就必须去问他们，才能弄清楚。

在谭鑫培古稀之时，每月只保持几次演出，但余叔岩每场必到。从前的习惯，内行在池座里听戏是犯忌的，余叔岩那时参加了春阳友会票房，以票友身份包桌，就名正言顺了。为了有效地吸收，他还约了些懂戏的朋友同看，并有分工，他们负责帮他记词记腔，自己则注重身段、表演。散戏后同吃小馆，彼此印证核对，朋友们看他对谭腔如此痴迷与用功，都乐意帮他。

民国四年夏天，谭鑫培在天乐园贴演《辕门斩子》。这本是刘鸿声的拿手好戏之一，谭鑫培久未演此戏。大家知道，谭老板一生好胜，他既然贴了，必是有备而来，自必有独到的看点。许多研究谭派的人如红豆馆主（溥侗）、陈彦衡、言菊朋……都到现场观摩。余叔岩那天约了恒诗峰同看。那天，老谭的唱腔、做工、表演异常精彩，与刘鸿声的风格迥然不同。见宗保、见八贤王、见佘太君、见穆桂英，神情变化，层次分明，且处处都顾到杨延昭的元帅身份，使大家耳目一新，愉悦开怀。余叔岩看完戏后，约恒诗峰到正阳楼吃小吃。恒诗峰看余叔岩一副心不在焉的神态，嘴里总是不停地哼腔，即问他琢磨什么？余叔岩说，刚才《辕门斩子》里那句"叫焦赞和孟良急忙招架"，我觉得"和孟良"三个字很耳熟，仿佛在哪儿碰到过，就是一时想不起来。饭毕，他们一同回到余宅聊天，余叔岩躺在床上，依然在哼着研究那句声腔。

　　第二天，恒诗峰又到余家去串门，余叔岩笑着从堂屋里迎出来，拍着双手对他说："昨儿那个腔，我找到准家啦，敢情就是《珠帘寨》里，李克用的'千里迢迢路远来'的腔中移过来的。"接着他就把"和孟良""路远来"两个腔对照着念给恒诗峰听。余叔岩说："谭老板的腔所以难学，就是拆用巧妙，他将七字句的末三字，却挪到十字句的当中来，所以让人不好找寻。"

　　1916 年冬，谭鑫培与陈德霖在吉祥园合演《南天门》。那时的吉祥园还是菜园式，每桌六人，可以包桌，余叔岩托他岳父订一张桌在池子里，余叔岩邀陈富年坐到他身旁。座中还有谭鑫培的票友王直、莫敬一。那天，陈德霖唱帘里第一句导板"匆匆忙忙走得慌"，嗓音满宫满调，唱腔迂回曲折，首先得了一个满堂彩。大家不觉暗想，谭老板今天只怕要相形见绌了。没想到谭鑫培在第四句"虎口内蒙自逃出两只羊"特别卯上了，他使了炸音，高亢雄健，出人意表，观众的彩声更是盖过了前面的导板。当时，余叔岩对陈富年说："谭老板的本钱真足，我可不能照他那么唱，还是悠着点保险。"那次的《南天门》拉琴的是徐兰沅，他为谭老板已先后拉过三次该剧，吉祥园是最后一次。他说，虎口下不唱"内"字，而代以"哦"字衬音，"内"字更难唱。谭老爷子的高音真宽亮，越到老年越清明，所以可贵。当曹福唱到"轻轻刺破红绣花鞋"，忽然下面加了四个字，是"跨句"性质（例如《珠帘寨》里"贤弟休憩何长安转，就在沙陀过几年"，下面又跨上好像是"落得过清闲"），仓促间让人都没听清楚。余叔岩得意地说："我听出来了，是'好把路挨'四个字。这句加得好，不但腔儿收得有味，并且把刺破绣鞋是为了赶路的意思讲清楚了。以后我就照着这么唱，成为准词。"其实，谭老板平生只这样唱过一次，原来都没人听到过。后来，徐兰沅把与余叔岩那天的交谈告诉了谭鑫培，他伸着拇指说"叔岩可属有心人"。

余叔岩成立"春阳友会"，一为倒仓后练声，二为方便观看谭鑫培的戏。开始时余叔岩嗓子不好，一般只唱一出，后来嗓子渐渐恢复，就又唱大轴或压轴，他在"春阳友会"连学带练四年，渐渐又红了起来。"春阳友会"确实出过不少高人。程砚秋刚从陈啸云（陈秀华的父亲）学了《彩楼配》《武家坡》《三击掌》《桑园会》《教子》《朱砂痣》等几出青衣戏，他的师父荣蝶仙托耿五介绍到"春阳友会"借台练戏，荣蝶仙还请友会的人帮他起个了艺名，"砚秋"就是在"春阳友会"里被叫出来的。以后，程砚秋在台上有了地位，便找郭仲衡、王又荃、曹二庚等合作，但根还在"春阳友会"。

精妙绝伦的刀法

JINGMIAO JUELUN DE DAOFA

　　谭鑫培善武技而多内功，悟空之棒传自少林，六合刀法则得自李四真传。他轻功也好，能一个箭步振上檐端飞行无滞。如此说法，并非武侠小说中的神奇独撰。谭鑫培的舞台功夫，是千万观众亲眼目睹而让人赞不绝口的现场演绎。慈禧太后曾不止一两次地对他精湛的武术和刀功而忘情地拍手称赞，且戏后重重加赏。可惜的是，那时还远没有摄影艺术的留存，不能将其艺术表演的精彩过程留存影片，还原于今人的视觉。也许是老天故意给我们开了一个玩笑，好不容易由谭大王领衔，拍摄了中国第一部无声电影《定军山》，却被一把无情的大火烧为灰烬，只剩下一张孤单的黑白剧照。不然，让我们重放那部电影，即刻让你亲眼观摩谭大王的武功及刀法，过一回武侠片之外的足瘾。

谭鑫培虽说早以武生泰斗位列沈容圃的《同光十三绝》，但他永不满足于自身的本领，只要有机会，便虚心求教。据传他的一套六合刀，得传于回民大侠李四的亲授。李四与王五为挚友，他们的精湛刀艺风靡京城，几乎无人能敌。无论是历史资料，还是民间口述，抑或是艺术演播，大刀王五均是中国近代史上一位风云人物。只要论及王五，便不难找到李四的踪影，他们不仅为江湖上数一数二的刀术奇人，且是生活中形影不离的密友。

北京的回民很多，大部分均为明朝初期的开国名将之后，很多来自武术之乡，颇有侠风，在京城的护院与镖局中尤以回民居多。朝阳门外，便是回民密集的居住地之一，当时的王五和李四均常居在此。他们在押镖和护院之外，常为王府人家担当武术教习。因此，跟随王爷微服赴堂会看戏并不稀罕。他们十分欣赏谭鑫培的戏曲艺术，特别钟爱谭鑫培精湛的武生表演，后经王爷引见而与谭鑫培相识。谭鑫培是一个终生不放弃任何学习机会的人，尤其是像王五、李四这样身怀绝技的人，只要给予他相识之缘，绝不会任其付诸东流。谭鑫培不仅精于老生艺术，但大家不能忘记，他幼年便跟着家父习武，一身的童子功为他的戏曲表演奠定了坚实的基础，并丰富和精彩了他的戏曲表演。尤其是在其戏曲表演初期，他行走江湖，尝试武生表演，一出手一投足都离不开武术，更获益于扎实的功底。可以说，武术是他戏曲人生中不可动摇的基石，更有一份他发自内心的情有独钟。在谭鑫培的戏曲人生中，注定了和武术不可分离。刀法是武术中的一种，特别适合于表演，更能吸引观众眼球，慧眼于心的谭鑫培自然不会忽视刀法的练习和精进。

谭鑫培知道李四的武功很高，刀法与王五一样饮誉武林，实非花拳绣腿之辈。原本有心求教于李四的刀法，只是一时没有畅通之门。经过一番打听，真是功夫不负有心人。得知他在王爷家任武术教习，又常常随王爷身后进宫观看谭鑫培的演出，心中不禁暗喜。他心想，这下可好了，只要你跟王爷当差，就没有我走不进的一座王府，更何况宫里的王爷们，都将我视为贝勒和兄弟。更有你喜爱京剧，且对我谭某人的玩意还特别钟爱，这就更加天助于我。万一你保守不教，大不了我们成就一笔交易，你教我刀法，我教你几段唱腔还不行吗？于是一想，谭鑫培便信心十足，似乎早已心定李四为朋友了。

有一天，李四又跟着王爷进宫观看谭鑫培的《卖马》，谭鑫培早早就盯上了身在剧场的李四。一待收场，谭鑫培即让人去诚邀王爷后台一见，果然王爷热情应允，身后自然跟着护卫李四。无须相求，王爷即程序式地在谭鑫培和李四之间做了引荐。谭鑫培连忙双手朝李四一拱："久仰大名和英武风范，今日有缘得见尊颜，实属三生有幸，得感谢王爷的引荐之恩啊！"见大名鼎鼎的谭大王如此般热情和谦逊，直弄得李四忙于还礼中自有几分惊诧。虽说他平日没有用心探听，但也不乏人言谭大老板的身份和威风，今日一见如此平易热络，实在出乎他的意料之外。谭鑫培即请王爷屈就聚一聚，王爷爽快答应，却反客为主，必须由他做东，几番谦让，谭鑫培便与王爷一同奔他府上而去。

进得王爷府中，谭鑫培没有常人那种拘谨和生疏，自像老朋友一样言来语去，抽烟喝茶，一切听从主人安排。但谭鑫培却早已留心，请求王爷将李四留下来，待会儿他有事得请教于他。对王爷而言，这是最简单不过的一件事，既然谭大王有事求教于他的护卫，这也是王爷的一份光彩。精明的王爷假装无意地说："赫赫有名的谭大王，竟然说要请教我的护卫，真不怕折杀他啊，有事你尽管吩咐就是。"谭鑫培忙回说："哪里，哪里，王爷自是抬爱我了，一个唱戏的怎敢随意叨扰王爷的人呢？"其实，王爷早已猜中一二，只是故意套话而已。等烟足茶爽之后，王爷即将李四叫进内室，哈哈一笑说："老李啊，今天真是你的好日子，谭大王说有事请教于你，真要是你领受得起的话，一定要知无不言，决不能让他失望，我和谭大王可是知交啊！"王爷的一番话，李四自知其中的分量，只不知谭大王所问何事，他心中隐约猜想可能与武术有关，因为他唯一只有这一点本钱。但是他又不敢断定，因为谭大王的武功，戏曲界可谓首屈一指，如是想，他不敢相信自己的判断，只能先听听再说。于是，他急忙向谭鑫培施一礼说："有什么事谭大王尽管发话，我李四绝无隐瞒之意。"谭鑫培忙站起身来走向李四再不兜圈子地说："因我一向崇尚李大侠的刀法，早已有心讨教，只是苦于无人引荐，今日得王爷相赐机遇，我便冒昧相求，能否教我一招半式，本人自当感激不尽。"李四见谭鑫培果真如是说，便轻轻地一笑说："谭大王自是把我看高了。其实，我的武术与你的套路不同，你为表演，我为实用，一拳一腿，一刀一剑，志在伤人性命，从不图好看，恐怕你学了无益，徒费功夫而已。"谭鑫培也笑笑说："这点你说得并不全对，表演与实用也有相通之处，一样的讲求招式精到，绝不能虚浮。再说，我们唱戏的常年跑码头，难免遭遇地方恶势力，有时甚至是泼皮无赖的滋扰与欺凌，我们这些武生演员，便成了捍卫戏班的中流砥柱，不得不挺身而出，如果没有真才实学，不但征服不了那些邪恶势力，也许脱身都难，遭难自在其中。"经此一番言来语去，李四终于抵不住谭鑫培的请求，更有王爷一旁有心玉成，李四答应约定时间与谭大王切磋切磋。谭鑫培听后大为欢欣，便与他约定三日后在天坛公园相见。那天，谭鑫培有意将戏期错位安排，天刚蒙蒙亮就提前到达约定地点，以示诚意。虽说谭鑫培到得早，李四几乎也是脚跟脚地到达了。经过双方探讨与交流，李四便将一套看家的六合刀法倾囊相授。一个教得卖力，一个学得用心，谭鑫培很快就将一整套刀法的招式全记在心里，自待来日习练精进。看到谭鑫培如此惊人的领悟能力，李四暗中叹服，真是一个稀世的武术奇才，假如身入武林，绝对也是一代武术宗师。于是，一时的内心愉悦，便心甘情愿加教一套锏法于他。谭鑫培为此出自内心的感激，即以三百两白银回谢。李四却坚决不受，一时竟弄得谭鑫培束手无策，他总不能白受人家的刀法和锏法吧。为了回报，后来应李四的要求，谭鑫培即将《卖马》中的一些唱段教会了李四。自此，他们便成了朋友。

后来，谭鑫培在武生戏《秦琼卖马》中的秦琼耍锏，在《翠屏山》中饰石秀时的那趟单刀，自耍得精纯绝顶，遍寻中国京剧界，无一人能与其相媲美，多次得到慈禧情不自禁的当场鼓掌和赞叹，并惊呼"单刀小叫天"，即被戏界中人沿袭为御赐名号。唯有后来红极一时的盖叫天，自恃武功盖过谭鑫培，故而起名盖叫天。但他的声名和影响，终究没能与谭鑫培相提并论，何从谈到一个盖字呢？

谭余渊源

辛亥革命后，田际云成立"正乐育化会"以代替"精忠庙"旧制。1912 年冬，戏剧界发起为"正乐育化会"募捐义演两日，地点定在天乐园。第一天由会长谭鑫培唱《桑园寄子》，第二天唱《碰碑》。那时梅雨田已经病故，由陈彦衡来为谭鑫培操琴，因为陈德霖有事未能加入，所以就点了梅兰芳饰《桑园寄子》里的金氏。还有承办人陈子芳（学余紫云）、王君直（学谭鑫培）、丁缉甫（学陈德霖）、李丙庵（丑角票友），活动很丰富，人也来得挺多。

　　当时，王瑶卿的嗓子已经开始走下坡，总怕唱二黄，为此，老谭常笑他是"西皮旦"。陈富年第一次陪谭鑫培唱戏，很多朋友都替他担心。但他并不发怵，因为搭三庆班，经常和贾洪林、李鑫甫唱这出戏，他们走的都是谭派的路子，他心中有数。那天，他随着谭鑫培的调门唱，唱完下来，向谭鑫培拱手致意，谭鑫培露出了亲切的笑容。几天后，报纸上纷纷评论《桑园寄子》，都针对旦角。有人认为，谭鑫培选配角一向严谨，这次却忽然挑了一个后生晚辈，未免有失身份。也有人称赞他提携后进的美德。另一种则介乎两者之间。

　　从那天演出过后，陈富年与谭鑫培合作唱念"盖（湖广音读"介"）口"，京剧演员念作"盖口"，此从湖广音来。"盖口"指在唱念中对方衔接的词句），无论身段还是词句，谭鑫培留给的尺寸恰到好处，非常舒服。特别是"手攀藤带娇儿忙登山界"的身段，他一手拉着小孩，一手做攀藤上山的样子，同时甩髯口，李五的鼓点子更是紧密地烘托着他的身段。描摹山路崎岖，艰难跋涉的情景，好像比真事还紧张动人。陈富年跟在小孩身后，一同登山，对谭鑫培的表演身段看得一清二楚。以前他曾和贾洪林、李鑫甫二位演过《桑园寄子》，他们也做得比较到家，但与谭鑫培相比，就不如他既准确又自然了。事后陈富年与余叔岩合演《桑园寄子》时谈起了与谭鑫培合作的印象。余叔岩说："那天，我也在台下听戏，又要学腔，又要学做，耳朵、眼睛一刻都不得休息，比自己亲自唱一出还累。"余叔岩说，他回家就倒在床上睡着了。半夜醒来，想起了"手攀藤……"这句的身段，就到客厅里点上煤油灯，连唱带做地练习，一边甩髯口拉小孩身段，一边从椅子登上桌子的时候，一不留神，把条案上的瓷帽筒碰到地上，摔得稀烂，都顾不得去打扫瓷片，接着将谭鑫培的这身段做完。那时候的余叔岩，真称得上是谭老板的铁杆戏迷。

谭派的《桑园寄子》"手攀藤带娇儿"的"儿"字唱完，老生就到了大边，在"忙登"的唱腔里，左手预备"起范"（准备动作的劲头）。"山界"的"界"字上，有一铙钹底锤，左手在这个底锤上往上一抓，第二个"忙登山"唱完，在"搓锤"的底锤上，把髯口甩到右肩上，右手向小孩一招，换过手来，用右手再向上一抓，把髯口甩到左臂上，左手向小孩一招。当又换过左手抓的时候，谭鑫培还有个右脚蹬空，左脚一滑，往后一仰的身段。谭老板每每教过陪他演唱的演员，在他的后腰闪时，小孩得赶紧双手扶住老生的腰，同时念京白"您慢点"。谭老板这场戏认真细致，自是与众不同。余叔岩后来演《桑园寄子》均照着谭老板的路子演，他的基本功好，所以准确到家。余叔岩看谭戏恨不得运用全身所有的器官，又听又写，有时还雇人帮忙，回家后要逐句逐字地弄清楚，直至了然于胸才罢休。

那天，余叔岩用心观看谭鑫培《失空斩》的下半段，上次就看到了这里，因一时肚子痛得汗水直冒，不得已未看完全场，这回一定要补回来。谭鑫培饰演的诸葛亮用摇板唱词与老军对答，最具神气："老军们因何故纷纷议论？"（应该从这里开始，余叔岩将上次漏下的接口记得清清楚楚。）

二老军分念："非是小人们担心，这西城乃汉中咽喉要路，您得拿个主意才好哇！"

诸葛亮竟面露微笑、点头，表示赞赏他们的看法，接唱"西城地原本是咽喉路径"，下面的身段，斜着，用扇子将老军的眼睛引向蓝布城门唱："我城内早埋伏有十万神兵。""神兵"二字的唱腔，略带诙谐意味，暗示老军协助他退司马懿的大兵，也就是这出《空城计》的主题。下面则用严肃的神态唱："叫老军扫街道把宽心拿稳。"节奏比前面又有放慢，"道"和"稳"字都用拖腔，出字收音沉着，以告诉老军不要害怕，相信他有办法渡过难关。上城楼后，便用坚定的语气唱："退司马保孤城全仗此琴。"唱腔中突出"此"字的上声读音。

谭鑫培在街亭失守后，探子"三报"这场戏中的表演，备受观众的赞叹。他把诸葛亮看地图的焦灼、调赵云的紧张、一报的镇定、二报的悔恨，表演得淋漓尽致、有声有色。当探子三报"司马大兵离西城不远"时，谭鑫培就半立半坐地斜着身子以扇指探子喊声"再探！"情况虽然万分紧张，可他既不颤抖，又不口吃，只以锐利的目光、肌肉的伸缩，震撼了每个观众的心弦。这段多层次的表演，只有掌握人物错综复杂的感情，才能像剥笋一样，一层一层清清楚楚地从外形上表现出来，给予观众犹如亲临其境的感受。谭鑫培在最后斩马谡时的表演更为精彩。在这场戏中，谭鑫培有"入帐以扇交左手，右手指王平；及带马谡又以扇归右手，即以扇指马谡"的身段。按规矩扇子是不能交左手的，但谭鑫培为什么要突破旧规，运用这样的身段呢？这完全是为了准确地体现诸葛亮当时的心情。诸葛亮恼恨马谡、王平失守街亭，以致全军撤退，失去进攻良机，自己也险遭不测。其愤怒、痛恨之心情是不难理解的。但对两人的态度，是不同的。对王平责打四十棍，以申军令，故而在感情上比较简单，所以只用右手一指、案桌一拍的身段。对马谡就不同了。在唱"再带马谡无用的人哪"一句的"人哪"时，谭鑫培"复用右手连连拍案"，表现了诸葛亮怒火三千丈的心情。以上表演，就是扇交左手的妙处。当马谡申述家中有八旬老母无人奉养时，诸葛亮的确是动了感情。马谡确实有才，在七擒孟获时所提出的"攻心为上"的战略决策很受诸葛亮赞赏。再加上当时蜀中缺少大将，像马谡这样的人实属不多。论理应斩，感情上却又舍不得，扇归左手也就有助于刻画人物性格和加强艺术表演的内在深度。在马谡第一次被推出问斩，又被召回跪下时，谭鑫培还有一个用羽扇徐徐在马谡头上掠过很美观又动人的身段。可以说，这身段把诸葛亮悔恨、悲伤、痛惜、怜爱的心情表露无遗，人称"挥泪斩马谡"，确乎不虚。

余叔岩一待戏收锣，赶快往家赶，"温故而知新"也得趁热回炉预习，一放下来就差去了效果。那天补记了《失空斩》的后一段，他高兴得一个人在家反复练习好几遍，这才罢手。谭鑫培有一句常说的口头禅："唱戏不解意，等于放狗屁。"这句话虽然有点粗俗，却是一句至理名言。这句话余叔岩谨记在心，他常在跟朋友交谈时就回味起这句话来。谭鑫培经常强调"动于中，形于外"的表演方法，对于舞台上的各个角色之间的互相交流，刺激反应，非常注意。谭鑫培被人誉为"浑身都是戏"，是因为他每唱一出戏，都能够详细地了解剧情，剖析角色，甚至一字一句、一个眼神、一个手势，都不放过，力求其符合人物的身份、性格和心理状态。余叔岩的戏曲风格，很多地方都渗透着谭派的影子，这与他全身心地习学谭派表演不无关联。其实，谭余两家的渊源之深梨园中无人能及，仔细回味却有惊人相似之处。第一是谭鑫培是在成名之后才拜师余三胜，而余叔岩也是在成名之后才拜的谭鑫培。由此说明，他们最初的师承并非对方，而于对方的崇拜则发自肺腑。否则，便不会在成名之后再虔诚地去拜师。谭鑫培拜师余三胜也是几次不成之后，在一再坚持之下，而通过程长庚的撮合才如愿以偿。而余叔岩拜师谭鑫培也是一波三折被其婉拒，后在王锦章的威逼撮合下才成功拜师。继谭鑫培之后，余谭两家在京剧艺术上的相互传承一直没有断流，而谭正岩名字中的岩字恰好是为铭记余叔岩而起。他们两家的渊源太深，并非一两篇文章能叙述和承载。

总统府禁戏

ZONGTONGFU JINXI

　　谭鑫培为了生存和事业，于屈就中为满清朝廷卖力地演戏，但良善正直的本质使其有所为而有所不为。比如，慈禧刻意安排在光绪的生日上演一片白色的《白帝城》。谭鑫培却反借此戏，不惜撞破头颅，以鲜血维护光绪帝而劝谏慈禧。由于慈禧对他的青睐而不罪反赏，使他逃过了台下众人为其担忧的一劫。假如换了别人，说不定慈禧一怒便让人命丧当场。当时的谭鑫培的确冒了极大的风险劝谏，心中并无把握是否会触怒太后，只是凭着一腔热血而为。虽说，谭鑫培与光绪皇帝并无亲密接触，他却从内心里支持维新变法，早对光绪皇帝的处境暗生同情之心。谭鑫培反对袁世凯复辟帝制，拒绝为其演出《新安天会》，又多次在演出中表现对袁世凯的不满，为此两次遭总统府禁戏。他不甘为进京军阀陆荣廷演出欢迎堂会戏，后被士兵持枪押解上台，以至血喷高台含恨而逝，以生命捍卫了伶人的尊严。

时光到了1913年，满清政府已被推翻，袁世凯窃据了大总统之位。慈禧去世，满清朝廷崩塌，使谭鑫培的戏曲生涯一落千丈。失去了原有被慈禧宠幸的风光，断去了一条宽阔的营生之路与高额的收成，为了生活与生存，更为了他的戏曲事业，他必须寻找新的舞台与出路。虽说他从内心里反感袁世凯的窃国行为，但出于生存的需要和政权压力，他不得不时常进入总统府和后来洪宪皇帝的舞台上演戏。

一天，谭鑫培正在家中闲坐，总统府派来了一个人，他对谭鑫培说："谭老板，大总统 × 日要你去演戏，你可要好好准备一下啊！""演什么？""《战长沙》！"谭鑫培接到总统号令，自是不敢怠慢，赶紧提前做好准备。他心想：过去演这出戏，老是汪桂芬饰关羽，我配黄忠，现在汪桂芬已经去世，自然是由我来演关羽了！于是，他为此特意制办了演关羽所穿的一身新绿裤和绿靠。一切准备停当，便专等上边的戏单。戏单是什么呢？其实，戏单就是注明这场戏用哪些角色，哪个人扮演哪个角色，用一张纸或一块绢写出来，发下去，这就叫作戏单。过了几天，戏单下来了。谭鑫培一看，不由得大失所望。原来戏单上所注还是让他演黄忠，关羽一角却由当时并不甚著名的王凤卿担任。谭鑫培不觉情绪低落，一股愤愤不平之气难忍，白费我一番心血。看着那套穿不上的绿裤和绿靠，深深地叹了一口气，觉得自己无论是功夫和名气绝对盖过王凤卿，却安排让我为他配戏，自觉有损尊严。演员本来吃的是张口饭，谁强谁就有饭吃，所以互相竞争在所难免，乃至常常在白热化中不易化解。"宁让一亩地，不让一出戏"，即是当时戏曲界中竞争的真实写照。虽说谭鑫培满腹怨气，但面对总统的权势和威严，却又不敢不演。由于分心积怨，结果在后台扮戏时就出了岔，他一时忘了脱去自己身上的衣服，直接就扎上了大靠。

演出时，台下观众倒也没看出来，可这事却让某些有心人留意在心，即将此事添油加醋地报告给袁世凯的长子袁克定。袁克定一听就火了，认为谭鑫培这是对袁大总统的大不恭，犯了滔天大罪，于是交代警察厅，要严办谭鑫培。谭鑫培自知这回惹了大祸，一时竟慌了手脚，怎么办？只好四处求人，多方奔走，最后总算没去坐班房，却对他下了一个致命的禁令：一年之内，不准演戏。你想，谭鑫培，一个靠演戏吃饭的人，一大家人都指望着他养活，既没有生意营生，又无房产变卖，如果遭禁，不等于变相要他的命吗？一旦停演，不说一年，只怕半年都扛不住。后来多方托人迂回求助，才得总统府开禁。

自从那次演出风波之后，虽说谭鑫培依然经常被召去总统府唱戏，但实际的裂缝并未弥合，再也不像过去"内廷供奉"时那般受人尊重，纯粹是供总统和北洋军阀官僚们娱乐而已。收入自是更不用说了，几乎低得可怜，每次一场戏下来，最多只付二十块大洋，还不及

当时跑粥班。对此，谭鑫培心中早有沉沉的失落感，但慑于总统府的
淫威，又只得忍气吞声地承受。他的儿子也许一时忍不住，曾在外对
人流露抱怨之言，"以前，我父亲在清宫唱戏，不算赏赐，每次至少
要拿四十元，如今的总统府却少去一半，真是小气"。此话又被人转
告了总统府，袁家深为不快。他们总觉得谭鑫培在倚老卖老，不把
总统府放在眼里，应该好好地治一治他，重重地给他一个教训，让
他知道一点红黑。总统府警卫头子王锦章，即派手下人找到谭鑫培
传话："我们主上让我告知你，你年龄大了，应该多保重身体，因此，
府里不再传你演戏了。"这样一来，不仅总统府不传演戏，更重要的
是，他们向京城所有的剧场和戏行中的组织及领头人背地里传令，禁
止邀谭鑫培演戏或配戏，违者一定重处。如此一来，谭鑫培在家闷坐
半月，不仅没人传他唱戏，而且戏行中的人都绕着他走，几乎怕与他
来往。谭鑫培自是心知肚明，但无半分抗拒之力，有火只能在心底里
燃烧。后来经人劝解，为了生存，还是得低头托人去找王锦章，解铃
还得系铃人，否则，就无法解冻。心急如焚的谭鑫培也无二法，只好
让儿子找来了余叔岩，请他从中周旋。因为儿子平日与余叔岩交情甚
密，而王锦章是余叔岩的干爹，而且对余叔岩不薄，只要余叔岩愿意
出面，事情肯定摆得平。

　　余叔岩与谭家已是两代交情，更是从心底里崇拜谭鑫培，多次
托人拜师未果，但他一直没有放下愿望。这次谭鑫培的儿子出面请余
叔岩出面调停此事，他是再愿意不过了。于是，余叔岩便领着谭鑫培

的儿子一起去见王锦章，并转告说：谭老爷子早将他儿子狠狠地骂了一顿，并请我代他向您赔不是，万望在总统面前美言几句。因干儿子亲自来了，并带来了他最喜爱的几瓶好酒，谭鑫培赔不是的话，不管是真是假，起码他认输了，便见好就收，也给干儿子一个足面子。其实，谭鑫培遭禁，并非总统府的本意，完全是王锦章的一手蜡烛花。再说如今他又是总统府的红人，办这点事自然是手到擒来。精明的王锦章，更知道余叔岩一直想拜师谭鑫培未果，并非他看不上余叔岩，而是觉得上了年纪，难以担承教徒的负担与重任。这次真是天赐良机，我何不顺水推舟呢？于是，他假装摆出一副不太好办的架势，先将谭鑫培的儿子制服。待谭鑫培的儿子再三求情时，他便提出以收余叔岩为徒作为交换条件，否则免谈。事已至此，谭鑫培的儿子知道别无他法，代为父亲表态，这才将禁戏之令解除。后来，谭鑫培果然答应收了余叔岩，这是后话。

京剧《闹天宫》与《安天会》，一为闹天，一为安天，同戏异名而意义迥异，令人玩味。《安天会》在晚清时期，为经常进入大内演给慈禧太后观看的供奉戏。不料，时至民国初年，《安天会》却为政治需要而花样翻新。袁世凯窃国以后，大做皇帝梦，暗令党羽们"劝进"。于是，建立筹安会，议定为洪宪帝号。踌躇满志的窃国贼，准备黄袍加身登场之日，上演一出《新安天会》。剧中以丑角演孙悟空，挂一绺两角上卷的八字胡，俨然孙中山的造型；其手下军官和先锋将等外形，均模拟黄兴与李烈钧等人的身形面貌。当水帘洞被围之时，孙悟空一个斤斗云逃往东胜神州。玉皇大帝便诏令天神天将下界平乱，孙悟空及其部属，又逃往瀛洲蓬莱三岛，乃至一干部众悉数被俘而结局。于是，天兵天将班师回朝，文武百官歌颂天帝圣平。袁世凯含沙射影攻击孙中山等为叛乱之部，自欲以"安天"的玉帝自居，令国人切齿而痛。《新安天会》在剧场内排就之后，袁世凯企图在他生日那天上演助兴。于是，尽召在京名伶入南海供奉，不料唯有谭鑫培、孙菊仙不应出演。袁世凯下令九门提督江朝宗，率兵持枪将谭鑫培押至剧场。谭鑫培知其用心，沿途大笑而入。在安排剧目时，谭鑫培不惧权威，怒气冲天中严词拒演《新安天会》主角，改演《秦琼卖马》。戏毕，谭鑫培不辞而别，大笑出新华门，一路笑声直抵家中后才歇止。后来有人问他这样大笑是为何故，谭鑫培却高声回答说："我不愿小叫（谭鑫培艺名'小叫天'），岂可不大笑乎？"一股凛然正气，令人肃然起敬。袁世凯指派九门提督胁迫一个手无寸铁的艺人为自己捧场，似乎权倾天下，实令天下人齿冷。

谭鑫培十分欣赏黎元洪，不仅在他出任总统时积极为其登台表演，远在他担任副总统时，即应邀去他的府上唱过堂会。一出《大回荆州》使黎元洪沐浴了家乡的语音，又得到一次楚文化的洗礼，禁不住一时热泪盈眶。黎副总统霍地站起身来领头鼓掌，并高呼："唱得好，唱得好！"整个场面热烈得难以形容。后来，袁世凯也随后仿效，但谭鑫培却没有一次为其唱满一出，且有多次碰撞。

谭鑫培从内心对袁世凯极为反感，由于他的告密，光绪皇帝的维新运动失败，一批进步人士因此而丧命。他不齿袁世凯窃取总统之位的行为，更深恶痛绝他复辟帝制的倒退行径，是他将中国维新和革命的两次希望扼杀了。在谭鑫培的心里，早将袁世凯视为了标准的窃国贼。为了生活，使点权宜之计犹可，但他决不会向袁世凯低头。谭鑫培的戏曲生涯真的就暗淡无光了吗？而袁世凯被国人唾骂的窃国行为，难道就真的能一帆风顺了吗？我们相信，历史自有公论。

参考文献

Cankao Wenxian

吴江、周传家主编：《一代宗师——谭鑫培先生诞辰 150 周年纪念文集》，京华出版社 1998 年 1 版。

中国戏剧出版社编：《说谭鑫培》，中国戏剧出版社 2010 年版。

董维贤：《京剧流派》，中国戏剧出版社 2006 年版。

翁思再：《两口二黄》，山东画报出版社 2008 年版。

徐城北：《京剧下午茶》，浙江大学出版社 2009 年版。

程建国：《戏外看京剧》，东方出版社 2007 年版。

师永刚、张凡：《样板戏史记》，作家出版社 2009 年版。

刘嵩崑：《京师梨园轶事》，江西美术出版社 2007 年版。

苏海坡主编：《梨园那人那事》，青岛出版社 2007 年版。

常人春：《老北京的风俗》，北京燕山出版社 1996 年版。

刘桂英：《谭门艺术漫议》，长江出版社 2013 年版。

崔伟：《粉墨王侯谭鑫培》，人民音乐出版社 2002 年版。

吴大徵：《谭富英艺术浅谈》，南开大学出版社 1996 年版。

中国人民政治协商会议北京市委员会文史资料研究委员会编：《京剧谈往录续编》，北京出版社 1988 年版。

王则昭：《谭余门下女须生》，中国戏剧出版社 2002 年版。

《中国京剧（纪念谭富英先生诞辰专刊）》，2006 年第 10 期。

么书仪：《程长庚、谭鑫培、梅兰芳》，北京大学出版社 2009 年版。

周传家：《谭鑫培传》，河北教育出版社 1996 年版。

刘强、杨宏英：《程长庚传》，河北教育出版社 1998 年版。

翁思再：《余叔岩传》，河北教育出版社 2002 年版。

刘彦君：《梅兰芳传》，河北教育出版社 1996 年版。

吴同宾：《杨小楼传》，河北教育出版社 2002 年版。

李仲明：《百年家族：谭鑫培、谭小培、谭富英》，河北教育出版社 2006 年版。

责任编辑：陈　登
装帧设计：林芝玉
封面图片：谭鑫培在电影《定军山》中剧照

图书在版编目（CIP）数据

一代宗师谭鑫培 / 陈本豪 著 . — 北京：人民出版社，2017.4
（京剧谭门：卷一）
ISBN 978 - 7 - 01 - 017454 - 9

I. ①一… 　 II. ①陈… 　 III. ①谭鑫培（1847—1917）- 生平事迹 　 IV. ① K825.78

中国版本图书馆 CIP 数据核字（2017）第 048896 号

京剧谭门（卷一）：一代宗师谭鑫培
JINGJU TANMEN JUAN YI YIDAI ZONGSHI TANXINPEI

陈本豪 著

人民出版社 出版发行
（100706　北京市东城区隆福寺街 99 号）

北京盛通印刷股份有限公司印刷　新华书店经销

2017 年 4 月第 1 版　2017 年 4 月北京第 1 次印刷
开本：710 毫米 ×1000 毫米 1/16　印张：28.5
字数：290 千字

ISBN 978 - 7 - 01 - 017454 - 9　定价：120.00 元

邮购地址 100706　北京市东城区隆福寺街 99 号
人民东方图书销售中心　电话：（010）65250042　65289539